2040年经济社会发展愿景研究

李平 娄峰 王宏伟 等 ◎ 著

中国社会科学出版社

图书在版编目(CIP)数据

2040 年经济社会发展愿景研究/李平等著. —北京:中国社会科学出版社,2022.4
ISBN 978 – 7 – 5203 – 8573 – 2

Ⅰ.①2… Ⅱ.①李… Ⅲ.①中国经济—经济发展趋势—研究—2020 – 2040 Ⅳ.①F123.2

中国版本图书馆 CIP 数据核字(2021)第 228382 号

出 版 人	赵剑英	
责任编辑	黄　晗	
责任校对	王　龙	
责任印制	王　超	

出　　版	中国社会科学出版社	
社　　址	北京鼓楼西大街甲 158 号	
邮　　编	100720	
网　　址	http://www.csspw.cn	
发 行 部	010 – 84083685	
门 市 部	010 – 84029450	
经　　销	新华书店及其他书店	
印　　刷	北京明恒达印务有限公司	
装　　订	廊坊市广阳区广增装订厂	
版　　次	2022 年 4 月第 1 版	
印　　次	2022 年 4 月第 1 次印刷	
开　　本	710×1000　1/16	
印　　张	19.75	
字　　数	268 千字	
定　　价	108.00 元	

凡购买中国社会科学出版社图书,如有质量问题请与本社营销中心联系调换
电话:010 – 84083683
版权所有　侵权必究

序　言

  中国社会科学院数量经济与技术经济研究所是中国最早开展经济预测的国家权威研究机构，在20世纪80年代中期就研制了中国第一个中观、宏观经济年度模型，目前拥有完整的模型体系，经济预测技术达到国内领先水平。1990年就出版了中国第一本皮书年度预测报告——《中国经济形势分析与预测蓝皮书》，至今连续出版30多年，具有开创性影响。李平同志带领团队所著的《2040年经济社会发展愿景研究》充分体现了数量经济与技术经济研究所长期形成的跨学科、强方法的显著特征和优势，是中国中长期经济预测研究的又一力作。

  数量经济与技术经济研究所在20世纪90年代就开展了至2050年的长期经济预测。1996年，中央有关部门和领导提出对中国未来更长远的经济前景进行分析和预测，为党的十五大报告准备一些背景材料。1996年6月，国家科委和财政部联合立项，设立了国家重大软科学课题"我国未来经济发展各阶段特点分析与支柱产业选择"，由我主持并联合相关机构进行研究。1998年研究成果《21世纪中国经济大趋势》出版。此项研究在对20世纪90年代末中国经济发展的现状进行分析与判断的基础上，参考发达国家的经济发展轨迹和可预见的技术变化，综合考虑中国未来资源供给、人口变动、生态环境影响等因素，在定性分析的基础上，运用长期经济预测模型及其他定量分析方法，对中国1996—2050年长达55年的经济发展趋势进行了分析和预测。预测认为，于 2030 年，提前 20 年实现邓小平同志提出的到 2050 年中国的第三步战略目标——达到中等发达国家水平；到 2050 年，中国将进入最发达国家的行列，成为一个富裕和高度文明的社会主义强国。还预测到 2030 年以前，中国将超过美国"成为当时世界上经济总量最大的国家"。今天看来，20 多年前做出的这些长期预测和判断还是极其准确的，具有很强的预见性和指导性。在课题研究中，李平同志作为课题组主要成员之一，负责"产业结构升级与支柱产业选择研究"子课题。当年中国正在跨越低收入陷阱，经济刚刚起飞，亟需支柱产业支撑和引领经济实现高速增长。未来支柱产业选择不确定性大，特别是像汽车产业等一些中国还没有发展起来的产业，能否选为支柱产业争议也比较大，一些著名专家认为从国情来看中国不适宜发展汽车产业，"中国完全有可能避开所谓'轿车文明'"。根据经济发展规律和产业选择客观标准，我们依然把汽车等产业选择为未来支柱产业，实践证明是符合规律性和具有前瞻性的。

　　进入 21 世纪，国内外许多学者和机构对中国经济发展进行了中长期预测，从方法和技术上看，有定性研究也有定量预测，但所用的模型和方法都是单方程或有少数几个方程组成，考虑的因素较少。我们知道，国际经济形势在全球化信息化背景下呈现出复杂性、多变性、突发性和随机性等诸多特征，国际经济社会系统越来越远离简单的线性模式，而呈现出复杂的网状关联。定性分析或者简单的模型工具运用都难以对其进行准确的预测和科学判断，亟需从经济系统论和协调发展的角度，运用新的思维、新的认知工具全方位多层次地分析、理解与把握现实经济社会。本书根据经济系统理论，构建了中国经济—能源—环境—税收动态可计算一般均衡（CN3ET－DCGE）模型系统。该大型系统模型不仅可以进行国民经济增长率、经济结构和和产业结构的预测和分析，而且可以进行经济、环境和税收等诸多政策模拟分析，保证了 2040 年中长期预测的科学性和准确性。

本书重视和强调对经济发展规律与趋势的把握，充分借鉴经济发展国际经验，深入分析中国经济40多年来高速发展的主要原因，厘清推动经济增长的重要源泉和动力。在大型经济系统综合模型支撑下，通过定性分析和定量预测，对2040年各阶段经济社会发展进行了预测和分析。在基准情景下，2016—2020年、2021—2025年、2026—2030年、2031—2035年和2036—2040年五个时期中国GDP年均增长率分别为5.8%、5.9%、5.0%、4.6%和4.2%。预测显示，中国将在2030年前超过美国，成为世界第一经济大国；2035年中国人均GDP将有可能达到2.5万美元左右，进入发达国家行列，2040年可能达到3.5万美元左右。本书不仅对2040年中国宏观经济总量和结构进行了预测展望，还从居民消费、科技、社会、人口、生态、信息和能源等多个层面进行了愿景分析。这些预测结果，与1996年我们的预测趋势完全一致，与新时期国家中长期发展规划所提出的既定战略目标相吻合。

中国和世界正面临百年未有之大变局，形势愈加错综复杂。同时，中国进入建设社会主义现代化国家新阶段，亟需理论和实证研究的强力支撑。正如1997年刘国光先生为《21世纪中国经济大趋势》所做的序言中指出的，所有的长期经济预测都难以做到准确无误。对于一项长期预测来说，重要的不是预测结果是否精确无误，而是它对预测起点的分析判断是否正确，是否能够揭示未来发展趋势。本书依托团队长期积累的模型体系优势和经济中长期预测的丰富经验，以坚实的理论和实证研究为基础，提高了预测的准确度和可实现性。我相信，本书的研究结论以及方法，对于中国未来经济决策和经济分析研究，具有重要的咨询和参考价值。

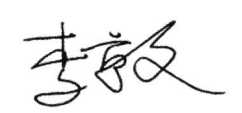

中国工程院院士
中国社会科学院学部委员、数量经济与技术经济研究所原所长

目 录

第一章 2020—2040 年中国宏观经济及其结构预测 …………（1）
    一 研究的背景意义和研究前沿综述 …………………（1）
    二 世界形势发展分析及预测 …………………………（24）
    三 目前经济社会发展阶段判断和内外部环境分析………（47）
    四 中国经济—能源—环境—税收动态 CGE 模型的
       构建 …………………………………………………（62）
    五 中国经济总量及其结构预测和分析：基于
       CN3ET – DCGE 模型 ………………………………（112）

第二章 2040 年中国居民消费水平及结构预测分析 …………（131）
    一 文献综述 ……………………………………………（131）
    二 中国居民消费现状分析 ……………………………（140）
    三 消费对标分析的理论依据 …………………………（145）
    四 中国居民消费预测分析 ……………………………（150）

第三章 2040 年科技发展愿景分析 ……………………………（173）
    一 中国科技创新发展现状 ……………………………（173）
    二 预测依据 ……………………………………………（185）
    三 预测方法 ……………………………………………（187）
    四 中国 2040 年科技发展愿景 ………………………（190）

第四章　2040年社会发展愿景分析 ……………………（192）
一　中国将整体进入高级城市型社会,城镇化格局
　　日趋合理 ……………………………………………（192）
二　中国人口老龄化速度较快,且趋势不可逆转 ……（196）
三　城乡居民收入差距显著缩小,就业结构持续
　　优化 …………………………………………………（198）
四　中等收入群体比例明显提高,橄榄形社会结构初步
　　形成 …………………………………………………（200）
五　服务型政府基本建成,公共服务支出大幅增加 …（201）

第五章　2040年人口发展愿景分析 ……………………（206）
一　中国人口发展现状及主要挑战 ……………………（206）
二　人口发展预测的研究综述 …………………………（215）
三　面向2040年中国人口发展预测的方法说明 ……（218）
四　2040年中国人口发展预测结果 …………………（219）
五　2040年人口发展愿景 ……………………………（224）

第六章　2040年生态环境发展愿景分析 ………………（227）
一　中国生态环境发展现状、突出问题与面临的挑战 …（227）
二　预测依据 ……………………………………………（232）
三　预测方法 ……………………………………………（244）
四　预测结果 ……………………………………………（245）

第七章　2040年信息发展愿景分析 ……………………（249）
一　发展现状和突出问题 ………………………………（251）
二　预测依据 ……………………………………………（259）
三　预测方法 ……………………………………………（264）
四　预测结果 ……………………………………………（265）

第八章 2040年能源发展愿景分析 (267)

  一　中国能源发展的现状、问题与挑战 (267)
  二　预测依据 (273)
  三　预测方法 (278)
  四　面向2040年中国能源发展愿景 (284)
  五　加快能源转型：适度能源自给与供给多元化 (287)

参考文献 (291)

后　记 (304)

第 一 章

2020—2040年中国宏观经济及其结构预测

一 研究的背景意义和研究前沿综述

(一) 研究的背景和意义

改革开放以来，中国经济飞速发展，取得了一系列成就，令世界为之注目。主要表现在以下五大方面：第一，从2008年到2018年，连续十年经济体总量排名世界第二；2018年，全球经济总量中15.7%是由中国贡献的，足足13.6万亿美元，首次突破10万亿美元大关。第二，第三产业占据国民经济的主导地位，2012年服务业对GDP（国内生产总值）的贡献率首次超过工业，此后其主导趋势日益明显。第三，城镇化社会初步形成。2011年中国城镇化率首次超过一半，2014年城镇就业超过农村，2018年总就业中大部分为城镇就业，农村就业仅占44%。第四，外贸和利用外资首次跃居世界第一，成为第一贸易大国，2018年货物贸易占世界的比重为14.9%。中国目前已经是全球240个经济体中近200个经济体的第一大或第二大贸易伙伴。2014年利用外资居世界首位。第五，中国经济结构转型升级进程取得了显著成效。2018年，最终消费率过半，在 GDP 中的占比已经超过 76%。同时，全球制造业近 1/3 的产值是由中国贡献的，稳占全球第一长达九年。工业比重的 8.9% 由新材料、新能源、高端装备制造、新一代信息技术等七大战略性新兴产业贡献。然而，人们在研究中国经济高速增长原因的同时，也越来越多地注意到中国经济发展中存在的各种问题和潜在的制约因素，并开始质疑中国能否在今后一段时期继续保持较高的经济增长速度。这些问题和制约因素不仅包括环境污染、能源对外依赖、自然资源短缺等已经长期存在的问题，还包括人口红利和改革红利的日渐消失、国际环境的变化等日益显现的新问题。尤其是在美国次贷危机和欧洲主权债务危机爆发以后，中国经济增速出现一定程度的放缓，人们将更多的目光聚焦在中国未来经济增长的可持续性上。在发达经济体低速增长的国际环境和国内新增劳动力减少、资源环境约束日益突出的背景下，中国经济未来中长期的增长潜力如何？目前由于中国正处于关键转型时期，转方式、调结构和次高速经济增长的局面将会持续较长时间，经济下行压力较大，进入所谓"新常态经济"，面临"中等收入陷阱"的挑战。过去 30 年的成功或经济奇迹是否意味着未来还能保持平稳、较快增长，这是各方面都十分关切的热门话题。

由于新一轮科技革命和产业变革正在孕育兴起，争当科技创新中心已演变为国家之间的竞争，世界科技创新格局正在调整。当今世界科技飞速发展，各个学科之间的交叉融合日益深入，随着多边主义的盛行，科技在国际间的竞争与合作也越来越密切，同时科技创新的周期在日益缩短，高新技术主导地位的竞争在国际社会上越来越激烈，在科技上占主导优势的发达国家对其他国家的压力在很长一段时期内不会消失。在未来的 20 年时间里，中国将面临经济全球化竞争、经济社会协调发展、国家安全威胁和资源环境约束四大战略性挑战。中国作为发展中国家，在全球化的进程中处于相对不利的地位，缺乏有效抵御和减少全球化带来的风险和隐患的能力，面临着国家经济安全的严峻挑战。在如此复杂的国内外环境下，合理预测未来的经济社会变化和形态，对于科学地预测未来的经济社会发展对工程科技发展的需求，以及客观地分析工程科技发展对经济社会发展的影响，对于保障中国工程科技更好地服务于国家经济社会发展、更加符合国家的发展战略，具有重要的现实意义。

（二）相关研究前沿文献综述

1. 世界形势发展预测

（1）经济

全球经济持续增长，经济格局加速调整。近期来看，世界经济系统性风险逐步下降，增长动力有所增强。世界货币基金组织在《2019年世界经济展望》中指出，发达经济体经济逐步好转，而新兴经济体经济增长放缓。长期来看，未来世界经济将保持中低速增长，经济结构将出现重大变化。联合国经济和社会事务部在《世界经济形势与预测（2019）》中认为，新兴经济体在全球产出占比不断上升，中、印两国的GDP之和在2030年可望达到OECD国家总额的80%，到2060年有望超过OECD国家总额。尽管新兴经济体经济增速快于发达国家，但OECD在《2060年展望——全球的长期经济增长前景》中认为，以人均GDP计算两者在未来50年仍然存在明显差距。

（2）人口

未来全球人口持续增长，老龄化问题日益严重。联合国高度关注人口问题，经济和社会事务部先后发布两份报告：在《世界人口展望：2019年修订版》中预计，全球人口2030年将达到85亿，2050年可能达到97亿。其中，亚洲和大洋洲人口数量最多，非洲人口增长最快，而欧洲和北美人口增长缓慢且老龄化日益严重。在《世界城市化前景报告》中则对人口增长带来的城市化问题表示担忧。OECD也同样关注人口问题，在《2060年展望——全球的长期经济增长前景》中认为，未来劳动年龄人口占比将会下降，不过劳动力质量会提高。

（3）世界格局

近30年，由于新兴市场国家快速崛起，世界格局多极化加深，中国学者对此进行了深入的研究。中共中央党校国际战略研究所高祖贵研究员认为，当前新形势下，世界格局总体呈现三大趋势：一是亚洲整体性崛起态势及其效应不断凸显，20世纪80年代的"四小龙"、90年代的"四小虎"，21世纪以来的中国、印度、俄罗斯等国家先后崛起；二是在经济和政治方面，新兴国家与发达国家力量差距持续缩小；三是美国"一超"实力依然存在，其他"多强"大国加快发展，国际格局向多极化趋势深入发展。

（4）能源

国际能源署在《世界能源展望2019》中预测，到2040年，全球能源需求与2019年相比将增长43%，由石油、天然气、煤炭和低碳能源组成的世界能源供应结构趋于均衡。进一步从电力行业研究，表示随着火电比重下降，可再生能源和核能发电比重上升，未来20年发电行业结构将更加均衡和多元化。

英国石油公司在《BP2035世界能源展望》中指出，亚洲经济的持续发展是世界能源需求未来增长的主要驱动力，这将促使世界能源由西向东流动。

（5）环境

OECD在《经合组织2050年环境展望》中预测，到2050年，全球温室气体排放量预计将增加50%，到21世纪末，全球平均气温将上升3℃到6℃；生物多样性衰减，水资源紧缺，大气污染，全球生态环境持续恶化。

关于促使环境恶化的原因，联合国环境规划署在《全球环境展望5》中认为，人口增长和经济发展是主要驱动力。对于未来环境的改善，联合国政府间气候变化专门委员会在第五次评估报告的《综合报告》中表达了谨慎的乐观，国际能源署和OECD则分别提出了具体的建议和措施。

2. 中国经济社会发展阶段判断与现状分析研究

（1）关于经济增长阶段与增长动力机制的主要研究

关于当前中国经济发展阶段与增长的趋势，国务院发展研究中心刘世锦等人的一系列研究更为深入、系统和全面，经济增长速度下台阶、经济新常态等一系列重要提法最初都来自他们的研究。中国经济增长前沿课题组则更为细致地分析了现阶段中国经济增长动力的转换。

刘世锦等（2011）[①] 以工业化能否顺利推进为主线，选取了 30 多个较大经济体，通过大量的历史数据分析彼此之间的异同。他选取经济体的标准有两个：第一，推进过工业化进程；第二，人口基数大，普遍超过千万级。通过理论分析，将中国的情况与形势与国际上的正面经验和反面经验作比较，指出在中国工业化结束高速发展阶段以前，与拉美等国相比，中国陷入"中等收入陷阱"的概率不大；但是中国现存最大的问题就是能否将经济增长的引擎变为创新驱动，而非低成本要素的驱动，以及在工业化高速发展阶段结束后，能否解决和消化之前积累的各种矛盾和财政金融风险，从而使居民平均收入达到发达国家水平。该书在理论分析的基础上通过国际比较，进一步指出中国经济增速与潜在增速正面临转折的时间窗口，中国经济增速将明显下一个台阶。

在刘世锦（2014）[②] 的报告中，各种数据显示中国经济高速增长阶段已经结束，转向了中高速增长阶段。而供需、产业结构等发生的转变都具有重要意义。刘世锦、刘培林、何健武（2015）[③] 通过文献梳理、实证研究和国际比较研究，对中国生产率的历史贡献和未来潜力进行了分析。研究指出，近年来中国的全要素生产率确

---

① 刘世锦等：《陷阱还是高墙——中国经济面临的真实挑战和战略选择》，中信出版社 2011 年版。
② 刘世锦：《在改革中形成增长新常态》，中信出版社 2014 年版。
③ 刘世锦、刘培林、何健武：《我国未来生产率提升潜力与经济增长前景》，《管理世界》2015 年第 3 期。

实呈现放缓趋势,这与成功追赶的经济体类似阶段的经验规律是相吻合的,但与拉美国家陷入"中等收入陷阱"时的情形有着根本区别。

刘世锦(2015)[①]提出并定义了终端产品即 GFP 概念,强调 GFP 作为自然流程中最终产品的特性和在整个经济体系中的始动性,着重分析了 GFP 视角下对外贸易、生产性投资、公共产品与私人产品结构等要素对经济增长的作用,并指出中国经济目前正由高速增长阶段转向高质量发展阶段,即从高速增长转向中速增长。这个阶段不是比增速,而是比经济结构能否较快调整,动能是否能较快转换。在经济进入中速增长期后,增长动能来自三个方面,一是现有经济效率提升,二是部分服务业还有较大增长潜力,三是前沿性创新带来的经济增长。激发新的增长动能,就需要深化供给侧结构性改革,在既有经济增长模式上加上新体制、新机制、新技术,全面激发出新的动能,转化为某种意义上的新经济。

中国经济增长前沿课题组(2014)[②]则通过国民经济增长核算,指出随着中国经济进入新的发展阶段,增长速度放缓。原因来自"三重冲击"因素的叠加:资本积累速度下降、人口红利消失和"干中学"技术进步效应消减。而现阶段制度结构对于技术创新的阻碍和人力资本配置的扭曲,又使得"三重冲击"带来的经济增长减速无法得到生产效率提高的补偿和缓冲。并通过引入知识部门重新定义生产函数,分析中国经济转型的新要素供给的作用。研究发现,为了突破结构性减速的阻碍、实现可持续增长,以知识部门为代表的新生产要素供给成为能否跨越发展阶段的主导力量。因应城市居民收入提高之后发生的需求升级,知识部门围绕科教文卫体等提升"广义人力资本"消费支出的现代服务业建立起来,知识部门的生产

---

① 刘世锦、刘培林、何健武:《我国未来生产率提升潜力与经济增长前景》,《管理世界》2015 年第 3 期。

② 中国经济增长前沿课题组:《中国经济增长的低效率冲击与减速治理》,《经济研究》2014 年第 12 期。

消费过程也是人力资本提升和创新内生化的过程。知识部门自身不仅具有内生性，而且以其外溢性促进传统工业、服务业部门的发展，有利于促进结构升级，以此打通消费和生产一体化，在不断扩大消费需求的同时推进未来中国创新增长。在物质资本驱动增长动力减弱的困境下，重视消费对广义人力资本的贡献作用，促进消费、生产结构互动升级是实现发展突破的关键。

中国经济增长前沿课题组（2015）通过引入知识部门重新定义生产函数，研究新要素在中国经济转型中的贡献。报告表明，要想实现经济的可持续性发展、突破因结构性矛盾而使经济增长速度下降的阻碍离不开以知识部门为主要代表的新生产要素的贡献。知识部门是在人民群众日益增长的物质文化需要下，围绕教育、科技、文化、卫生、体育等提升"广义人力资本"消费支出的现代服务业建立起来的。知识部门同时具有内生和外溢双重属性：内生性体现在其生产消费过程就是创新内生化和人力资本提升的过程；外溢性表现在其能够加快传统工业和服务业的发展，这有利于推动结构改革升级，有利于消费和生产一体化进程的发展，可以使国内消费需求在不断扩大的同时，促进创新的进一步发展。

（2）工业化进程与新工业革命影响相关研究

工业化进程是反映一个国家经济社会发展阶段变化的重要衡量指标，关于当前中国工业化进程的研究主要来自黄群慧等人的研究，这些研究对当前工业化进程所处阶段、当前阶段的特征与增长动力机制转换都进行了颇为系统的研究，并深入解析第三次工业革命对于现阶段及未来工业发展的阐述。

黄群慧（2014）[①] 从工业增长速度变化工业需求侧变化、工业产业结构和区域结构变化以及工业企业微观主体表现进行分析，指出种种迹象表明中国工业经济正走向一个速度趋缓、结构趋优的"新常态"。这个过程也正是中国步入工业化后期的阶段，国际经验

[①] 黄群慧：《"新常态"、工业化后期与工业增长新动力》，《中国工业经济》2014年第10期。

表明工业化后期阶段往往是曲折和极富挑战性的。对于中国而言，在众多挑战中，当前必须高度重视产能过剩、产业结构转型升级和"第三次工业革命"三方面的问题。当前中国出现的工业"劣质产业论"是站不住脚的，而"工业地位下降论"还为时尚早。在中国步入工业化后期，尤其是"十三五"期间，推进工业发展对中国实现工业化和经济步入"新常态"具有十分重要的战略意义。面对工业发展的新挑战，我们要做的是增加工业经济增长的新动力。新时期工业增长的新动力来自工业化的供给推动力和城市化的需求拉动力的结合，而全面深化改革则是"源动力"。

黄群慧、李晓华（2015）[①] 进一步指出，"十二五"时期中国工业保持了平稳较快发展态势，国家层面规划提出的有关工业发展的主要"数量型"指标基本实现，但一些长期制约中国工业可持续发展的根本性问题还有待突破。在世界范围内"第三次工业革命"不断拓展、全球投资贸易秩序加速重构，以及中国全面改革日益深化等大背景下，"十三五"时期中国工业发展面临着新的机遇与挑战，"十三五"时期工业在国民经济中的核心功能、发展思路与发展模式都将发生深刻转变。

黄群慧、贺俊（2013）[②] 指出，"第三次工业革命"正在孕育兴起，这是一场嵌入在技术、管理和制度系统中的技术经济范式的深刻变革。随着这场工业革命的不断深化，制造和制造业的经济功能可能被重新定义，国家和企业竞争力所依赖的资源基础和要素结构都将发生变化，从而可能重构全球产业竞争格局，过去刻画价值链经济特征的"微笑曲线"可能变成"沉默曲线"、甚至"悲伤曲线"，传统"雁阵理论"所预言的后发国家产业赶超路径可能被封堵，不利于发展中国家的"中心—外围"世界分工体系可能被进一

[①] 黄群慧、李晓华：《中国工业发展"十二五"评估及"十三五"战略》，《中国工业经济》2015年第9期。

[②] 黄群慧、贺俊：《"第三次工业革命"与中国经济发展战略调整——技术经济范式转变的视角》，《中国工业经济》2013年第1期。

步固化，国家间产业竞争范式将由企业间竞争和供应链间竞争转向产业生态系统间的竞争，系统的适应性和动态能力成为一国获得产业长期竞争力的关键。未来中国需要在转型升级战略、全球竞争战略、技术创新战略、产业发展战略、国家信息战略等多方面进行适时调整。

黄群慧等（2015）[1]指出不同于成熟产业增长所要求的生产性投资，对于技术密集的新兴产业，具有多样性和探索性的创新性投资才是产业成长的关键。在新的国际竞争规则建立和国内深化改革的背景下，"十三五"期间，既有产业政策必须根据新的环境和战略部署在政策思路、政策工具和政策体系等方面及时进行调整，通过构建更加科学的政策体系、更加明确的政策内容和更加高效的政策实施机制，保障各项战略目标的实现。建设社会主义现代化强国，需要贯彻新发展理念，建设现代化经济体系。推动工业化进程也是形成经济体系的过程，与过去追求高速增长的工业化道路不同，新时代要形成现代化经济体系，必须推进高质量的工业化进程，实现从高速度工业化向高质量工业化的转变。

（3）人口、城市化、对外开放与经济发展的重要研究回顾

人口、城市化与对外开放亦是现阶段社会经济发展现状分析与阶段判断所需关注的重要内容。其中，蔡昉、都阳等对于当前人口与经济发展问题的研究，国务院发展研究中心与世界银行联合课题组、张自然等人对于现阶段城市化进程与经济发展问题的研究，裴长洪对于对外开放与社会经济发展问题的研究，最为深入，也最具代表性。

陆旸、蔡昉（2014）[2]通过估算中国和日本的人口潜在增长率，发现两国的人口结构变化趋势相似。20世纪90年代日本在人口红利

---

[1] 黄群慧、李晓华：《中国工业发展"十二五"评估及"十三五"战略》，《中国工业经济》2015年第9期。

[2] 陆旸、蔡昉：《人口结构变化对潜在增长率的影响：中国和日本的比较》，《世界经济》2014年第1期。

消失之后，坚持使用宽松的货币政策来刺激经济，最终不仅没有保持住之前的增长速度，反而导致了巨大经济泡沫的破裂，对日本实体经济的影响甚至远远超过"失去的十年"。日本的经验教训值得我们深思，应避免粗暴地挥舞政府的"大棒"、人为地提高经济增长率。

都阳等（2014）[①]整理了多个权威数据库中的数据，经过计量证实了经济发展受劳动力流动影响的作用。结果表明，劳动力流动有利于扩大劳动力市场规模和提高城市经济的全要素生产率，尽管对资本产出比和工作时间有负面影响，但劳动力流动带来的净收益非常可观。根据该研究的回归结果，全面深化户籍制度改革将在未来几年内为中国的经济发展带来明显的收益。这也就意味着，在推进全面户籍制度改革中仅仅考量户籍制度改革所要付出的成本，而忽略其带来的巨大收益，可能会在实践中制约改革的进程。

蔡昉（2018）[②]认为人口红利是中国经济30年来取得巨大成就的重要原因。首先，通过回顾人口转变过程及其形成的有利于劳动力供给、人力资本改善、储蓄率和资本回报率保持高水平，以及主要来自资源重新配置效率的全要素生产率提高等因素，阐释了高速增长的必要条件。其次，围绕劳动力市场发育回顾了相关领域改革的历程，阐释了高速增长的充分条件。最后，研究同时还显示，兑现人口红利、发育劳动力市场和经济增长促进就业扩大过程的结合，使经济发展成果得到较充分的分享。就中国而言，在诸多领域深化改革可以挖掘传统增长动力和全要素生产率来提高潜在增长率的潜力，以助力国家在实现现代化的同时避免陷入"中等收入陷阱"。

张自然等（2014）[③]指出2012年中国城市化水平已达到52.57%，跨过了城市化率50%这一重要临界点。根据国际城市化经

[①] 都阳等：《延续中国奇迹：从户籍制度改革中收获红利》，《经济研究》2014年第8期。
[②] 蔡昉：《中国如何通过经济改革兑现人口红利》，《经济学动态》2018年第6期。
[③] 张自然等：《中国城市化模式、演进机制和可持续发展研究》，《经济学动态》2014年第2期。

验，在达到这个临界点后，若经济增长的动力发生了根本性转变则证明城市化进程进入质变阶段。经济增长动力由城市化初期的产业发展带动城市发展，转变为城市化中后期的以"空间资源配置"推动增长的阶段，空间集聚推动着技术进步、知识溢出和经济结构快速调整。

国务院发展研究中心与世界银行联合课题小组（2014）[①]指出中国城镇化有力支持了经济的高速增长和快速转型，成功避免了大规模的城市贫困、失业和贫民窟，但压力也开始显现。中国领导人高度关注这些挑战，倡导新型城镇化的道路模式，以适应新的发展目标。新型城镇化模式需要政府重新定位，实现更高质量的增长。并提出构建新型城镇化模式的六大优先领域：一是改革土地管理制度；二是改革户籍制度，实现基本公共服务均等化，促进具备技能的劳动者自由流动；三是将城市融资建立在更可持续的基础之上，同时建立有效约束地方政府的财政纪律；四是改革城市规划和设计；五是应对环境压力；六是改善地方政府治理。该报告提出的政策议程是全面的，需要确定优先序。最为迫切的问题是土地方面的议程；其次，政府需要关注各种形式的地方政府性债务；最后，在全面铺开以市场为基础的城乡土地转化之前，需要开展更多试点。其他改革也应尽快提出落实改革议程的全面规划并建立监测督促机制。

裴长洪（2015）[②]指出以贸易投资的数量增长作为"开放红利"的主要标准是过去高速增长阶段以规模速度、扩能增量为特征的发展方式在对外开放领域的折射。其认为，党的十八大以来，中国对外开放已经形成了一套完整的新思路，从而为如何评价新一轮对外开放的绩效提供了基本依据，目前国家着力实施的对外开放战略蕴含了对外开放的新的价值取向，因此有必要对未来，包括"十三五"期间开放型经济的发展指标做出新的研究。

[①] 国务院发展研究中心和世界银行联合课题组：《中国：推进高效、包容、可持续的城镇化》，《管理世界》2014年第4期。

[②] 裴长洪：《经济新常态下中国扩大开放的绩效评价》，《经济研究》2015年第4期。

裴长洪（2018）[①] 归纳总结了中国经济发展的新趋势和外贸增长的新优势。党的十九大报告指出，中国特色社会主义进入新时代。生产力基础的改变是最基本的标志。从产业形态的角度分析，未来中国经济的高质量发展具有四个趋势：第一，数字经济领域；第二，智能制造和高端制造领域；第三，未来将进一步深化非完全竞争产品领域的改革，并将一些公共物品市场化；第四，未来发展趋势是湾区经济和城市群的发展。目前，中国的外贸已经积累了丰富的实际操作经验，而且已经培育了很多新优势：第一，高速联通下的社会分工网络；第二，跨境电子商务已经成为中国外贸增长新亮点；第三，中欧班列和海外分销；第四，资本技术密集优势正在聚集；第五，服务贸易增长后发优势。

3. 经济中长期的发展趋势预测文献综述
（1）国内相关研究进展

李京文（1998）[②] 在对中国经济发展的现状进行分析与判断的基础上，参考发达国家的经济发展轨迹和可预见的技术变化，综合考虑中国未来资源供给、人口变动、生态环境影响等因素，在定性分析的基础上，运用长期经济预测模型及其他定量分析方法，对中国1996—2050年的经济发展趋势进行了分析和预测。预测认为，到2050年，中国将成为发达国家并达到中间水平，成为一个富裕和高度文明的社会主义强国。1996—2000年，GDP将持续稳定地以年均9.4%的高速度增长；2001—2010年，GDP年均增长率将达到8.0%；2011—2030年，GDP将以年均6%左右的中速增长；2031—2050年，GDP年均增长仍可望保持在4.5%左右的水平上。

姚愉芳、贺菊煌（1995）[③] 将投入产出关系纳入长期预测模型

[①] 裴长洪：《中国经济发展新趋势与外贸增长新优势》，《国际贸易问题》2018年第12期。
[②] 李京文：《21世纪中国经济大趋势》，辽宁人民出版社1998年版。
[③] 姚愉芳、贺菊煌等：《中国经济增长与可持续发展——理论、模型与应用》，社会科学文献出版社1998年版。

中，认为社会对产品的需求既包括最终需求，也包括中间需求。决定模型可靠性的最重要因素包括技术进步、投入产出系数的变动、消费结构的变动、就业结构的变动、进出口结构的变动、国内储蓄以及外资流入。该研究对新古典经济增长模型进行改进，改进之处在于储蓄率的内生化和技术进步的部分内生化。前者通过纳入生命周期消费函数得以实现，后者通过技术进步率与投资率的关系实现。结果表明，2000—2010 年中国 GDP 平均每年增长 7.9%，2010—2020 年平均每年增长 5.5%，而且这是长期持续的高速增长，是能够实现的增长。此外，该研究使用的长期预测模型是一个多部门模型，包括 12 个产业部门。该研究将投入产出关系纳入模型之中，以反映部门间的联系。模型不仅对经济增长率进行预测，还预测了三次产业比重的变化趋势，认为到 2020 年，第一、第二、第三产业比重将变为 10.8∶43.7∶45.5。

许宪春（2002）[1] 在分析国内外历史资料和经济增长因素的基础上，对中国和当时经济总量世界排名前五位国家的未来经济增长率、国内生产总值以及中国人均国内生产总值进行了预测，认为2050 年中国人均国内生产总值将达到中等发达国家 2000 年的水平。具体预测结果为 2001—2010 年年均增长 7.5%，以后每十年减少 1 个百分点，2050 年以后年均增长 3.0%。

邹至庄（2005）[2] 运用经济增长的新古典模型中使用的柯布－道格拉斯生产函数，在当时预测 21 世纪前十年中国 GDP 的指数增长率大约为 7.5%，认为其下降的原因主要是劳动增长率和全要素生产率（TFP）增长率的下降；再到 2020 年，7.5% 的增长率只能是上限，在此情况下，2020 年中国的实际 GDP 或 GNP 能够赶上美国，但是他认为更为合理的增长率可能在 6%。此外，他还分析了消费、环境、人口和人力资本等问题。

---

[1] 许宪春：《中国未来经济增长及其国际经济地位展望》，《经济研究》2002 年第 3 期。
[2] 邹至庄：《中国经济转型》，中国人民大学出版社 2005 年版。

邱晓华等（2006）[①]通过建立中国经济增长的综合因素模型，得出资本投入增加是中国经济增长最主要的源泉，未来16年（2005—2020年），中国经济仍可望继续保持适度较快增长，但要达到目前的高速度，将面临投资率继续增高，能源约束加大等矛盾，大力转变经济增长方式是解决这一症结的根本途径。

胡鞍钢（2008）[②]认为，中国GDP在2006—2020年的年均增长率为7.5%—8.5%，未来经济的增长率主要取决于全要素生产率的增长率，如果TFP能够维持改革开放以来30年的增长率，那经济增速就有机会超过8.5%。胡鞍钢、鄢一龙、魏星（2011）[③]进一步给出了对中国在2010—2030年经济增长趋势的估计：中国GDP潜在增长率区间为5.9%—9.2%，在考虑这些生态变化约束以及中国政府不再追求高速增长而是追求增长质量的变化时，2011—2030年的适度增长率为7.5%，其中，2011—2020年约为8.0%，2020—2030年约为7.0%。

王小鲁、樊纲、刘鹏（2009）[④]利用一个扩展的卢卡斯式增长模型，对经济增长率按贡献因素进行了分解，预测在"基于各贡献要素当前变动趋势的延伸"情况下，2008—2020年中国经济的平均增速为6.7%；在"做了三个乐观但可能性很大的假设"（包括未来的政治体制改革抑制了政府管理成本的膨胀，教育条件的改善提高了人力资本的增长率以及通过一系列政策抑制了消费率下降的趋势）情景下，2008—2020年的中国经济增长仍能继续保持在9.3%左右。

李善同（2010）[⑤]运用情景分析的方法对中国经济在"十二五"期间到2030年的发展趋势进行了模拟分析，分别为基准情景、发展

[①] 邱晓华、郑京平、万东华、冯春平、巴威、严于龙：《中国经济增长动力及前景分析》，《经济研究》2006年第5期。

[②] 胡鞍钢：《中国经济实力的定量评估与前瞻（1980—2020）》，《文史哲》2008年第1期。

[③] 胡鞍钢、鄢一龙、魏星：《2030中国：迈向共同富裕》，中国人民大学出版社2011年版。

[④] 王小鲁、樊纲、刘鹏：《中国经济增长方式转换和增长可持续性》，《经济研究》2009年第1期。

[⑤] 李善同：《"十二五"时期至2030年我国经济增长前景展望》，《经济研究参考》2010年第43期。

方式转变较快情景和风险情景；预测对象包括 GDP 增长率和经济增长源泉、经济规模和人均 GDP、支出法 GDP 结构、产业结构、就业结构、城乡居民收入以及能源消费和温室气体排放情况。在基准情景中，国民生产总值在"十二五"期间的增速接近 8%，到 2016—2020 年大概下降至 7.0%，预计将持续下降，到 2021—2030 年仅为 6.2%。

李平、江飞涛、王宏伟和巩书心（2011）[1] 建立了一个宏观经济的结构联立方程模型来对中国未来 20 年（2011—2030 年）的经济社会状况进行分析预测，并以此模型为基础分析三种不同情景假设下（粗放增长情景、集约发展情景以及科技进步主导增长情景），中国经济增长、人口和老龄化、城市化、产业结构、能源消耗、二氧化碳排放等方面的发展趋势。该模型包含 32 个变量，其中 24 个内生变量、8 个外生变量，同时包括生产模块、收入和消费模块、投资模块、政府模块、贸易模块、资源和环境模块。该研究认为集约增长情景在国家大力推进增长方式转变的情形下实现的可能性较大。预测结果显示，中国 GDP 增速将逐渐放缓，增长质量将显著改善。未来的 20 年里，出口对中国经济的拉动作用将逐渐减小，经济增长将更依赖于内需的增长。在集约增长情景中，2011—2030 年 GDP 年均增长率为 6.7%，其中 2011—2015 年年均 GDP 增长率为 8.8%，2016—2020 年年均 GDP 增长率为 7.2%，2021—2030 年年均 GDP 增长率为 5.5%。

刘世锦（2011）[2] 借鉴不同类型工业化国家经济增长的历史经验，采用三种方法对中国经济增长的历史进程和前景进行了分析，预测了"十二五"和"十三五"期间的经济增长情况，预计中国经济潜在增长率有很大可能在 2015 年前后下一个台阶，一旦增长速度常态性而非短期性地回落，增长模式或发展方式的转变将势在必行。

---

[1] 李平、江飞涛、王宏伟、巩书心：《2030 年中国社会经济情景预测——兼论未来中国工业经济发展前景》，《宏观经济研究》2011 年第 6 期。

[2] 刘世锦：《增长速度下台阶与发展方式转变》，《经济学动态》2011 年第 5 期。

第一种方法是直接用中国国民经济的总体数据，参照日本、韩国和德国等成功追赶型经济体的经验进行分析；第二种方法是，考虑到中国大部分省级行政区从人口规模上看与国际上一个大国或中等规模国家相近，把中国每个省级行政区作为一个单独经济体，根据不同的省情选定国际上不同经济体的历史经验和规律相比照，预测各省级行政区潜在经济增长速度的变化，之后再进行加总，推算出全国经济增长速度；第三种方法是通过大宗商品的消费量（或产量）和人均 GDP 水平之间的关系，预测中国经济增长率下台阶的时间点，以便与前两种方法的结果相互印证。

李平、娄峰、王宏伟（2017）[①] 综合考虑未来影响中国潜在经济增长的若干主要因素及其传导机制，构建了经济系统模型，预测了未来 20 年中国的经济规模及其结构变化。在基准情景下，2016—2020 年、2021—2025 年、2026—2030 年和 2031—2035 年四个时期中国国内生产总值（GDP）增长率分别为 6.4%、5.6%、4.9% 和 4.5%。2035 年中国不变价 GDP 规模将为 2000 年的 10.06 倍、2010 年的 3.99 倍、2020 年的 2.02 倍。未来 20 年内，以投资拉动为主的经济增长模式将逐步转变为以消费需求为主导的发展新模式。面对发达经济体可能低速增长的国际环境以及国内新增劳动力逐渐减少的情况，中国需要加强研发和教育投入，提高投入效率和全要素生产率，推进技术进步和制造业的转型与升级，加快推动财税金融体制改革和收入分配体制改革，推进城镇化和第三产业发展。

刘世锦等（2018）[②] 通过比较先发国家、后发成功追赶型国家、欧洲模式发达国家和资源禀赋丰裕型国家在不同发展水平的终端产品结构，发现不同国家之间终端产品结构具有显著的相似性和趋同

[①] 李平、娄峰、王宏伟：《2016—2035 年中国经济总量及其结构分析预测》，《中国工程科学》2017 年第 2 期。

[②] 刘世锦、刘培林、何健武：《我国未来生产率提升潜力与经济增长前景》，《管理世界》2018 年第 3 期。

性。与中国相同发展阶段的终端产品结构相比较，可以看出，由于历史、技术和制度等因素所导致的偏离和扭曲，同时也展现出到2035年中国终端产品结构的演进路径和调整方向。在中国居民消费总规模不断扩大的过程中，应顺应终端产品结构变迁规律，实施一系列有利于终端产品持续增长和结构优化的战略和政策，较大幅度降低基建、房地产投资比重，在提高质量的同时降低生存型消费支出比重，相应提高居民享受型、发展型消费比重。政府消费则应向教育、卫生、社保和福利等公共服务领域倾斜。

（2）国外相关研究进展

Wilson 和 Purushothaman（2003）[①] 运用柯布－道格拉斯生产函数进行预测，认为金砖四国（巴西、俄罗斯、印度、中国）将在未来50年中成为更大的经济体。如果一切顺利，到2025年，金砖四国的经济总量能够达到G6国家的一半，不到40年的时间，金砖四国的经济总量就会超过G6国家。到2050年，G6国家中只有美国和日本的经济总量位列世界前六。对于中国，经济增长率将持续降低，将被印度和巴西超过，2045—2050年的年均增长率仅为2.9%。此外，该研究认为经济增长的核心因素包括宏观稳定、制度、开放度和教育。

Sachs 和 Goldman（2007）[②] 对金砖四国进行了深入的分析，并在此基础上，对一些世界性的问题进行探讨。在对中国的分析中，通过人口预测的结果，分3种情景预测中国未来直至2050年的经济增长情况。无论在哪种情景中，中国在进入老龄社会的2027年，人均GDP都会超过1万美元（2005年价格，下同）。在最为乐观的情景中，2030年的人均GDP会达到2.2万美元，不过仍然低于美国（6.1万美元）、日本（6万美元）和德国（5.1万美元）。

[①] Wilson, D., Purushothaman, R., "Dreaming With BRICs, The Path to 2050", *Goldman Sachs Global Economics Paper*, No. 99, 2003.

[②] Sachs, Goldman, "the Long-Term Outlook for the BRICs and N-11 Post Crisis", *Global Economics Paper*, No. 192, 2009.

Tyers 和 Golley（2007）[①] 将地区居民按照年龄和性别进行分组，使用一个整合了动态 GTAP 全球经济模型的新的全球人口模型进行预测，该模型还包含了利率溢价效应。中国如果实行二胎生育政策，中国经济增速预计将在 2030 年达到 10%，但实际人均收入会下降 10% 左右。

Louis Kuijs（2009）[②] 采用 DRC – CGE 模型，对 2045 年的中国经济的增长趋势进行了预测，研究结果表明，中国 GDP 年均增长率在 2005—2015 年、2015—2025 年、2025—2035 年及 2035—2045 年分别为 8.3%、6.7%、5.6% 和 4.6%。Louis Kuijs 认为尽管资本深化的规模依然可观，但由于劳动人口和全要素生产率的增速将会放慢，因此未来十年潜在 GDP 的增长速度可能会放缓，并利用柯布 – 道格拉斯生产函数计算出中国经济增速 2015 年为 7.7%，2020 年为 6.7%。

National Intelligence Council（2008）[③] 对 2025 年世界趋势进行了分析和展望，内容涉及经济、人口、能源、水资源、食品、潜在冲突等诸多方面。分析认为，到 2040—2050 年，金砖四国的经济总量将同 G7 国家相当。如果按现有趋势发展，2025 年的中国将会是全球第二大经济体，并拥有强大的军事力量。届时，中国将会有大量人口退休，男性人口比重明显多于女性。中国未来经济增长将面临多种困难，即便进行改革，经济增速仍会放缓，甚至出现衰退。这些困难包括收入分配不平等、脆弱的社会保障网、不完善的商业监管、对外能源依赖、腐败和环境破坏。多数的经济增长仍然会依靠国内驱动，但是关键因素仍将依靠国外市场、资源、技术和全球生产网络。

[①] Rod Tyers、Jane Golley：《到 2030 年的中国经济增长：人口变化和投资溢价的作用》，《中国劳动经济学》2007 年第 1 期。

[②] Louis Kuijs, *China through 2020: A Macroeconomic Scenario*, World Bank China Office Research Working Paper, No. 9, 2009.

[③] National Intelligence Council, *Global Trends 2025: A Transformed World*, November, 2008.

Hawksworth 和 Cookson（2008）[①] 主要对 17 个国家进行了至 2050 年的预测，其中包括文章中提出的 E7 国家（金砖四国和墨西哥、印度尼西亚、土耳其）。同许多相关研究一样，文章从 4 个因素考虑经济增长，包括资本存量、劳动力、劳动质量（即人力资本）、技术进步（通过提高 TFP）。结论认为，到 2050 年，中国的 GDP 将达到美国的 1.29 倍，印度达到美国的 0.88 倍，巴西是 0.26 倍，日本为 0.19 倍，俄罗斯、墨西哥和印度尼西亚将达到 0.17 倍，德国、法国和英国将是美国的 0.14 倍。

Perkins、Dwight 和 Rawski（2008）[②] 基于包括资本存量、劳动力、人力资本和技术进步四个要素的增长模型，预计 2007—2050 年基于美元市场汇率中国经济年平均增长率在 6.8% 左右；按购买力平价则在 4.7% 左右，并且指出由于受到人口快速老龄化等因素的影响，尽管中国在接下来的几年中是金砖国家（BRICS）中经济增长速度最快的经济体，但其增长率很可能在 2015 年就会被印度超越，2025 年被巴西超越。他们认为，2005—2025 年中国经济仍能保持快速增长，预计实际 GDP 的年均增长率大约为 6%—8%，其中 2005—2015 年要实现这一速度的经济增长是比较符合现实的，但 2015—2020 年要达到这个增长速度的上限几乎是不太可能的。

Fouré、Bénassy - Quéré 和 Fontagné（2010）[③] 借助包含劳动力、资本和能源这三个生产要素的生产函数以及两种形式的技术进步，对 128 个国家进行了至 2050 年的经济增长预测。在相对价格不变的假设下，中国和印度在 2008—2050 年将增长 13 倍，美国增长 1 倍，欧盟增长 60%；如果对相对价格进行调整，中国经济将增长 16 倍，印度经济增长 21 倍，美国增长 1 倍，欧盟仅增长 40%。考虑到相对

[①] Hawksworth, J., Cookson, G., *The World in 2050: Beyond the BRICs – A Broader Look at Emerging Market Growth Prospects*, Price water house Coopers Report, March, 2008.

[②] Perkins, Dwight H., Rawski Thomas G., "Forecasting China's Economic Growth to 2025", *China Business Review*, No. 6, 2008.

[③] Fouré, J., Bénassy - Quéré, A., Fontagné, L., *The World Economy in 2050: A Tentative Picture*, CEPII Working Paper, No. 27, 2010.

价格变动，到 2050 年，中国经济将占到世界经济总量的 28%，美国为 14%，印度为 12%，欧盟为 11%，日本为 3%。大约在 2025 年（相对价格不变情况下为 2035 年），中国经济总量将超过美国，印度将超过日本。然而，考虑到生活水平，用购买力平价的人均 GDP 衡量，到 2050 年，只有中国会同美国的水平较为接近。

Ping Zhang 和 Wang Hongmiao（2011）[1] 在综合考虑能源和环境等自然约束以及城市化和技术进步这两个驱动中国经济发展的主要因素之后，基于中国总量生产函数对 2010—2030 年中国的经济增长进行了预测，结果显示，2010—2015 年中国经济的潜在年平均增长率在 9.5% 左右，2016—2020 年在 7.3% 左右，2020—2030 年在 5.8% 左右。

世界银行和中华人民共和国国务院发展研究中心（2012）[2] 对中国 2030 年的发展情景进行了展望，发布了《2030 年的中国：建设现代、和谐、有创造力的高收入社会》。该报告指出，2011—2015 年中国 GDP 年均将增长 8.6%，2016—2020 年年均增长 7.0%，2021—2025 年年均增长 5.9%，2026—2030 年年均增长 5.0%。同时，研究还为中国日后的发展提供一些新战略。

Zhuang、Vandenberg 和 Huang（2015）[3] 在研究中国如何应对"中等收入陷阱"的同时，对中国至 2030 年的经济发展前景进行了展望，预测 2010—2020 年 GDP 年均增长率为 8.0%，2020—2030 年 GDP 年均增长率为 6.0%。按照 2010 年价格计算，人均 GDP 将在 2020 年达到 9400 美元，2030 年达到 16500 美元。在增长的源泉方面，全要素生产率（TFP）将在这两个十年中分别带动经济增长 5.0 个和 4.2 个百分点，就业带动经济增长 0.1 个和

---

[1] Zhang Ping and Wang Hongmiao, "China's Economic Outlook into 2030: Transformation, Simulation and Policy Suggestions", *China Economist*, Vol. 6, No. 4, 2011.

[2] World Bank, *Global Economic Prospects: Managing Growth in a Volatile World*, June, 2012.

[3] Zhuang, J., Vandenberg, P., Huang, Y., *Growing beyond the Low-Cost Advantage: How the People's Republic of China Can Avoid the Middle-Income Trap*, Publication of Asian Development Bank, October, 2012.

−0.4个百分点，资本积累带动经济增长 2.9 个和 2.2 个百分点。对于经济结构，投资在 GDP 中的比重将在 2020 年和 2030 年分别达到 40% 和 35%，消费达到 60% 和 65%；产业结构方面，农业占比达到 8% 和 5%，工业占比达到 45% 和 41%，服务业占比达到 47% 和 54%。

HSBC（2012）[①] 调整了巴罗增长模型，对中国经济的趋势做了预测：未来 40 年，中国经济年均增速约为 5%，2010—2050 年，每隔 10 年，GDP 年平均增长率分别为 6.7%、5.5%、4.4%、4.1%。该报告预计 2010—2020 年中国的经济增长在全世界基本是最快的，但 2020 年以后，亚洲不少国家的增长率会开始陆续超过中国。

Feenstra、Robert 和 Marcel（2016）[②] 使用柯布-道格拉斯生产函数，将 GDP 的增长趋势分解成资本存量、劳动力、人力资本和全要素生产率（TFP），然后使用基于之前每一个因素构建成的预测方法，预测到 2030 年产出增长趋势。该研究基于中国 TFP 增长的关键决定因素进行综合预测，构建了中国 TFP 增长预测模型。此外，该研究分析基于对中国生产性资本存量的精心构建的估计，以及更好地反映中国教育回报的人力资本衡量。研究结果表明，到 2030 年，中国国内生产总值（GDP）增速将从目前的 7% 左右放缓至 5% 左右，这与中国经济逐步实现再平衡、投资率下降相一致。此外，研究结果强调了 TFP 增长作为中国增长动力的重要性。

（3）文献研究述评

从以上的文献中可以看出，2008 年国际金融危机发生之后，不少学者和机构的预测趋于谨慎，认为未来 15 年中国经济年均增速将低于 8%，例如，Louis Kuijs（2009）[③] 预计 2015 年中国经济增长率

[①] HSBC, *the World in 2050*, HSBC Global Research, 2012.

[②] Feenstra, Robert C., Robert Inklaar and Marcel P. Timmer, "The Next Generation of the Penn World Table", *American Economic Review*, Vol. 105, No. 10, 2015.

[③] Kuijs, Louis, *China through 2020: A Macroeconomic Scenario*, World Bank China Office Research Working Paper, No. 9, 2009.

为 7.7%，2020 年为 6.7%；HSBC（2012）[①] 预测 2010—2020 年中国经济增长率约为 6.7%，2020—2030 年约为 5.5%。但事无绝对，仍然有不少专家学者肯定中国未来经济的发展前景，相信中国经济可以以 8% 的增速继续前进数十年。诺贝尔经济学奖获得者 Robert W. Fogel（2007）[②] 认为受未来 30 年产业间人口转移以及教育对劳动力素质提高等因素的影响，预计中国在 2000—2040 年 GDP 的年均增长率为 8.4% 左右，高于美国、欧盟、日本、印度等经济体。同为诺贝尔经济学奖获得者的 Robert A. Mundell 在 2008 年第四届东北亚经济合作论坛上发表讲话时指出，中国 GDP 年均增长在未来 15—20 年应该不会低于 8%，到 2030 年也仍会实现较快增长，到 2050 年将成为世界第一大经济体。[③]

从方法和技术上看，以上学者对中国经济预测主要是基于三种方法：时间序列分析法（如消除趋势法、HP 滤波法、卡尔曼滤波法等）、生产函数法和其他经济理论或经济结构分析方法（如菲利普斯曲线法或奥肯理论和宏观经济增长模型法）。这些模型和方法都是单方程或由少数几个方程组成，考虑的因素较少。然而，随着人类社会的不断发展，在当今的全球化、信息化背景下，国际形势呈现出复杂性、多变性、突发性和随机性等诸方面特征，从而使得政策制定者们对不断涌现的经济社会发展事件进行及时而准确分析和决策的难度空前增加。如今的国际经济社会系统内各组成要素之间的关系已经越来越远离简单的线性模式，而呈现出复杂的网状关联，作用于某个因素或子系统的外生冲击，会迅速传导到其他要素和子系统，并相互产生各种反馈、衍射和共振，这种复杂系统之间的相互作用，使得经济社会系统长期处于动态变化之中，并不断演变和发展。事实表明，在当今世界经济复杂多变背景下，传统的经济学理

[①] HSBC, *the World in 2050*, HSBC Global Research, 2012.

[②] Fogel, Robert W., *Capitalism and Democracy in 2040: Forecasts and Speculations*, NBER Working Paper, 13184, 2007.

[③] Robert A. Mundell, "The Next Generation of the Penn World Table", *American Economic Review*, Vol. 105, No. 10, 2015.

论对解决现实经济社会问题的能力和有效性受到越来越多的质疑，单一学科解决现实问题的局限性越来越明显，尤其是当前中国经济正处于转型升级阶段，单一的经济增长已不再是核心目标，而是要努力实现经济和社会诸方面的动态均衡和协调发展，强调产业结构升级、经济结构优化、注重经济增长质量以及社会和谐平等。在这样的国际背景和国内现实条件下，亟须从经济系统论和协调发展的角度，运用新的思维、新的认知工具全方位多层次地分析、理解与把握现实经济社会。

由于经济是一个完整的有机系统，生产、消费、投资、贸易、储蓄、分配、人口、能源、环境、货币、财政、金融等经济变量相互联系，互相影响，牵一发而动全身，认识和解决任何一个具体问题，都不是仅仅面对单个问题，而必须与其他问题联系起来考虑。对现实问题的分析，需要用整体性和全局性的思维方式进行考虑，需要收集尽可能多的数据信息，综合地多角度进行定性和定量分析，这就要求有新型的分析工具和认识工具，从构建模型的角度，对现实经济社会问题的定量分析、预测和模拟迫切需要构建大型的经济系统综合模型，比如，经济—能源—环境—税收动态 CGE 模型。

鉴于上述问题，本课题在分析、预测和展望未来宏观经济情况之前，更重视和强调对经济发展规律与趋势的把握，对经济发展的历史和经验进行回顾和总结。首先，本研究在宏观经济理论的基础上，通过对中国经济发展历程的回顾，总结中国经济 30 多年来高速发展的主要原因，厘清推动经济增长的重要源泉和动力。其次，他山之石可以攻玉，经济发展的国际经验能够为中国提供大量的发展规律和政策参考，有利于科学地指导未来中国经济的发展方向。此外，中国的经济和社会发展也具有其自身的独特之处，在经济发展中也存在着各种各样的问题和困难，弄清制约中国经济增长的各种症结所在，能够提高政策的针对性和实施效果。在分析未来宏观经济增长时，本研究对影响中国未来经济发展的各项主要因素进行了较为详尽的分析,力求通过对经济发展规律和趋势的把握,更好地分析 2015—2035 年各项主要因素的变动趋势,既有助于提高宏观经济预测的准确性,也能够更好地为长远规划和政策制定提供更为有用的建议与参考。在以上这些工作的基础上,根据经济系统理论,构建中国经济—能源—环境—税收动态可计算一般均衡(CN3ET - DCGE)模型系统。该大型模型系统功能不仅可以进行国民经济增长率、经济结构和产业结构的预测和分析,而且可以进行经济、环境和税收等诸多政策模拟分析。

二 世界形势发展分析及预测

(一) 全球经济持续增长,经济格局加速调整

1. 未来世界经济增长动力有所增强,中低速增长是长期趋势;发达经济体需求持续疲软,新兴经济体经济增长收缩,最不发达国家增长放缓

自 2008 年国际金融危机爆发以来,经过各国政府一系列应对和政策调控,世界经济的系统性风险逐渐下降,未来一个时期世界经济增长的动力有所增强。但世界经济难以再现危机前较快增长的局面,中低速增长将是今后一个时期的主要特征。2019 年 5 月,联合国在其发布的《2019 年世界经济形势与展望》报告中预测,世界生产总值在经历 2018 年 3% 的增长之后,增幅在 2019 年放缓至 2.7%,并在 2020 年达到 2.9%,这表明与 1 月发布的预测相比作了下调。

该报告确定了若干个下行风险,这些风险可能触发更加剧烈或更长时间的全球经济增速放缓,并有可能对发展进程造成重大损害。这些风险包括贸易紧张局势进一步升级、金融状况突然恶化以及气候变化影响加快。

由于贸易争端得不到解决，关税越来越高，预测的 2019 年世界贸易增速已下调至 2.7%，明显低于 2018 年的 3.4%。该报告警告称，加征关税和相互报复循环往复，可能对发展中国家，特别是出口严重依赖受影响经济体的国家产生了严重的溢出效应。国际贸易活动长期低迷也会削弱投资前景，并对中期的生产力增长产生不利影响。

针对增速放缓和通货膨胀减弱，主要中央银行放宽了各自的货币政策立场。近期对货币政策所做的这些调整有助于稳定全球金融市场以及资本流入新兴经济体。然而，该报告警告称，长期实行宽松货币政策会加剧金融失衡，包括进一步助长债务累积、使金融稳定的中期风险提高。

面对根深蒂固的结构性弱点，几个大的发展中国家正在竭力从衰退中复苏，不然便陷入低速增长困境。该报告着重指出，在展望所涉期间，预计非洲、西亚以及拉丁美洲和加勒比多个地区的人均收入增长将极其低迷。这给可持续发展目标，包括到 2030 年前普遍消除贫困目标提出了更多挑战。该报告还指出，虽然贫困人口主要在农村地区，但在减贫方面取得进一步进展也取决于对持续城市化进行有效管理。这一点特别适用于非洲和南亚这两个贫困人数最多的区域，预计这两个区域在今后 20 年将经历最快的城市化进程。

自然灾害的频率和强度不断提高，凸显了气候变化带来的日益严重的威胁，特别是对最脆弱经济体而言。该报告呼吁采用更加有力、更加协调的多边办法来制定全球气候政策，包括采用碳定价机制。碳价格迫使经济决策者内化其消费和生产的一些环境成本。该报告证实，私营部门越来越多地采用二氧化碳价格内化办法。这不仅有助于提高能效、节约成本，也使企业能够为预期的政策变化做好准备（见表 1—1）。

表1—1 世界主要地区经济增长展望（2018—2020年）

	正常百分比增长率（%）				较一月形势分析报告后的预测	
	2018年	2018年(a)	2019年(b)	2020年(b)	2019年	2020年
世界产出	3.1	3.0	2.7	2.9	-0.3	-0.1
发达经济体	2.3	2.2	1.8	1.8	-0.3	-0.1
美国	2.2	2.9	2.3	2.1	-0.2	0.1
日本	1.9	0.8	0.8	1.0	-0.6	-0.2
欧盟	2.4	1.9	1.5	1.8	-0.5	-0.3
其他发达经济体	2.5	2.3	2.1	2.2	-0.2	0.0
转型经济体	2.0	2.7	2.0	2.3	0.0	-0.3
东南欧	2.4	3.9	3.4	3.2	-0.3	-0.5
俄罗斯	0.6	2.3	1.4	2.0	0.0	-0.1
发展中经济体	4.4	4.3	4.1	4.5	-0.2	-0.1
非洲	2.6	2.7	3.2	3.7	-0.2	-0.1
北非	3.2	2.6	3.1	4.2	-0.3	0.7
东非	5.9	6.1	6.4	6.5	0.0	0.0
中非	0.1	1.3	2.7	2.7	0.2	-1.1
西非	2.5	3.2	3.5	3.6	0.1	-0.2
南非	0.9	0.9	1.4	2.1	-0.7	-0.5
东亚和南亚	6.1	5.8	5.4	5.6	-0.1	-0.1
东亚	6.0	5.8	5.5	5.5	-0.1	0.0
中国	6.8	6.6	6.3	6.2	0.0	0.0
南亚	6.3	5.7	5.0	5.8	-0.4	-0.1
印度（c）	7.1	7.2	7.0	7.1	-0.6	-0.4
西亚	2.5	2.5	1.7	2.6	-0.7	-0.8
拉丁美洲和加勒比海地区	1.1	0.9	1.1	2.0	-0.6	-0.3
南美	0.6	0.3	0.7	2.0	-0.7	-0.3

续表

	正常百分比增长率（%）				较一月形势分析报告后的预测	
	2018年	2018年(a)	2019年(b)	2020年(b)	2019年	2020年
巴西	1.1	1.1	1.7	2.3	-0.4	-0.2
墨西哥和中美洲	2.4	2.3	2.0	2.1	-0.5	-0.2
加勒比	0.0	1.9	1.9	2.5	-0.1	0.5
最不发达国家	4.2	4.8	4.6	5.8	-0.5	0.1
备忘录项目：						
世界贸易（d）	5.3	3.6	2.7	3.4	-1.0	-0.5
基于购买力平价的世界产出增长	3.7	3.6	3.3	3.6	-0.3	-0.1

注：a Partly estimated；b UN/DESA forecasts；c Fiscal year basis；d Includes goods and services.

资料来源：UN/desa。

2. 新兴经济体在全球产出中占比不断上升，全球经济的构成出现重大变化

《2060年展望——全球的长期经济增长前景》是由经济合作与发展组织（Organization for Economic Co-operation and Development，以下简称经合组织或OECD）发布的研究报告，该报告预测，在消除2008年国际金融危机的影响后，全球GDP在未来半个世纪的年均增长率为3%左右。各国进行的系统性、矛盾性金融风险的化解也为全球经济增长注入了新的活力，随着新兴经济体在全球经济中的占比快速上升，全球经济的增长将会继续保持。非OECD国家的经济增长将继续超过OECD成员国，但两者之间的差距在未来几十年将缩小。非OECD国家的年均增长率将从过去10年的超过7%下降到21世纪20年代的约5%，并下降到21世纪50年代的3.5%左右，而OECD成员国的趋势增长率年均为1.75%—2.25%（见图1—1）。

未来50年，世界各经济体的相对规模将发生重大变化。根据

(10亿美元)

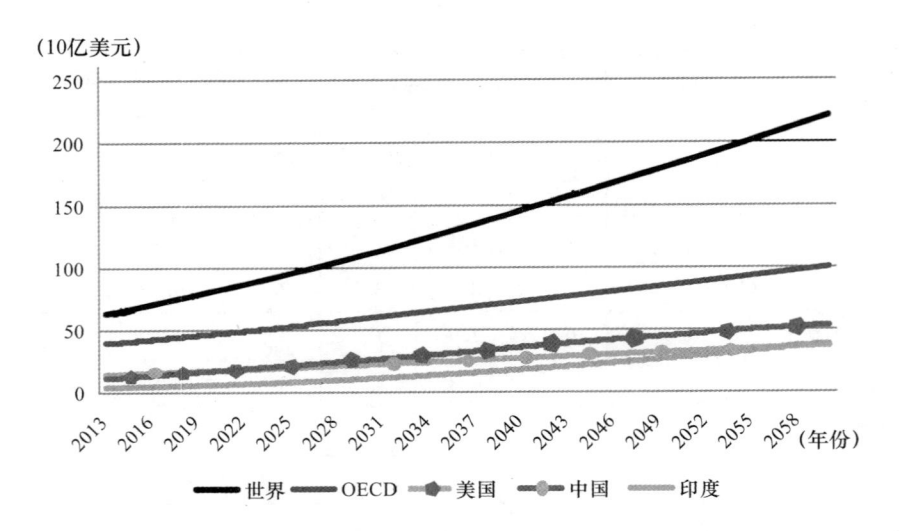

图1—1 2014—2060年基于购买力平价的全球GDP长期增长预测

资料来源：经合组织《OECD2015年经济展望》。

2005年的购买力平价计算，中国有希望在短短几年内赶超美国成为世界首屈一指的经济体。目前，印度经济蓬勃发展，赶超日本指日可待，再过20年，欧元区也很可能被其超越。中印两国凭借其人口优势，经济体量迅速扩大，到2025年前后，G7经济体GDP总和也不足中印两国之和，到2060年，中印两国GDP之和将是前者的1.5倍。更令人感到意外的是，2010年，中印两国GDP之和不足G7经济体的一半。到了2060年，中印两国的GDP之和将会超过全部OECD经济体之和（以现有成员国为基础）（见图1—2）。

3. 各国人均GDP差距将缩小，但仍存在巨大差异

全球GDP占比的变化将与各国间人均GDP收敛的趋势相匹配，然而发达国家与新兴市场国家之间在生活标准方面仍将存在巨大差距。在未来半个世纪，预计非OECD国家的人均GDP的非加权平均值（以2005年购买力平价计算）将以约3%的年增速增长，相比之下，OECD国家的增速为1.7%。因此，到2060年，当前最贫穷国家的人

2030年

2060年

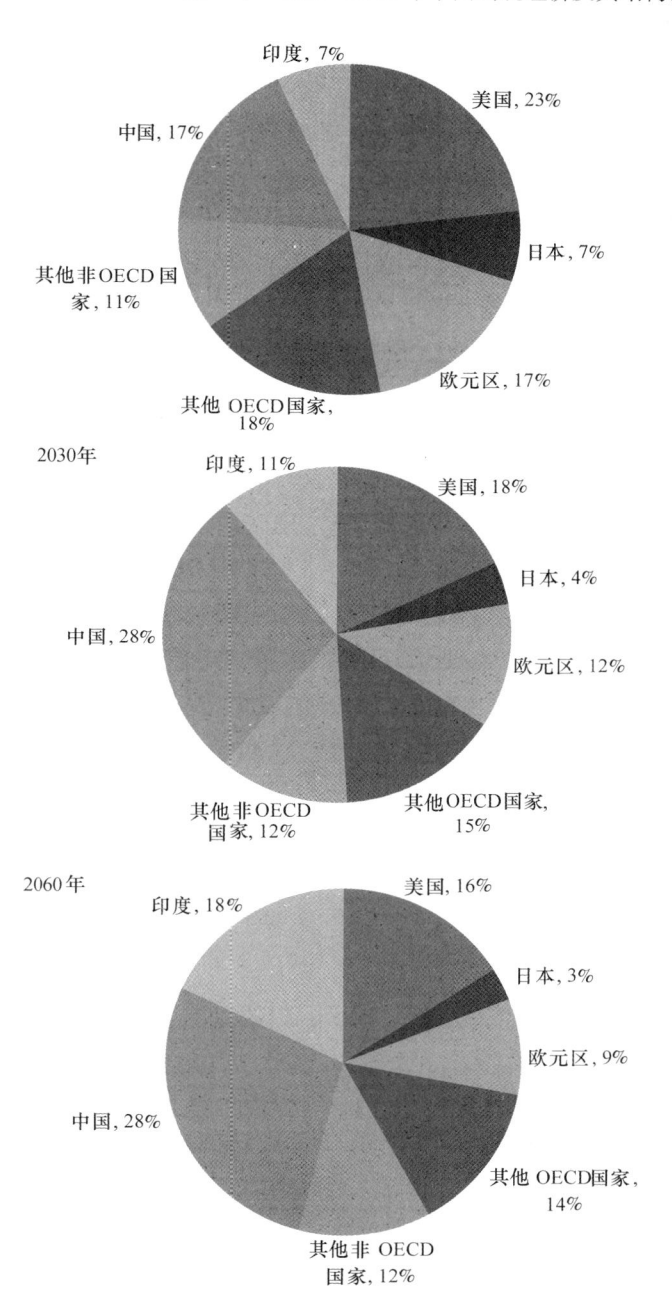

图1—2 全球 GDP 构成发生巨变

注：将34个 OECD 国家与8个20国集团中非 OECD 国家的 GDP 总和视为全球 GDP。

资料来源：OECD《2060年展望——全球的长期经济增长前景》。

均GDP将增长逾3倍（以2005年购买力平价计算），而最富裕经济体的人均GDP仅增长1倍。到2060年，中国与印度的人均收入将经历超过7倍的增长。赶超的程度在中国较为明显，这反映了过去十年中国特别强劲的生产率增长势头以及不断提高的资本密集度。这将使中国在2060年时的人均收入比美国当前的水平高25%，与此同时，印度的人均收入在2060年仅会达到当前美国水平的一半左右（见图1—3）。

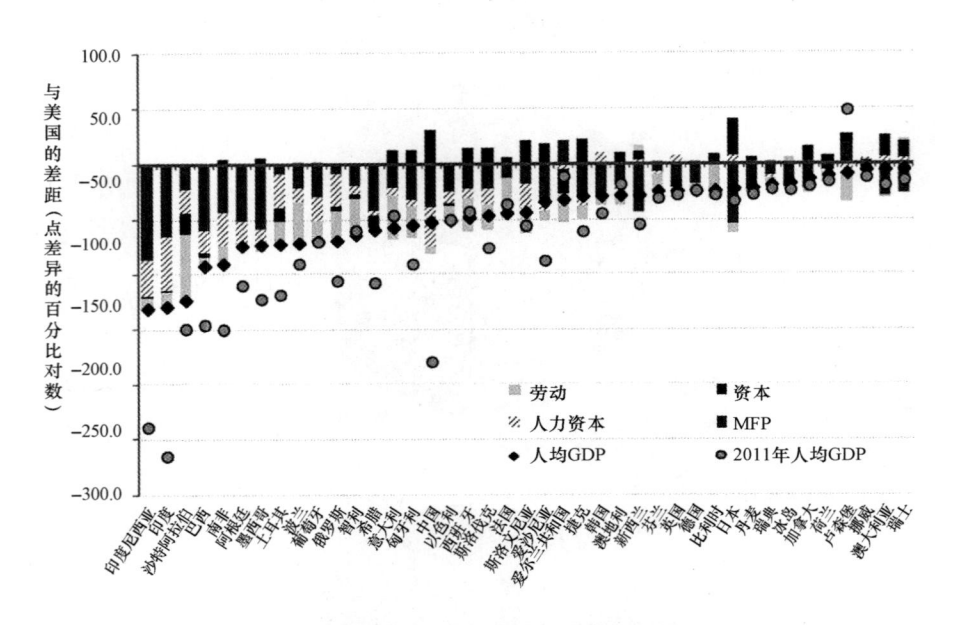

图1—3 生产要素对与美国人均GDP差距的贡献
（按2005年不变美元购买力平价计算）

资料来源：OECD《2060年展望——全球的长期经济增长前景》。

4. 新一轮技术革命孕育重大突破

产业革命普遍存在以下三个特点：第一，规模大且影响是可持续的；第二，必须是根本性的变革；第三，一系列重大发明发现应用和科学知识积累后的爆发。新一轮产业革命所带来的影响不同于以往任何一次革命，这一次是变革性的、是颠覆性的。其影响不会仅局限在经济发展、能源结构优化等方面，而是扩大到对整个人类社会认知的改变，包括对生命的敬畏、对传统价值观的挑战和给伦理道德带来的巨大风险等。近期，科学前沿日新月异，新的理论层出不穷，呈现出非常广阔的发展前景，尤其是集中在信息技术、新能源和生物技术等领域。

高端数字化制造使得生产变得更加精细，并且可以针对个人定制。信息技术给制造业带来了翻天覆地的变化，工业机器人、3D打印、数控机床等数字化制造装备打破了以往的传统流程，显著提高了生产效率，特殊的生产技能也可由数字化编程操控，个性化设计定制和企业生产成本明显下降。为了更好地服务消费者，在个性化定制需求突出的生产资料领域，企业会选择消费者集中的地域进行制造，生产变得越来越精细、越来越个性化，分散生产成为主流。从全球来看，企业分工合作格局和生产体系在慢慢变化，包括绿色环保技术等在内的高新技术正在快速发展。美国为确保在将来国际上的经济主导地位，选择在未来十年投资1500亿美元，大力支持新能源技术的发展。日本也不甘示弱，提出建成世界第一环保节能国家的战略目标，并且要在太阳能发电、蓄电池、燃料电池、绿色家电等低碳排放技术相关联的市场上占据最大份额。欧盟大力扶持绿色能源产业，以期实现低碳化经济发展。巴西、墨西哥等发展中国家正在大力发展新能源和环保节能技术。未来，绿色环保技术、新能源技术取得大的突破是非常有希望的。未来新的创新周期可能由生物技术和基因产业开启。在未来10—20年里，第六次产业革命蓄势待发，领导这一轮产业革命的很大概率是与人类生命息息相关的生物技术和基因产业。因为人类的衣食住行、信息通信、城市化都已得到了相当水平的发展，所以未来产业革命的本质主要就是生物技术的革命，以延缓人类的生命周期。随着生物技术在关键领域的重大突破，新一轮创新周期便会悄然而至。

（二）全球人口持续增长，老龄化问题日益严重，但人力资本不断改善

1. 全球人口持续增长，亚洲人口数量最多

联合国经济和社会事务部在其发布的《世界人口展望：2019年修订版》中指出，2019年全球总人口约为82亿。并预计，全球人口2030年将达到85亿，2050年达97亿，2100年则增至112亿。非洲人口增长最快且最年轻，欧洲和北美洲人口增长最慢且老龄人口比例最高，亚洲和大洋洲人口数量最多。中国和印度仍然是人口最多的两个国家，二者的人口均超过10亿，分别约占全球人口的19%和18%。美国人口位居全球第三。但是到2022年，印度的人口预计将超过中国，成为全球人口最多的国家（见表1—2）。

表1—2　　　　　世界及主要地区的人口增长

主要地区	人口（百万）			
	2015年	2030年	2050年	2100年
全球	7349	8501	9725	11213
非洲	1186	1679	2478	4387
亚洲	4393	4923	5267	4889
欧洲	738	734	707	646
拉丁美洲及加勒比地区	634	721	784	721
南美洲	358	396	433	500
大洋洲	39	47	57	71

资料来源：联合国经济和社会事务部《世界人口展望：2015年修订版》。

2. 人口寿命延长，老龄化问题日益严重，城市化发展过快令人担忧

全球人口人均寿命显著延长。《世界人口展望：2015年修订版》显示，在拉美、加勒比地区和亚洲，到2050年，60岁以上的人口将从如今的11%—12%增至25%以上。同时，全球最不发达国家的人

均寿命近年来也显著增加，以 6 年期平均数为例，从 2000—2005 年的 56 岁增至 2010—2015 年的 62 岁。这一增速大约是全球其他地方的两倍。

人口老龄化（因为生育率下降以及寿命的普遍延长）给趋势增长率造成了潜在负面影响，因为老龄化导致劳动年龄人口（目前定义为年龄在 15—64 岁的人口）占比不断下降，所以给劳动参与率带来潜在负面影响。人口预测表明，在未来半个世纪中，大多数国家的劳动年龄人口比例将会减少（平均减少约 9 个百分点）。①

在联合国发布的《世界城市化前景报告》中显示，目前全球有约 35 亿人在城镇地区生活，且此人口数量将持续增加，到 2045 年将超过 60 亿。世界城市人口的迅速膨胀导致了全球千万级人口的特大城市目前有 28 个，而在 20 世纪 90 年代仅有 10 个。全球城市化进程不会停滞，在未来 30 年内，城市人口会因城市化进程和人口自然增长而增加 25 亿。发展中国家贡献了大部分的增长，特别是亚洲以及非洲国家。但值得担心的是，这些发展中国家并没有意识到城市人口迅猛增加所带来的影响，缺乏合理的规划可能会导致城市发展混乱和贫困区增多（见图 1—4）。

3. 高收入国家劳动力持续减少

未来的劳动参与率由以下两个因素决定：最近各年龄组的劳动参与率情况以及不同年龄组相对权重的变化情况（后者受人口发展的驱动）。尽管之前老年人退出劳动力市场的比率下降，以及女性劳动力参与率的增加，都有助于维持总劳动参与率，但预测表明，这些趋势将不足以抵消人口老龄化的负面影响。在政策不变的情况下，未来 50 年高收入国家的劳动参与率（15 岁以上人口）将平均下降 5 个百分点。

---

① OECD《2060 年展望——全球的长期经济增长前景》。

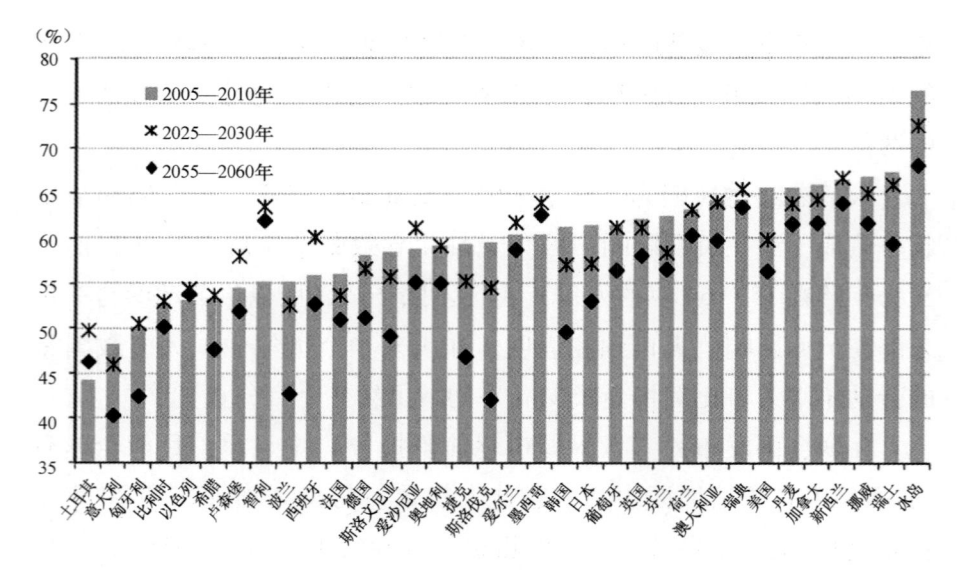

图1—4 部分国家15岁以上人口的劳动力参与率

资料来源：OECD《2060年展望——全球的长期经济增长前景》。

4. 人力资本将继续改善

劳动力质量的提高将成为增长的主要驱动力。在过去，中高收入国家之间的受教育程度会趋同，而且在1970—2010年（平均）受教育年限增加了4年，对与韩国、印度尼西亚、中国、土耳其和巴西这些在20世纪70年代国民受教育程度水平极低的国家，教育显著提高了居民的技能水平。在"预计工资回报将源于受教育年限的增加"这一合理假设下，成年人口平均受教育年限存量的演变被转化为人力资本存量价值的显著改善（见图1—5）。

下半个世纪还将继续重视这种人力资本的积累，所以成人的平均受教育年限预计也将平均增加2年，年龄在25—29岁人群的受教育程度将缓慢向当前受教育程度最高的国家（即韩国，该国的教育水平也在随着时间的推移不断提高）收敛。对收敛的解释通常有以下两个方面：一是就个人及整个社会而言，教育的回报递减；二是受教育年限增加的成本随着受教育水平的提高而上涨。据预测，印度、中国、土耳其、葡萄牙和南非的教育水平将明显上升。但是每

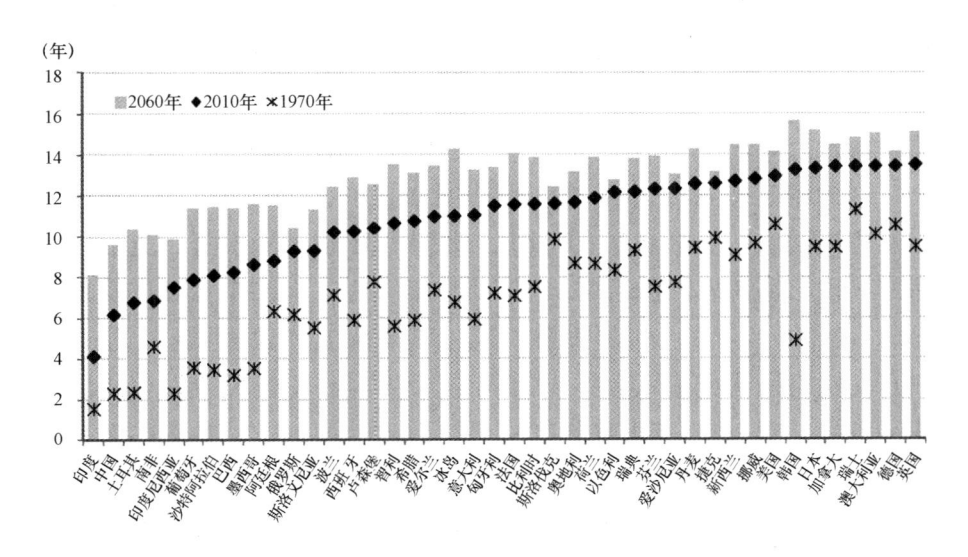

图1—5 部分国家成年人口受教育的平均年限

资料来源：OECD《2060年展望——全球的长期经济增长前景》。

个国家国民受教育的平均水平在短期内还将存在明显差异，因为衡量受教育水平的存量指标涉及全部成年人口，因此提高劳动者受教育水平进展缓慢。

（三）新兴市场国家快速崛起，世界格局多极化加深

1. 亚洲国家不同批次的持续撑托使得其整体性崛起态势及其效应不断凸显

从地区格局变动的视角看，曾经作为地缘政治板块的亚洲、西太平洋和印度洋整体崛起态势非常明显，新态势持续展现的驱动以及产生的影响持续变换。几乎每隔十年便会有标志性的国家和地区代表出现。20世纪80年代，韩国、新加坡、中国香港、中国台湾组成的亚洲"四小龙"走上工业化道路，经济飞速发展；20世纪90年代，由泰国、马来西亚、印度尼西亚、菲律宾组成的亚洲"四小

虎"经济步入快车道，引人注目；进入21世纪，尤其是经历过2008年国际金融危机的洗礼之后，中国、印度、俄罗斯、哈萨克斯坦、土耳其等发展中国家开始把握时机迅速发展经济。近些年这些国家此消彼长、绵延不绝的发展态势使得亚洲的崛起趋势越来越明显。

这种崛起态势不仅表现在经济层面，政治层面也有明显体现。在经济层面上，亚洲各国的GDP、吸引外资和对外投资、进出口贸易都显现出高速发展的态势。至2018年年底，有四个亚洲国家跻身全球GDP排名前十，世界经济规模近1/3由亚洲地区贡献。根据亚洲开发银行的研究显示，到2035年，世界经济份额几乎一半由亚洲地区贡献，到2050年更将超过一半。在政治层面上，亚洲各国的选择也非常多元化，泰国和菲律宾选择了西方民主制度，韩国、新加坡、中国香港和中国台湾贡献了儒家文化圈国家和地区工业化、民主化的经验，马来西亚、印度尼西亚和土耳其等借鉴了伊斯兰国家对现代化进程的经验，俄罗斯、哈萨克斯坦、吉尔吉斯斯坦等则提供了苏联成员国转型的经验和教训。

亚洲整体性的迅速崛起引起了全世界的关注，亚洲区域外的战略力量投入也逐渐加强。例如，美国想要在中东和亚太进行"再平衡"或"转轴"，掌控从西太平洋和东亚延伸到印度洋和南亚的弧形地带，进而掌控整个亚洲，以保持它在国际上的主导地位，明显加大了对亚太地区的关注度和投入量。在美国调整其亚洲地区战略部署的影响下，欧盟、澳大利亚等经济体都加强了与亚洲各国的多方面关系的运行与维护。

同时，亚洲各国不同层次、不同领域之间的联系不断加强，其中包括：东盟从加强自身一体化转向引领亚洲地区一体化；随着亚洲中心地区最重要的上海合作组织的多边合作机制的发展，其影响加强了东亚、中亚和南亚之间的相互联系；西亚的海湾合作委员会在应对中东地区重大变化的过程中，进一步扩员且增大了影响力；俄罗斯推动的欧亚经济联盟加强了苏联成员国之间的合作；美国提出并推动了"新丝绸之路"计划，促进了中亚与南亚的联系。

2. 新兴市场国家快速崛起，与发达国家力量差距逐渐缩小

经济方面，根据相关数据资料显示，2007—2019 年，由美国、加拿大、日本、英国、法国、德国、意大利组成的"西方七国"在世界份额中的 GDP 总和占比、出口贸易总和占比、外汇储备总和占比均有不同程度的下降。与之相反，一些发展中国家和新兴市场国家的群体性梯次崛起态势日益凸显。中国、印度、俄罗斯、巴西、南非组成的"金砖五国"尤为突出，其综合实力显著增强。2007—2019 年，"金砖五国" GDP 的总和、出口贸易总和、外汇储备总和在世界份额的比重均有不同程度的上升。

政治层面，美国和欧洲多国在引领与影响国际事务的意愿和能力逐渐降低，在全球和地区问题上影响力和话语权也在减弱，对新兴大国和地区重要国家的依赖显著增强。因而，以美国为首的北约国家迅速从阿富汗撤军，减轻了对乌克兰问题的反应，对俄罗斯的进攻选择了防御立场。在中东事务特别是叙利亚和伊朗问题的处理上，不再单纯使用武力手段施加压力，而是重点换作寻求政治和外交谈判去解决问题；对于朝鲜核武器的问题选择了缄默；降低了对于粮食危机、应对气候变化、核安全、国际金融体系改革等类似的全球性问题的敏感度。相较而言，以中国为首的新兴经济体则在联合国安理会和联大、二十国集团（G20）峰会、"金砖五国"峰会、77 国集团、不结盟运动等各种多边机制中积极寻求协同发展。随着经济的发展与群体性崛起，其国际政治影响力也在不断加大，话语权不断扩大，在全球和地区事务中更加活跃。

3. 美国综合实力依然突出，其他大国不同程度持续发展，国际格局多极化趋势发展更显深入

首先，作为世界第一大国的美国的整体实力还遥遥领先，但与世纪之交的巅峰时期相比，美国在国际体系演变和世界格局中的主导地位进一步削弱，其他大国与美国的差距正在不断减小。在国际

体系转型和国际事务日益复杂的情况下,美国独自掌控地区和国际局势的能力和意愿下降,不断加快调整政策,更加重视"巧实力"的发挥和利用多边机制来弥补其整体实力的减弱,逐渐将"多极世界"向"多伙伴世界"的格局转变。

其次,"多强"在彼此力量对比扁平化的形势下加快调整内外战略。国际权力格局会越来越呈现出一种水平分布,在这当中,大国、主要的区域性和跨区域性国家集团以及重要的国际组织和制度都会越来越平等地分享国际权力。欧盟寻求转型为一个提供高生产率和社会凝聚力、高就业的包容的智能化可持续性经济体,从而恢复其在经济和高新技术方面的优势;加强金融监管,减少债务危机风险,构建金融救助体系,加强应对银行危机的能力,推进货币一体化,强化与之相匹配的预算协调、财政联盟和银行联盟建设,通过转型进入一体化建设的新阶段。

在这一过程中,美国和中国分别作为发达国家和新兴大国的代表地位越来越明确。两国关系的变化不仅是发达国家和新兴国家关系变化的缩影,而且表现出的变化趋势呈现了霸权守成国与新兴崛起国关系变化的特点。两国之间的互动,不论是在全球层面,还是在地区和双边层面,都将影响国际和地区格局的演变趋势,并导致新一轮大国之间关系的重新洗牌。

(四)能源需求持续增长,能源结构趋于平衡,低碳能源发展迅速

1. 全球能源需求持续增长,需求增加主要来源于亚洲

国际能源署(International Energy Agency,IEA)在《世界能源展望2019》中预测,到2040年,全球能源需求与2018年相比将增长39%。消费需求的增加主要集中在亚洲、非洲、中东和拉丁美洲,欧洲、北美地区和日韩的能源消费水平则基本不变。在这段时间,全球能源的需求增速将逐步下降:过去20年其年均增速

为 2.2%，而到 2025 年后将下降到年均 1%。英国石油公司（BP p.l.c）在《BP2035 世界能源展望》中也表达了相似的观点，认为亚洲地区持续的经济发展——尤其是中国和印度——仍然会在未来 20 年推动世界能源需求的持续增长（见图 1—6）。

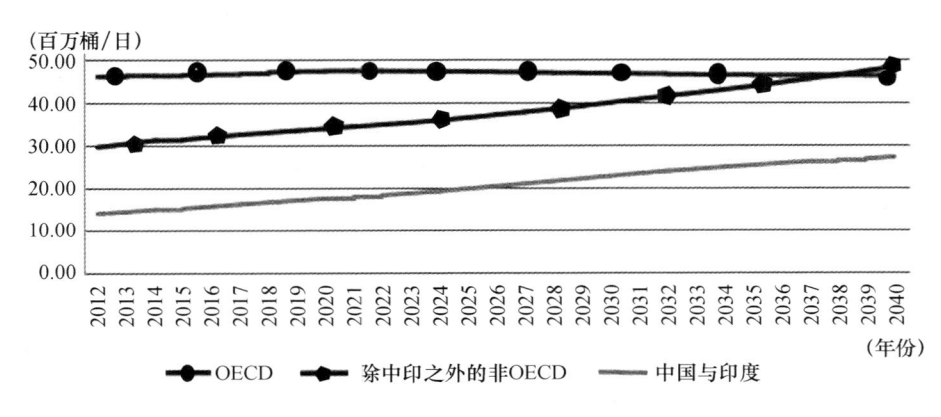

图 1—6　2012—2040 年石油及其他液体燃料的消费需求

资料来源：美国能源信息署（EIA）统计数据。

2. 亚洲的能源进口继续增长，能源流动由西向东转移

亚洲的能源进口继续增长，到 2035 年约占区域间净进口的 70%。亚洲的进口依存度从 2013 年的 23% 升至 2035 年的 27%，石油在上述增长中占比为 60%。北美 2015 年从能源净进口区域转为净出口区域。在出口区域中，中东仍是最大的能源净出口区域，但其比重从 2013 年的 46% 降至 2035 年的 36%。[①] 到 2035 年，中国的石油进口需求增长 1 倍以上，达到 1300 万桶/日，占其石油消费总量的约 75%。届时，中国有可能超过美国，成为液体燃料的最大消费国。印度的石油进口需求也迅速增长，到 2035 年占其石油消费总量的近 90%。由于能源效率的提高，美欧对能源的需求和发展逐渐减

---

① 英国石油公司《BP2035 世界能源展望》。

弱，同时，亚洲国家经济发展对能源的需求日益增长，促使能源逐渐从西方流向东方。

3. 化石燃料仍是主导性能源，天然气需求量持续增长，可再生资源发展迅速，世界能源结构趋于均衡

根据IEA的预测，到2040年，石油、天然气、低碳能源和煤炭这四类能源将以势均力敌之态重构世界能源供应结构。英国石油公司则进行了更为精确的预测。到2035年，主要能源供给还要依靠化石燃料，但总体比重将从2013年的86%下降至81%。而各类化石燃料的结构则较为均衡，比重都集中在26%—28%的区间。可再生能源（含生物燃料）虽然目前占比仅为3%，但随着非化石燃料被逐渐重视，其占比将快速增长，预计在2035年将达到8%。

化石燃料中，天然气的需求增长是最快的，增幅过半。到2030年左右，OECD成员国能源结构中的主要燃料将会是天然气。非常规天然气占到了全球新增天然气供应量的近60%。

煤炭将成为化石燃料中增长最缓慢的，每年仅增长0.8%。低碳能源增速最快，约为年均6.3%。可再生能源技术是全球低碳能源供应的重要支柱。在补贴的支持下，可再生能源技术正迅速地发展。随着成本的快速下降和持续的政策支持，到2040年，可再生能源发电量将占全球新增发电量的近一半。

4. 全球经济产出与能源相关的温室气体排放之间的关联削弱，火电比重下降，可再生能源发电比重上升，发电行业结构更加均衡和多元化

2019年在能源消耗的温室气体排放量保持稳定的情况下，全球经济体量上涨了约2.9%[1]。50%的新增发电是用可再生能源产出的，以中、美、日、德为首的国家引导着全球投资转向清洁能源，

---

[1] EIA《世界能源展望2015》。

这将使得可再生能源的成本进一步降低。同时，一些大的经济体（如中国）大力倡导使用新能源，调整现有能源结构，提高能源利用效率，使得2019年全球经济能源使用量的下降速度超过过去十年内平均速度的两倍。

虽然，现在二氧化碳的排放量与全球经济产出还呈现一定程度的正相关，但随着人类越来越重视经济与资源环境的可持续发展，大力倡导使用清洁能源，调整现有能源结构，提高能源利用效率，未来会越来越好。有关研究显示，2013—2030年全球经济产出将增长88%，同时，温室气体的排放量也将达到348亿吨，约增长8%。随着可再生清洁能源的年均资金投入量日益加重，到2030年新增发电的主要来源将会是可再生清洁能源。预计到2035年，随着煤炭使用量的下调和可再生清洁能源投入的增加，新增发电的能源组合将更加多元化、均衡化。煤炭仍将占据主导地位，但其比例将远低于当前发电燃料的44%，约为30%。因为许多国家对清洁能源的大力扶持，到2040年，全球发电所使用的能源中将有1/3是可再生清洁能源。

全球的核电装机总容量将会增加近60%，到2040年，将会比2013年增加228吉瓦，达到620吉瓦，核电占全球发电的份额会达到12%，这与现在相比仅上升了1个百分点。

（五）全球生态环境持续恶化，恐怖主义使安全形势更加严峻

1. 全球生态环境持续恶化

（1）全球平均气温继续升高，生物多样性衰减加快，水资源紧缺，大气污染进一步恶化，严重威胁人类健康

在2012年经合组织发布的报告《经合组织2050年环境展望》中显示，到2050年，更具破坏性的气候变化可能会成为定局。全球温室气体排放量预计将增加50%，主要是因为与能源有关的二氧化

碳排放量将增加70%。到2050年，大气中的温室气体浓度可高达685ppm。因此，预计到21世纪末，全球平均气温将上升3℃到6℃，超过了国际商定目标，即限制在比工业化前水平高2℃。各国在联合国气候变化大会的《坎昆协议》中承诺的温室气体减排行动将不足以阻止全球平均气温超过2℃的上限，除非2020年后实现非常快速且成本高昂的减排。超过2℃的升温将会改变降水模式，加速冰川和永久冻土层融化，导致海平面上升，以及增加极端天气的强度和频率。这将削弱人类和生态系统的适应能力。

生物多样性的丧失预计将持续下去，特别是在亚洲、欧洲和南部非洲。预计到2050年，全球陆地生物多样性将进一步减少10%。生物多样性较好的原始森林的面积将缩减13%。导致生物多样性丧失的主要压力包括土地利用的变化、商品林的扩大、基础设施的发展、人类对自然环境的侵占和割裂以及污染和气候变化。预计到2050年，导致生物多样性丧失加速的主要因素将会是气候的变化，其次是商业林和生物能源农田。目前全球大约有1/3的淡水生物物种已经灭绝，预计到2050年还要进一步恶化。生物多样性衰减威胁到人类福利，特别是农村贫困人口和土著社区的福利，因为其生计通常直接依赖生物多样性和生态系统。

淡水供应将进一步紧张，生活在严重缺水河流流域的人数将比目前多23亿以上（总共占全球人口的40%以上），特别是在北部和南部非洲以及南亚和中亚。全球水需求量预计将增加55%，这是因为下列需求增加：制造（+400%）、热发电（+140%）和家用（+130%）。对环境水流的争夺将会出现，从而使生态系统面临风险。地下水耗竭可能会成为几个区域农业用水和城市供水面临的最大威胁。预计到2050年，全球将有超过2.4亿人无法获得改良水源。

基于以上原因，人类过早致死的首要环境因素将会是恶劣的空气质量。近几年，很多人口高度密集城市的空气污染度已经严重超标，远高于世界卫生组织公布的安全水平，尤其是在亚洲的一些城市更为严重。预计到2050年，全球范围内每年因空气污染而死亡的人数将达到360万人。因为人口日益老龄化和城市化，OECD成员国可能位于由地面臭氧所致早逝率最高的国家之列，仅次于印度。

（2）交通运输、城市化和全球化对环境造成了压力

根据联合国环境规划署（United Nations Environment Programme，UNEP）发布的《全球环境展望2019》，环境变化的主要驱动力有两个，分别为经济发展和人口增长。基于当今社会发展之迅猛，经济和人口的变化速率、规模、传播范围均达到了空前的程度，直接导致环境系统达到了不稳定的极限状态。

虽然在一定程度上，科技的发展可以减少人类对于生态环境的破坏，但每个生态系统的承载力都是有限的，当其中某个种群的数量过多时，就会过多地消耗某种资源，从而导致所在生态环境的崩溃，尤其是对于高度依赖和改变生态环境的人类而言。2011年，世界总人口已经超过了70亿，经预测，2100年将达到100亿。就分布而言，欧洲和北美洲的人口老龄化程度最高、人口增长速度最慢，人口最年轻且增长速度最快的是非洲，人口数量最多的当数亚洲和大洋洲。

以家庭为单位的消费模式分析是研究人口增长对这一环境变化影响的一种常见方法。根据丹麦等地的实证数据分析，人均能耗随着人均年龄的增长而增长，却与家庭的大小和所在城市的位置呈现负相关性。新增住房大多位于城郊地区，所以人们需要的通勤车辆数量更多、汽油的消耗也直线上升，这些都加剧了污染排放量。某些研究表明，随着发达国家和地区的家庭规模的减小，其家庭结构从大家庭过渡为小家庭，导致家庭数量的增长速度超过了人口数量的上升速度，人均拥有电器数量也随之增加，直接导致能源消耗的加剧。

目前，交通工具所使用的能源还是以化石燃料为主，而家庭轿车的兴起更加剧了对于生态环境的破坏，例如气候变化、土壤和水的退化等。虽然现在新能源电车也已经投入使用，但由于技术的限

制仍旧替代不了汽油车的使用。

全世界70%的二氧化碳排放量都是由城市释放出来的，城市人口占世界总人口的比例超过了50%，消耗了超过60%的能源，这些能源极大部分被用于建设，包括交通设施的建设、住房的建设以及商业群等建设。一般地，发展中国家的城市人均二氧化碳排放量要远高于农村，而在发达国家，正如前文所述，农村的能源消耗反而更高。这些年，随着贸易自由化的进程和全球化的深入，给各地生态环境也带来了不同的影响，具体表现在以下三个方面：第一，自然资源的开采量会随着经济活动的增加而增加，以达到规模效应；第二，经济活动类型的不同对于当地环境污染的程度也有区别；第三，人类认识到环境变化的危害，逐步改进生产技术或强度，鼓励向资源友好型生产转变。

（3）气候变化可能会使贫困加剧

21世纪，气候变化的影响估计会减缓经济增长，使扶贫更加困难，进一步削弱粮食安全，拖长现有的并产生新的贫穷困境，后者在城市地区和新出现的饥荒重点地区尤为突出。气候变化影响估计会加剧大多数发展中国家的贫困，并在收入不均日益严重的发达国家和发展中国家产生新的贫困地区。在城市和农村地区，由于粮食涨价，预计对靠出卖劳动力获得收入购买食物的贫困家庭的影响尤为严重，包括那些粮食高度不安全和收入高度不均的地区（特别是在非洲），虽然自营农户会从中受益。如果各项政策能够应对贫困和多方面的不平等，则保险计划、社保措施以及灾害风险管理会加强贫困和边缘群体的长期生存恢复能力。

（4）提高能效减少排放，发展可再生能源技术，实施环境税和排放交易计划，鼓励绿色创新

联合国政府间气候变化委员会（Intergovernmental Panel on Climate Change，IPCC）在第五次评估报告的《综合报告》中指出，目前气候变化对人类，乃至生态系统的影响还在可控范围内，未具有普遍性和不可逆性，我们一定要严格对人类的生产生活活动进行限

制，不能再继续影响气候造成不可挽回的伤害，构建绿色发展、可持续发展的美好未来。

IEA 则提出了更为具体的五项措施，以抑制未来石油和煤炭消费的增长，促进可再生能源使用，控制与能源有关的温室气体排放。五项措施分别是：第一，加强工业领域、基建领域和交通领域的能源利用效率；第二，逐渐替换资源利用率低下的火力电厂并严格限制新厂的投建；第三，增强对可再生能源的技术投资，2014—2030年，在电力行业中的相关投资至少需要增加1300亿美元；第四，到2030年之前，逐步取消、废除对用户的化石补贴政策及费用；第五，通过技术创新等手段降低在油气生产过程中甲烷的排放量。

OECD 在《经合组织 2050 年环境展望》中也指出，必须立即采取行动防止对环境造成不可逆转的破坏。该报告还建议：制定实施环境税和排放交易计划；对自然资产和生态系统服务估值、定价；取消对化石燃料的补贴；推行节水灌溉；鼓励绿色创新，并为基础研发提供公共支持。

2. 国际安全形势严峻

当前由于主要大国之间利益分歧难以弥合，民族主义与孤立主义抬头，全球化带来的贫富差距激化国家与社会矛盾，恐怖主义威胁层出不穷，一些脆弱政权国家的不稳定性持续，根据美国国家情报委员会（NIC）的预测，在未来二十年世界范围内冲突的风险将不断上升。[1]

（1）地区安全形势堪忧

亚洲方面，领土和海洋争端在近五年内仍将持续，中国的崛起与民族复兴受到多方挑战，朝鲜核问题悬而未决，美在韩部署"萨德"恶化朝鲜半岛安全形势。日本试图通过强化美日同盟更深度参与亚洲地区乃至全球安全事务，军事扩张势头明显。印度加速靠拢

---

[1] National Intelligence Council, *Global Trends: The Paradox of Progress*, https://www.dni.gov/index.php/global-trends-home.

日本和美国以平衡自身地位，为亚洲未来安全形势增添不稳定性。欧洲方面，英国脱欧向美国更加靠拢，欧洲一体化进程出现明显倒退。难民潮和恐怖袭击进一步激化社会矛盾，助推欧洲右翼政客上台，欧洲面临前所未有的分离主义危险，继续撕裂的可能性进一步加剧。北美方面，2020 年美国大选所反映出的美国社会矛盾深刻激化让人警醒，对西方传统自由民主的价值观造成巨大冲击，美国经济复苏的渠道和路径备受世界各国关注。俄罗斯与欧亚方面，在普京的强权领导下，俄罗斯仍将继续通过军事现代化、更积极的国际参与来扩大其影响。中东与北非地区仍将是国际安全不稳定地区，宗教与政治力量的博弈以及持续低迷的能源价格都将削弱当地政权。伊朗、沙特阿拉伯与以色列等国的安全竞争以及背后的大国角力，都增加了此地区的不稳定性。

（2）国际冲突呈现了新特点

未来 20 年，冲突的扩散性加大，由于战争工具更容易获得，使得参与冲突的行为体增多，国家、非国家以及次国家行为体（恐怖分子组织、犯罪网络、反叛力量、雇佣兵和私营企业）以及有动机的个人都有机会参与到冲突中。冲突多样性增加，冲突从传统的军事冲突向经济胁迫、网络攻击、信息战扩散，网络空间成为大国角力的新战场。冲突的破坏性增强，恐怖组织对重点基础设施、社会凝聚力、政府职能造成打击与破坏，并利用社交媒体散布恐怖与报复效果，对国际社会心理打击的破坏性不容忽视。

（3）恐怖主义的毒瘤仍难以清除

由于宗教、民族、政权、经济与社会矛盾的复杂性而催生的恐怖主义的危害仍将持续。在一些恐怖主义活动猖獗的热点地区，如阿富汗、孟加拉国、埃及、菲律宾、叙利亚和土耳其等国家，恐怖袭击的数量和死亡人数明显增加。[①]"伊斯兰国"仍是威胁国际社会和平与安全的最大罪魁，它在组织上加速扩张，其分支机构和控制

---

① U. S. Department of State, *Country Reports on Terrorism 2015*, https：//www. state. gov/j/ct/rls/crt/2015/index. htm.

地区已经外溢到中东以外地区，对于多国联合打击反恐的反扑报复也愈演愈烈。重大恐怖袭击层出不穷，全球反恐形势持续恶化。[①] 值得注意的是，随着欧洲难民问题持续发酵，恐怖主义袭击在欧洲有持续增温的可能。

未来20年，和平与战争的界限将逐渐模糊。核武器与先进常规武器的存在将遏制大国之间发生大规模战争，但是低热度安全竞争将会增加。

三 目前经济社会发展阶段判断和内外部环境分析

（一）发展阶段判断

1. 中国仍处于中等收入国家水平

中国经济总量排名世界第二，2018年人均GDP为9971美元，略超中等偏上收入国家的平均水平，但与发达国家依然差距明显，仅相当于美国的15.9%、欧盟的27.3%、日本的25.4%、韩国的31.8%（见表1—3）。按照购买力平价计算，中国人均GDP尚未达到中等偏上收入国家的平均水平，与工业化国家仍存在巨大差距。

表1—3　　　　　　　　中国人均GDP的国际比较

	人均GDP （当前价美元）	人均GDP，PPP （当前价国际美元）
高收入国家	44706	50867
高收入国家：OECD	40352	45935
中等偏上收入国家	9200	19020

---

① 张宇燕主编：《国际形势黄皮书：全球政治与安全报告（2017）》，社会科学文献出版社2017年版。

续表

	人均GDP （当前价美元）	人均GDP，PPP （当前价国际美元）
中等收入国家	5484	12966
中、低收入国家	4968	11776
中等偏下收入国家	2219	7630
低收入国家	811	2257
美国	62641	62641
欧盟	36532	38076
德国	48196	54327
日本	39287	43349
韩国	31363	40479
中国	9971	18210

资料来源：世界银行 World Development Indicators 数据库。

2. 处于工业化的后期，尚未完成工业化

根据黄群慧（2012，2015）关于中国工业化进程的研究，中国于2010年已进入工业化后期。由于国家统计局目前已不公布分行业工业增加值数据，且投入产出表的发布具有滞后性，因此无法获得2013年（或2012年）制造业增加值占总商品增加值比重，进而无法得到最新的工业化水平综合指数得分。作为一种替代措施，李平、娄峰等人（2019）使用工业化水平评价体系的各基本指标来大致判断中国工业化的水平、所处阶段及其发展趋势。从人均GDP、产业产值比、城市化率、产业就业比等指标情况来看，均未达到实现工业化的标准，据此判断当前中国仍处于工业化的后期（见表1—4）。

表 1—4　　　　　2010—2020 年主要工业化指标及其得分

年份	人均GDP 美元	得分（分）	产业产值比 一产	二产	三产	得分（分）	工业结构 %	得分（分）	城市化率 %	得分（分）	产业就业比 %	得分（分）
2010	4029	66	10.10	46.67	43.23	66	56.84	89	49.95	33	36.70	51
2011	4856	74	10.04	46.59	43.37	66	—	—	51.27	37	34.80	55
2012	5338	79	10.08	45.27	44.65	66	—	—	52.57	41	33.60	58
2020	9975	89	9.50	42.27	48.23	88	—	—	55.67	47	—	—

注：人均 GDP 以 2005 年美元计，"—"表示数据无法获取。

资料来源：笔者计算。

3. 刘易斯拐点已经到来

所谓人口红利，是指一个国家的人口年龄结构中，劳动年龄人口比重高、人口抚养比〔少儿人口（0—14 岁）与老年人口（65 岁及以上）和劳动年龄人口（15—64 岁）之比〕较低。人口红利期产生了两个促进经济增长的源泉：一是人口红利为市场提供充足劳动力资源，如果可以将劳动力资源转换为高分值的劳动参与率及就业率，那么就可以将人口红利转换为经济发展比较优势；二是经济活动人口比例高且就业率较高使得社会储蓄总量大，经济活动中的剩余总量也大，从而实现很高的储蓄率[①]。但是，中国的人口红利期已经结束，廉价劳动力无限供给的局面发生改变。受计划生育的影响，2010 年以来，中国劳动人口数量急剧下降，从 800 万级断崖式下降为 200 万级，而劳动年龄人口占总人口的比重从 2010 年的 74.5% 下降到 2013 年的 73.9%（见图 1—7）。这意味着中国制造长期依赖的廉价劳动力资源枯竭，市场中劳动力充足甚至过剩的情况将扭转为劳动力不足，尤其是缺乏经验丰富的高级工人。

---

① 蔡昉：《人口转变、人口红利与经济增长可持续性——兼论充分就业如何促进经济增长》，《人口研究》2004 年第 2 期。

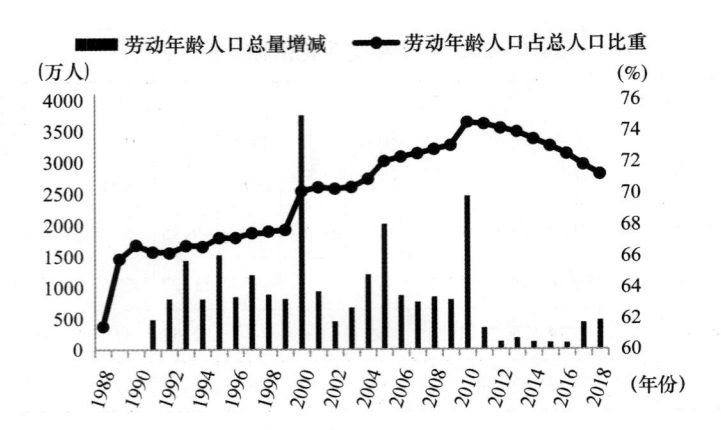

图1—7　劳动年龄人口总量增减与占比变化

资料来源：《中国统计年鉴》(2019)。

4. 城市化从快速推进转为稳步发展

如图1—8所示，中国城镇化发展速度自1996年以来飞速提升，1995—2018年平均增速为1.33%。但是城镇化增速注定会随着人口总数的增大而减缓，事实也证明如此，至2019年，城镇化增速已经减缓至1.92%，这标志着中国的城市化进程已由快速推进阶段进入稳步提高阶段。2019年，中国的城镇化率已上升至60.2%。

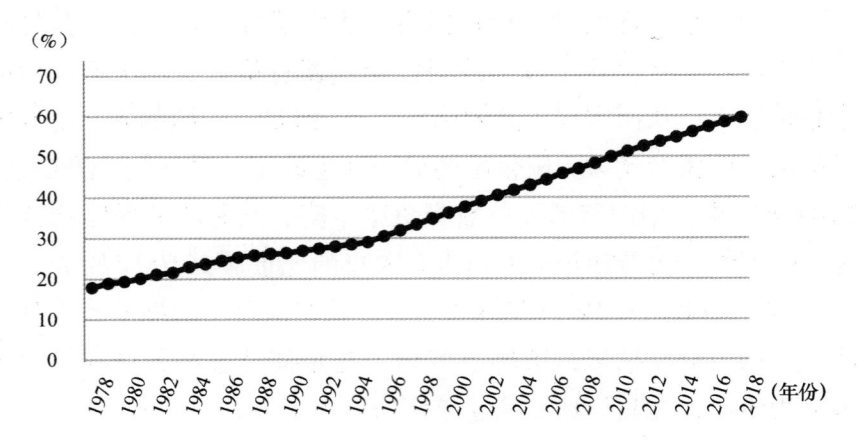

图1—8　1978—2018年中国城镇化率变化

资料来源：根据国家统计局（http://data.stats.gov.cn）数据绘制。

5. 国民经济进入新常态

根据发达国家市场经济发展经验来看，当某一国家人均GDP增至11000国际元时，该发达国家的经济增长率会出现拐点，之后增长率会逐步减缓，大约下降至拐点处的40%。目前中国正处于拐点附近经济发展阶段，1978—2018年，中国经济增长率平均值达到了9.56%，尤其是在21世纪的第一个十年，峰值增速为14.2%，均值增速为10.75%。1978—2011年，中国仅在1979—1981年、1989—1990年和1998—1999年这三个时间段国民生产总值增速低于8%，外部干扰是导致增速较低的主要原因。2012年以来，中国GDP增速连续六年在8%以下（2012—2015年分别为7.9%、7.8%、7.3%、6.9%），2018年进一步回落到6.6%。与前三次经济增速低于8%不同，2012年以来经济增长速度的回落是结构性的而非周期性的。当前中国经济发展已经从高速增长期进入增长速度换挡期，中高速经济增长将成为"新常态"。

（二）内外部环境分析

1. 内部环境分析

（1）产业规模位居世界首位

2010年，中国制造业增加值达到了19243亿美元，第一次问鼎世界第一，打破了美国长期霸榜的僵局。2011年，中国制造业产出规模的领先优势继续扩大，占全球制造业总增加值的比重上升至20.55%，比美国高4.78个百分点（见图1—9）。此外，即使与世界上最大的经济区欧盟相比，目前中国制造业产出规模也相当接近了。2019年，中国制造业增加值持续攀升至48329亿美元，相当于当年欧盟制造业增加值总额的148.63%。

（2）制造业体系相对完备

经过几十年的努力，中国制造业可实现的加工种类和装备种类日

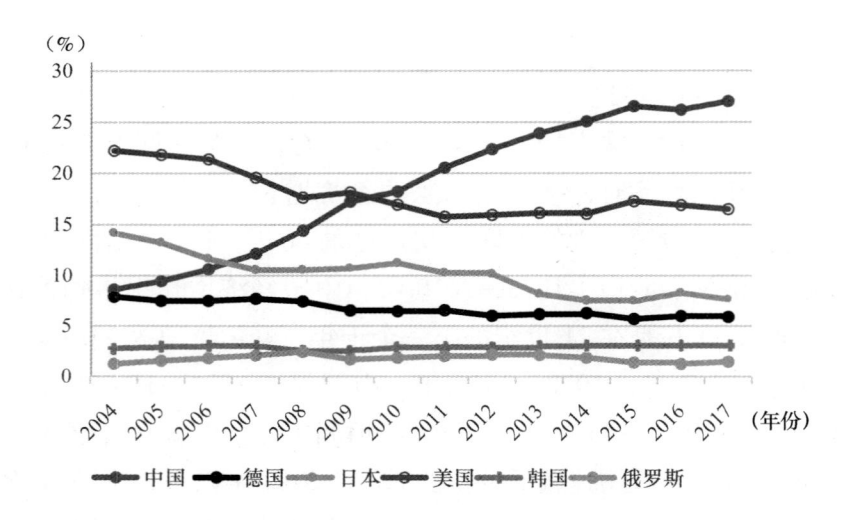

图 1—9　主要制造业大国产出占全球制造业总产出的比重（2004—2017 年）
资料来源：世界银行 World Development Indicators 数据库。

渐丰富，从中美间中国出口制造业产品种类可以看出中国制造业相对于竞争的发达国家具有一定的完备性（见图 1—10）。美国国际贸易委员会发表的海关关税明细展示了 2013 年世界各国对美国出口产品的种类及价值，其中非加工农林类产品美国进口种类达到了 1352 种，原矿产品 276 种，艺术、收藏等产品 12 种。美国进口制成品为 15491 种。相较于日本、德国、法国等发达国家，中国对美出口制成品种类最多，高达 10376 种，相较于巴西、印度等经济发展水平较低的国家，中国出口美国制成品种类也高出 60% 以上。此外，中国对美国出口的制造业产品种类数量也极具规模，其中军工行业为 67 种；美国从其他国家进口的产品，中国制造业也都可以实现加工及装备。基于以上数据，可以证明中国制造业体系的完备程度位于世界前列。

（3）基础设施比较完善

经过 40 多年的基础设施建设投入，中国平均基础设施水平已居于世界前列，加大促进中国经济发展速度。第一，在电力基础设施领域方面，中国发电装机容量在 2019 年年末已超越美国，达到 14 亿千瓦级；风力发电和太阳能发电等环保发电规模不断扩大，智能

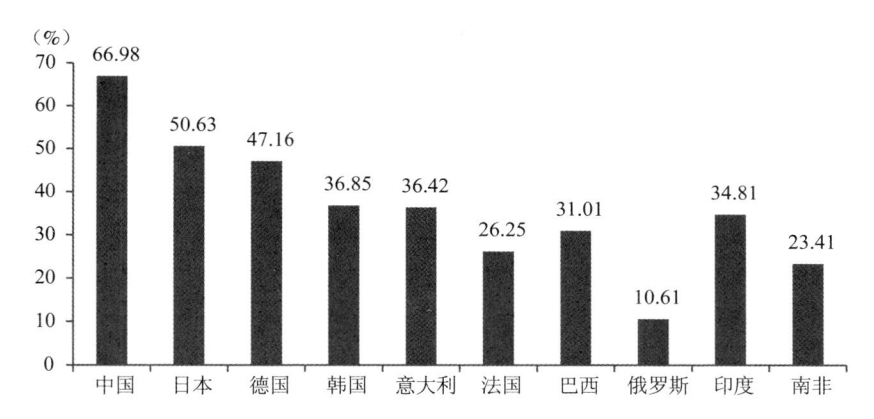

(%)
70 ┐ 66.98
60
50 50.63
    47.16
40   36.85 36.42   34.81
30   26.25 31.01
20   23.41
10   10.61
0
   中国 日本 德国 韩国 意大利 法国 巴西 俄罗斯 印度 南非

图 1—10　代表性国家对美国出口制成品种类占美国进口制成品总种类的比重

资料来源：美国国际贸易委员会（USITC）Interactive Tariff and Trade Dataweb。

电网技术名列世界前茅。第二，在物流硬件基础设施领域方面，基于铁路、公路基础设施的大力投入，在2019年世界银行发布的统计数据中，中国在物流相关基础设施质量排行中位居第19，在多维度物流综合绩效排行中位居第21，都处于发展中国家前列（见表1—5）。

表1—5　主要国家和地区的物流基础设施质量及物流综合绩效比较（2019年）

国家或地区	基础设施质量 得分（分）	排名	物流综合绩效 得分（分）	排名	国家或地区	基础设施质量 得分（分）	排名	物流综合绩效 得分（分）	排名
德国	4.32	1	4.12	1	法国	3.98	13	3.85	13
新加坡	4.28	2	4.00	5	中国香港	3.97	14	3.83	15
荷兰	4.23	3	4.05	2	卢森堡	3.91	15	3.95	8
挪威	4.19	4	3.96	6	爱尔兰	3.84	16	3.87	11
美国	4.18	5	3.91	9	丹麦	3.82	17	3.78	17
英国	4.16	6	4.01	4	韩国	3.79	18	3.57	22
日本	4.16	7	3.91	10	意大利	3.68	20	3.69	20
比利时	4.10	8	4.04	3	西班牙	3.67	21	3.71	18
瑞典	4.09	9	3.96	6	阿联酋	3.60	22	3.34	27
加拿大	4.05	10	3.86	12	新西兰	3.57	23	3.44	23
瑞士	4.04	11	3.84	14	中国	3.77	19	3.63	21
澳大利亚	4.00	12	3.81	16	马来西亚	3.46	26	3.42	25

资料来源：世界银行 Logistics Performance Index 数据库。

(4) 制造业成本优势面临严峻挑战

自 1978 年改革开放以来，中国制造产业在国际上的价格优势主要依赖于人口红利带来的廉价劳动力，并且中国把握住发达国家劳动密集型产业外移的机会，搭载上了全球生产网络的快车，促进了工业快速增长。但是廉价劳动力带来的竞争优势在逐渐丢失，首先，从 2003 年开始，中国制造业人均工资逐渐增高，且增速迅猛，2017 年平均工资是 2003 年的 5.1 倍，虽然 2017 年中国制造业工资水平低于美国、德国等发达国家，但是工资差距逐步缩小；且中国制造业工资水平与其他发展中国家如印度、印度尼西亚相比，工资差距逐步扩大。其次，受环境发展的制约，制造业生产成本急速提升。当前中国环境保护的成本大大提高，根据历史数据分析可得，2017 年中国环境保护投入为 681 亿元，同比增长 17%，并且随着国家环境保护政策的强力推进和实施，环境保护成本还将进一步提高（见图1—11）。

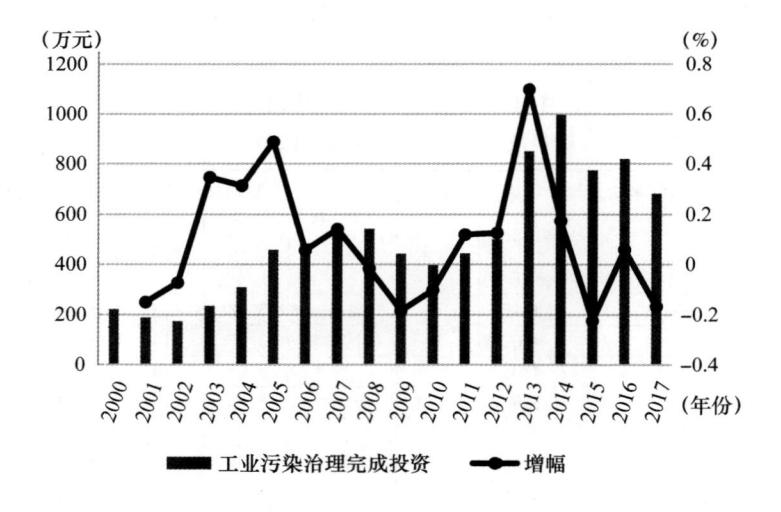

图1—11　2000—2017 年中国工业污染治理完成投资及增长情况

(5) 生态环境的约束强化

重化工业的高速增长在支撑中国整体经济以年均 10% 左右的增

速高速增长的同时，也造成了生态、环境的严重破坏。中国有机水污染物（BOD）排放量 2006 年就达到 8823.75 吨/天，是美国的 4.77 倍；氮氧化物排放量 2010 年达到 5.5 亿立方吨二氧化碳当量，排放量位列世界第一，是美国的 1.81 倍。根据国家环保局于 2018 年发布的中国环境状况统计数据，中国中度污染和重度污染的国管湖泊比例都达到了 8.1%，地下水水质较差和极差的占比分别达到了 70.7% 和 15.5%。全国 338 个地级及以上城市中，仅有 121 个城市环境空气质量达标，占比为 35.8%[①]（见图 1—12）。

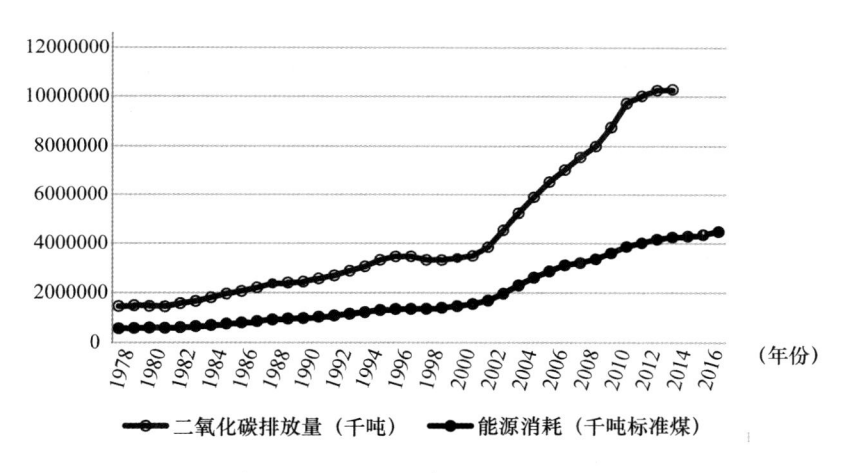

图 1—12 中国能源消耗和二氧化碳排放增长情况

资料来源：世界银行 World Development Indicators 数据库。

（6）节能减排的压力巨大

经济的发展、人民生活水平的提高兼之资源依赖型的发展方式，中国无论是能源消费量还是碳排放量均已居世界第 1 位。从 2009 年开始，能源消费量就超过美国居世界第 1 位。然而中国能源的储量相对有限，2018 年煤炭、石油、天然气的储采比仅为 38∶18.7∶37.6，远远低于世界 132∶50.0∶50.9 的平均水平，能源供应的形势

---

① 国家环保局：《2019 中国环境状况公报》。

非常严峻；2012年原油对外依存度达到69.8%，能源安全面临巨大的压力。2017年，中国能源消费总量高达32.7亿吨，占世界能源消费总值的24%左右。二氧化碳排放量从2002年开始加速增长，2008年开始居世界第1位，2018年中国二氧化碳排放量达到94.3亿吨，占世界二氧化碳排放总量的27.8%，是美国排放量的1.83倍。中国政府已经做出了2020年单位国内生产总值二氧化碳排放比2005年下降40%—45%的减排承诺，2014年11月的《中美气候变化联合声明》进一步提出，中国计划2030年左右二氧化碳排放达到峰值且将努力早日达到峰值，并计划到2030年非化石能源占一次能源消费比重提高到20%左右。

（7）体制机制改革为经济社会发展带来新的机遇

《中共中央关于全面深化改革若干重大问题的决定》（以下简称《决定》）明确指出体制改革需要以市场资源配置作用为中心，提高宏观调控体系、开发型经济市场体系完备性。深化的经济体制改革不仅可以促进经济转型发展，还可以释放内生动力，激发国民经济发展改革红利。第一，生产要素的市场化深度改革将有助于重要资源配置优化和效率优化；尤其以土地、户籍及金融等管理体系的改革将加速生产要素的流动速率。第二，《决定》明确指出非公有制经济和公有制经济都为国民经济的主体，需要深化改革激发经济活力和创造力，为民营经济长期发展夯实基础。第三，深化改革科技体制激发创新潜力。创新是中国制造业甚至国民经济发展的第二动力，深化科技体制改革可以提高创新积极性，促进创新科技成果转化，释放创新红利。第四，深化教育、户籍管理改革可以促进国民劳动参与率增长，延长人口新红利。第五，深化收入分配改革，保障消费、投资平衡。

（8）新型城镇化带来的发展机遇

新型城镇化成为"稳增长"的重要动力。新型城镇化将以人为核心，改变农村居民生产、生活及消费固有模式，促进农民劳动参与率，增加劳动收入，扩大公共基础设施和公共服务需求，稳定投资结构。新型城镇化有利于中国经济的转型发展。在中国经济增长速度放缓阶段，中国经济发展需将主要目标转移，在保证经济持续增加的基础上，加速经济转型。城镇化可以促进内需增长，城镇化的高效转变可以降低中国经济增长对出口和投资的依赖度，并且城镇化的聚集效应也可以促进科技、金融等高新技术普惠发展，孵化新兴产业；城镇化可以促进社会保障体系、财政支付体系等体系改革，可以加速城乡贫富差距缩短进程，为地区发展不平衡提供解决途径。城镇化可以通过人口聚集的手段提升资源利用率，降低环境资源浪费，保护环境不被破坏。除此之外，农村居民城镇市民化可以丰富城市人口结构，优化城市人口配比，提升全国平均人力素质和水平，增加医疗保险普惠程度。

（9）"一带一路"倡议、"中国制造2025"等带来重要发展机遇

"一带一路"倡议的愿景可分为远近两个层次，近期着眼于"基建互通、金融互通、产业对接、资源引入"，远期则致力于"商贸文化互通、区域经济一体化和共同繁荣"。这一倡议的实施将给中国制造业发展带来以下几个方面的机遇：第一，"一带一路"沿线国家和地区的互联互通与基础设施建设，将有力带动装备制造业与基础建设所需的钢铁、有色金属、建筑材料的需求，为这些行业转型升级带来更为宽松的外部环境；第二，能源建设与合作是"一带一路"协议的重要目标，这都有效推动中国电力、石油等行业企业"走出去"，能有力带动相应电气设备、油气管道等设备的出口需求；第三，互联网、通信网、物联网等通信基础设施的互联互通也是"一带一路"倡议的重要目标，这将助推沿线国家和地区的数字化发展，加快中国信息产品与服务"走出去"；第四，"一带一路"倡议将有力助推中国与相应国家的经济贸易往来与合作，为中国制造业企业"走出去"创造更为有利的外部条件，并加快中国制造业企业与国外企业的国际产能合作。

国务院于2015年印发《中国制造2025》，将中国制造强国建设进程定义为三十年的长期发展战略，需要从制造业创新力、信息化

和工业化融合以及基础建设等方面全面推进中国制造的绿色发展和重难点突破，深入优化制造业结构布局，打造良好行业生态，推进国际化发展进程。这些政策措施包括：深化体制改革，营造公平竞争市场环境，完善金融扶持政策，加大财税政策支持力度，健全多层次人才培养体系，完善中小微企业政策，进一步扩大制造业对外开放，等等。《中国制造2025》的实施，将为中国制造业的发展创造良好的环境与机遇，有力推动中国制造业的转型升级。

2. 外部环境分析

（1）新工业革命对中国比较优势的侵蚀

第一，在新工业革命进程中，中国生产要素成本优势可能逐步降低。首先，依据美国研究机构测算，中国综合劳动力成本相对于美国南部州将逐步提升，2015年年末已达到美国南部州劳动成本的60%，未来10年差距将迅速缩小。在新工业革命进程中如果美国等发达国家优先大幅度提高机器取缔人工劳动覆盖率，那么中国人工的低劳动成本在制造环节所具备的廉价优势将被大幅度削弱。其次，新工业革命在取缔简单人工劳动的同时也提高了高新技术员工的需要，尤其在机器人领域，新工业革命与第三次工业革命的区别主要体现在劳动对于管理者的角色。第三次工业革命的目的是降低人工成本，而新工业革命更加看重人工成本，甚至将其视为战略性资产。因此，第三次工业革命不是降低了对劳动的要求，而是提高了对劳动的要求，是劳动者技能和知识结构的深刻转变，是工业人力资本内涵的革命性转变。而与先进制造技术相适应的新的生产要素的形成，恰恰是中国这样的发展中国家遇到的最大挑战。

第二，基于本身已有的制造业行业优势，新工业革命可能促使发达国家制造业进一步强化。发达国家制造业优势企业可在已具有的成熟技术基础上，快速响应市场需求，比中国等发展中国家可以更快地研制出种类丰富、功能完备的竞争产品，由此抢占新工业市场、占领现代装备制造业制高点，实现良性行业生态闭环并反哺传统制造业提升生产效率。

第三，新工业革命可能阻碍中国制造业产业迭代和产业结构优化。在新工业革命变革进程中，会涌现出一大批与制造业息息相关的创新风口，制造业的创新在产业价值链上的战略角色将产生巨大变化。常用的价值链中的价值创造力差异曲线将会从"微笑"转换至"沉默"甚至"悲伤。"以第三次工业革命为例，发达国家利用第三次工业革命变革重塑优化自身制造业，并通过制造业的创新为实体经济发展提供了机遇，曾经因高成本要素而寻求廉价生产成本的转出生产活动也有可能回溯至高成本发达国家。近年来，以福特公司为代表的很多美国转出的制造领域企业已逐步增大对美国本土的投资规模，迫使全球制造业领域的核心重新向发达国家回溯，发展中国家在制造业领域的技术超越捷径将会被禁阻。

（2）全球投资、贸易秩序的重新建立带来挑战

2012年，美国将战略性政策重心重新放置亚太地区，并于2016年签署了"跨太平洋合作伙伴关系协定（TPP）"，主要目的是将国际边境涉及的产业、知产产权及劳动等政策问题收入TPP协议范围，成员国包括日本、加拿大、美国、文莱等发展水平不尽相同的12个国家。2013年，美国进一步推出"跨大西洋贸易与投资伙伴协议（TTIP）"，主要目的是重新制定国际间贸易准则，增加美国出口份额，促进美国社会经济复苏。服务贸易作为国际贸易和投资自由化的核心，国际贸易服务协定被重新制定并实施，该贸易服务协定也同时被TPP和TTIP所认同和执行。涉及TPP的12个谈判国家的经济总量为全世界的40%，贸易份额占全世界的25%，是中国贸易份额的33%，也是亚太自贸区的主要构成部分。TTIP主要涉及欧美两大经济体，这两大经济体的经济总量占全世界的50%，占全世界高收入水平国家总量的66%，除了中国以外，TTIP包含了进口总量在世界排名前六的进口国，并且包含了十大出口国中的主要国家如法国、意大利、英国和德国等。如果TTP和TTIP形成完整战略部署，

那么 TTP 和 TTIP 将覆盖除中国和金砖国家之外的主要经济体，这将对中国贸易在全球的发展形成新的封闭经济孤岛，将会对全球制造业格局产生深远影响：第一，TPP 和 TTIP 所涉及的非关税壁垒将在很长时期内成为制约中国经济融入新的贸易、投资秩序的重大障碍。在贸易协定内容方面，TTP 和 TTIP 的自由贸易协定创建了新的贸易格局，制定了成员国之间新的投资秩序，涉及经济发展协定规格高。除了把进出口商品关税取消或降低作为主要协定内容外，美国还力主倡导成员国之间在知识产权、竞争规范、安全标准、技术壁垒、领土争端以及卫生安全等方面重新进行协定，极大地提高了 TTP 和 TTIP 的贸易协定标准。

第二，TPP 将成为亚太地区新的竞争性区域合作机制并将改变亚太地区自由贸易格局，对中国在全球制造业竞争体系中的比较成本优势形成冲击。TPP 协定的成员国间内部市场贸易标准将会促使贸易成员国的进出口贸易结构改变，并且会对世界贸易流向产生导向影响，进而抑制中国对 TPP 成员国的出口贸易。例如，由于 TPP 协定在关税方面由美国主导关税降低甚至取消将会在相对层面增加中国出口产品价格，导致中国产品在国际上竞争力降低。当 TPP 协定限制成员国进口非 TPP 成员国的中间产品或原材料时，这便间接限制了非 TPP 成员国的贸易出口量。在 TPP 成员国整体层面观察，成员国间的发展水平差距大，成员国间贸易需求结构配比适当，这极大地促进了 TPP 成员国内部间的生产投资和贸易转移。并且 TPP 成员国包含了与中国成贸易竞争关系的新型经济体，这必然导致 TPP 竞争成员国与中国相同产品在国际贸易市场上的竞争力度，有极大可能会对中国资源产业产生强烈冲击。

（3）发达国家再工业化的挑战

2008 年国际金融危机让发达国家失业率大幅度上升，为了提升就业率、稳定社会发展，发达国家将转出本土的工业化产业实施回溯和再投入。这类政策将会在下游制造业方面对中国的竞争优势造成打击。发达国家也将在现有先进工业基础上，对新工业革命的市场需求作出快速响应，以信息技术和"高精尖"先进制造技术为手段，大力孵化新工业变革进程中的新兴产业。这不仅促进了制造业创新公司的产生，还反哺传统制造业，逼迫传统产业技术升级，推动行业结构转换。因此，发达国家的再工业化策略是对现阶段中国制造业工业新兴产业的阻碍和考验，不仅弱化中国传统制造业的比较优势，还迫使中国传统产业技术转型。

市场需求和技术研发是新兴产业蓬勃发展的两个基础条件。以美国为代表的发达国家经过近半个世纪的技术领先与技术积累，储备了大量制造业新兴产业相关的基础知识、高精尖知识和经验，这加快了发达国家对新兴产业市场份额的战略部署。在新兴产业发展的初始阶段，技术研发和市场开发是新兴产业发展的主要成本，研制产品在性能上高于传统产品，但是价格也高，性价比略低，这需要良好的社会金融机构为新兴产业企业提供保障机制，以维持新兴产业企业发展动力。新兴产业产品将在发达国家市场涌现，在宏观层面观察，发达国家市场条件相较于中国等发展中国家具备极大优势，主要体现在市场技术供给和市场需求两方面。中国制造业新兴产业市场优势是大批量产品生产具有稳定的生产线，并且标准规范，但是在其他环节如创新技术研发、核心技术专利、企业市场品牌以及营销渠道等方面极其薄弱。发达国家再工业化将会导致整个产业价值链由下游环节向上游环节迁移，中国本就以下游产业外包低价值链为主的制造业的利润将会更加微薄。发达国家还会加速传统产业如电力行业、服务行业、机械行业等的技术革新，并迅速制定相应的行业技术标准、环保标准以及贸易准则，试图多管齐下，占领传统产业制高点，从根源上打击中国产业优势，形成对中国传统制造产业的升级禁制。

（4）其他发展中国家加快推进工业化进程的压力

随着发展中国家的经济增速，中国制造业在下游传统领域的竞争压力也日渐增大，越南、印度、泰国等新兴市场国家拥有比中国更加低廉的生产劳动力。2004—2018 年，中国制造业劳动成本相对于墨西哥、越南、印度尼西亚以及孟加拉完成了由等值到分别对应 2.15 倍、2.83 倍、4.87 倍和 8.77 倍的转变。

在发达国家市场中，越南、印度尼西亚以及东欧等国以其低廉劳动力成本的优势逐步成为发达国家产业转移首选目标。例如，伊藤洋华堂已作出规划，将把中国铺设的 75% 产能转移至泰国；爱世克斯和水野也在调配中国市场的运动鞋产能，缩减在华产值，扩大在东南亚地区的生产规模。据罗兰·贝格公司统计，相当规模的中国企业计划将"中国制造"变换为"东南亚制造"，可能涉及玩具、手表、服装、医药等多个行业。近些年，英特尔公司已在越南搭建好组装测试基地；在香港利丰公司将运动鞋生产线转移至越南后，越南已取代中国成为最大的生产基地。以东南亚为代表的发展中国家将会继续扩大其所具备的廉价劳动成本优势以抢夺中国当前具有的下游低端制造业市场。随着中国成本优势的进一步弱化，如不能在时间紧缺的发展进程中实现发展转型和升级，中国将会面临中低档产品市场被掠夺、高端产品市场无份额的尴尬境地。

四 中国经济—能源—环境—税收动态 CGE 模型的构建

（一）中国经济—能源—环境—税收动态 CGE 模型的部门划分

本书建立的中国经济—能源—环境—税收动态 CGE 模型，根据 2017 年 42 个部门的投入产出基本流量表，将 42 部门合并为 32 个部门，部门之间的对应关系如表 1—6 所示。

表 1—6　　　　　　　　　CN3ET－DCGE 模型部门分类

2017 年基本流量表部门分类		中国经济—能源—环境—税收动态 CGE 模型部门分类	
代码	部门	代码	部门
1	农林牧渔业	1	农林牧渔业
2	煤炭开采和洗选业	2	煤炭开采和洗选业
3	石油和天然气开采业	3	石油开采业
		4	天然气开采业
4	金属矿采选业	5	金属、非金属矿采及其他矿采业
5	非金属矿及其他矿采选业		
6	食品制造及烟草加工业	6	食品制造及烟草加工业
7	纺织业	7	纺织、服装鞋帽皮革羽绒及其制品业
8	纺织服装鞋帽皮革羽绒及其制品业		
9	木材加工及家具制造业	8	木材加工及家具制造、造纸印刷及文教体育用品制造业
10	造纸印刷及文教体育用品制造业		
11	石油加工、炼焦及核燃料加工业	9	石油加工
		10	炼焦业
12	化学工业	11	化学工业
13	非金属矿物制品业	12	非金属矿物制品业
14	金属冶炼及压延加工业	13	金属冶炼及压延加工、金属制品业
15	金属制品业		
16	通用、专用设备制造业	14	机械设备制造业
17	交通运输设备制造业		
18	电气机械及器材制造业		
19	通信设备、计算机及其他电子设备制造业	15	通信、仪表及其他设备制造业
20	仪器仪表及文化办公用机械制造业		
21	工艺品及其他制造业		
22	废品废料		
23	电力、热力的生产和供应业	16	火电
		17	水电
		18	核电
		19	风电
		20	其他电力

续表

2017年基本流量表部门分类		中国经济—能源—环境—税收动态 CGE模型部门分类	
代码	部门	代码	部门
24	燃气生产和供应业	21	燃气生产和供应业
25	水的生产和供应业	22	水的生产和供应业
26	建筑业	23	建筑业
27	交通运输及仓储业	24	交通运输与邮政业
28	邮政业		
29	信息传输、计算机服务和软件业	25	信息传输、计算机服务和软件业
30	批发和零售业	26	批发和零售业
31	住宿和餐饮业	27	住宿和餐饮业
32	金融业	28	金融业
33	房地产业	29	房地产、租赁和商务服务业
34	租赁和商务服务业		
35	研究与试验发展业	30	研究与实验发展、综合技术服务业
36	综合技术服务业		
37	水利、环境和公共设施管理业	31	水利、环境和公共设施管理、居民服务和其他服务业
38	居民服务和其他服务业		
39	教育	32	教育、卫生、社会保障和社会福利、文化、体育和娱乐、公共管理和社会组织
40	卫生、社会保障和社会福利业		
41	文化、体育和娱乐业		
42	公共管理和社会组织		

（二）中国经济—能源—环境—税收动态可计算一般均衡（CN3ET–DCGE）模型构建

为了分析中国经济、能源与环境领域的重大现实问题及相关政策，本书建立了一个关于中国的经济—能源—环境—税收动态可计算一般均衡（CN3ET – DCGE）模型。该模型借鉴了 Dervis 等（1982）、PRCGEM 模型以及 Jung 和 Thorbecke（2003）的建模思路。CN3ET – DCGE 的特色在于它对不同用途的化石燃料作了不同的刻画。具体地，在洗选煤、炼焦、炼油及制气等能源转换过程[①]中作为原材料的化石能源与其他非化石能源产品一起以 Leontief 函数（相互不能替代）形式进入生产函数，而发电和发热用到的化石能源产品及作为终端能源使用的化石能源产品则与生产要素以固定替代弹性系数（Constant Elasticity of Substitution，CES）函数形式相结合进入生产函数。

中国经济—能源—环境—税收动态可计算一般均衡（CN3ET-DCGE）模型主要包含生产、贸易、居民收入及消费、企业、政府、均衡、社会福利、环境污染以及动态九大模块。接下来分模块讨论。

1. 生产模块

在 CGE 模型分析中，生产部门被假定只有一个竞争性企业，并且每个企业生产商品仅有一种。生产行为由五层 CES 函数进行描述，包括劳动力、资本、自然禀赋、煤炭、石油、天然气、火电、水电、核电及风电 10 种生产要素，各个市场结构被假定为完全竞争，所有部门的产出水平都由市场均衡条件决定。在每个部门中，生产技术都假定为规模报酬，并按照成本最小化的原则进行生产决策，生成过程用多层嵌套的常替代弹性的生产函数（CES）及 Leontief 生产函数描述，生产结构如图 1—13 所示。

模型在第一层次中，首先需要将非能源—污染治理中间投入和资本—能源—劳动力—自然禀赋的合成要素投入以 CES 函数的形式合成为部门的总产出；在第二层次，非能源中间投入和污染治理中间投入束按照 Leontief 结构分解为各项中间投入，即这些中间投入品之间不存在可替代性，同一层次的资本—能源—劳动力—自然禀赋合成要素束按照 CES 结构分别为自然禀赋和资本—能源—劳动力合成要素束；在第三层次，资本—能源—劳动力要素束按照 CES 结构分解为资本—能源要素合成束和劳动力；在第四层次，资本—能源

---

① 主要涉及除电力和热力的生产和供应业之外的能源转换部门，包括煤炭开采和洗选业，石油加工、炼焦及核燃料加工业以及燃气生产和供应业。

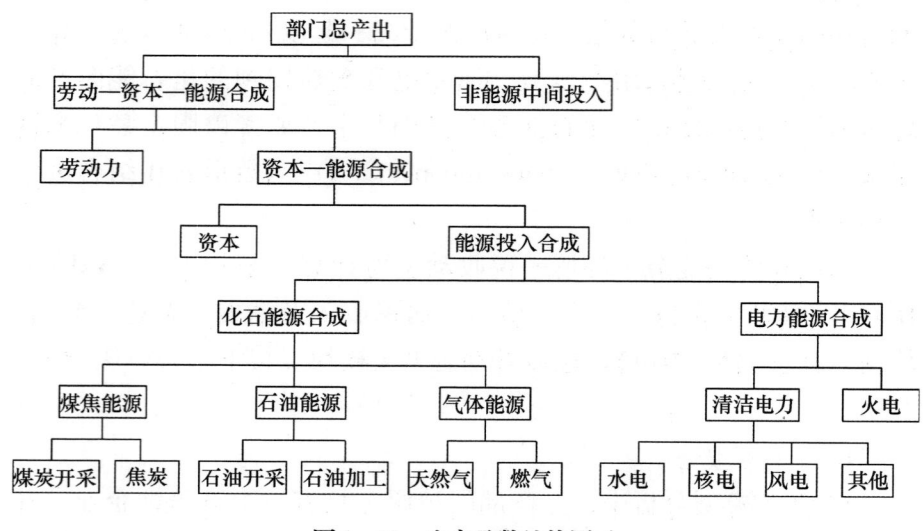

```
                    部门总产出
                  ┌──────┴──────┐
           劳动—资本—能源合成    非能源中间投入
           ┌──────┴──────┐
         劳动力      资本—能源合成
                  ┌──────┴──────┐
                 资本        能源投入合成
                          ┌──────┴──────┐
                      化石能源合成      电力能源合成
                    ┌──────┼──────┐   ┌──────┴──────┐
                 煤焦能源 石油能源 气体能源  清洁电力    火电
                  ┌─┴─┐  ┌─┴─┐  ┌─┴─┐  ┌──┼──┐
               煤炭开采 焦炭 石油开采 石油加工 天然气 燃气 水电 核电 风电 其他
```

图 1—13　生产函数结构图示

合成要素束进一步按照 CES 结构分解为资本要素和能源要素束；在第五层次，能源要素束又按照 CES 结构分解为石化能源合成束和电力能源合成束；在第六层次，电力能源合成束进一步按照 CES 结构分解为火电、水电、核电及风电等；同一层次，石化能源合成束进一步按照 CES 结构分解为煤炭、石油和天然气。值得注意的是，考虑到自然禀赋与资本—能源—劳动力合成束的明显差异，虽然两者以 CES 函数进行合成，但两者的替代弹性系数 σ 应设定为较小值（初步设定为 0.1 或 0.05）。

　　i，共包括 25 个部门：1 个农业部门、14 个工业部门、6 个能源部门和 4 个服务业部门。

　　wne，共包括 23 个部门：4 个污染治理部门、14 个工业部门、1 个农业部门和 4 个服务业部门。

　　$nele$，包含了 3 个石化能源部门：石油部门、煤炭部门和天然气部门。

　　ele，包括 3 个电力部门：火电部门、水电部门和核电及风电部门。

pi，包括 4 个污染治理部门：废水部门、二氧化硫部门、TSP 部门和固体废物部门。

$nwne$，包括 19 个部门：1 个农业部门、14 个工业部门和 4 个服务业部门。

pwi，包括 3 个污染治理部门：二氧化硫部门、TSP 部门和固体废物部门。

（1）第一层，中间投入与劳动—资本—能源投入合成的 CES 生产组合函数

$$\min PKEL_i \cdot KEL_i + PND_i \cdot ND_i$$

$$s.t.\ QX_i = \lambda_i^{qkel}(\beta_{keli} KEL_i^{-\rho_i^q} + \beta_{ndi} ND_i^{-\rho_i^q})^{-\frac{1}{\rho_i^q}}$$

进一步推导得出：

$$KEL_i = \left(\frac{(\lambda_i^{qkel})^{-\rho_i^q} \cdot \beta_{keli} \cdot PQ_i}{PKEL_i}\right)^{\frac{1}{1+\rho_i^q}} QX_i \quad (1-1)$$

$$ND_i = \left(\frac{(\lambda_i^{qkel})^{-\rho_i^q} \cdot \beta_{ndi} \cdot PQ_i}{PND_i}\right)^{\frac{1}{1+\rho_i^q}} QX_i \quad (1-2)$$

$$QX_i = \lambda_i^{qkel}(\beta_{keli} KEL_i^{-\rho_i^q} + \beta_{ndi} ND_i^{-\rho_i^q})^{-\frac{1}{\rho_i^q}} \quad (1-3)$$

在上述 CGE 生产函数中：$\sigma_i^q = \frac{1}{1+\rho_i^q}$，中间投入与劳动—资本—能源投入之间存在替代弹性系数 σ_i^q；λ_i^{qkel} 在这里代表规模参数；β_{keli} 和 β_{ndi} 为份额参数，β_{keli} 与 β_{ndi} 的和恒定为 1；ρ_i^q 是中间投入与劳动—资本—能源投入之间的替代弹性参数。

（2）中间投入函数为

$$UND_{j,i} = a_{j,i} \cdot ND_i \quad j = 1, 2, \cdots, 6 \quad (1-4)$$

$$PND_i = \sum_j a_{j,i} \cdot PQ_j \quad j = 1, 2, \cdots, 6 \quad (1-5)$$

在上述函数中，中间投入价格指的是产品的国内需求合成价格，不包含能源投入，且中间投入被设定为 $j = 1, 2, \cdots, 6$。

（3）第二层能源—资本投入与劳动投入合成的 CES 生产组合函数

$$\min PKE_i \cdot KE + (W \cdot wdist_i) \cdot L_i$$

$$s.t.\ KEL_i = \lambda_i^{kel}(\beta_{kei}KE_i^{-\rho_i^{kel}} + \beta_{li} \cdot L_i^{-\rho_i^{kel}})^{-\frac{1}{\rho_i^{kel}}}$$

进一步推导出：

$$KE_i = \left(\frac{(\lambda_i^{kel})^{-\rho_i^{kel}} \cdot \beta_{kei} \cdot PKEL_i}{PKE_i}\right)^{\frac{1}{1+\rho_i^{kel}}} KEL_i \qquad (1-6)$$

$$L_i = \left(\frac{(\lambda_i^{kel})^{-\rho_i^{kel}} \cdot \beta_{li} \cdot PKEL_i}{W \cdot wdist_i}\right)^{\frac{1}{1+\rho_i^{kel}}} KEL_i \qquad (1-7)$$

$$KEL_i = \lambda_i^{kel}(\beta_{kei}KE_i^{-\rho_i^{kel}} + \beta_{li} \cdot L_i^{-\rho_i^{kel}})^{-\frac{1}{\rho_i^{kel}}} \qquad (1-8)$$

在上述函数中：$\sigma_i^{kel} = \frac{1}{1+\rho_i^{kel}}$，资本—能源合成与劳动之间的替代弹性系数被设定为 σ_i^{kel}；资本—能源合成与劳动之间的弹性参数被设定为 ρ_i^{kel}；λ_i^{kel} 为规模参数；β_{kei} 和 β_{li} 为份额参数，$\beta_{kei} + \beta_{li} = 1$。

（4）第三层能源投入与资本投入合成的CES生产组合函数

$$\min R \cdot kdist_i \cdot K_i + PE_i \cdot E_i$$

$$s.t.\ KE_i = \lambda_i^{ke}(\beta_{ki}K_i^{-\rho_i^{ke}} + \beta_{ei}E_i^{-\rho_i^{ke}})^{-\frac{1}{\rho_i^{ke}}}$$

进一步推导得：

$$K_i = \left(\frac{(\lambda_i^{ke})^{-\rho_i^{ke}} \cdot \beta_{ki} \cdot PKE_i}{R \cdot kdist_i}\right)^{\frac{1}{1+\rho_i^{ke}}} KE_i \qquad (1-9)$$

$$E_i = \left(\frac{(\lambda_i^{ke})^{-\rho_i^{ke}} \cdot \beta_{ei} \cdot PKE_i}{PE_i}\right)^{\frac{1}{1+\rho_i^{ke}}} KE_i \qquad (1-10)$$

$$KE_i = \lambda_i^{ke}(\beta_{ki}K_i^{-\rho_i^{ke}} + \beta_{ei}E_i^{-\rho_i^{ke}})^{-\frac{1}{\rho_i^{ke}}} \qquad (1-11)$$

其中：$\sigma_i^{ke} = \frac{1}{1+\rho_i^{ke}}$，资本投入与能源投入之间存在替代关系且弹性系数为 σ_i^{ke}。β_{ki} 和 β_{ei} 为份额参数，$\beta_{ki} + \beta_{ei} = 1$；$\lambda_i^e$ 为规模参数；资本和能源合成之间的弹性参数被设定为 ρ_i^{ke}。

（5）第四层化石能源投入与电力能源投入合成的CES生产组合函数

$$\min PE_{fosi} \cdot E_{fosi} + PE_{epi} \cdot E_{epi}$$

$$s.t.\ E_i = (\beta_{fosi}E_{fosi}^{-\rho_i^e} + \beta_{epi}E_{epi}^{-\rho_i^e})^{-\frac{1}{\rho_i^e}}$$

进一步推导得：

$$E_{fosi} = \left(\frac{\beta_{fosi} \cdot PE_i}{PE_{fosi}}\right)^{\frac{1}{1+\rho_i^e}} E_i \qquad (1-12)$$

$$E_{epi} = \left(\frac{\beta_{epi} \cdot PE_i}{PE_{epi}}\right)^{\frac{1}{1+\rho_i^e}} E_i \qquad (1-13)$$

$$E_i = (\beta_{fosi} E_{fosi}^{-\rho_i^e} + \beta_{epi} E_{epi}^{-\rho_i^e})^{-\frac{1}{\rho_i^e}} \qquad (1-14)$$

在上述函数中：$\sigma_i^e = \dfrac{1}{1+\rho_i^e}$，并且，我们设定化石能源投入与电力能源投入之间的替代弹性系数为 σ_i^e；化石能源投入与电力能源合成之间的弹性参数为 ρ_i^e；β_{fosi} 和 β_{epi} 为规模份额参数。

（6）第五层化石能源投入合成的 CES 生产组合函数

在这个嵌套 CES 函数中，能源要素指的是包含了煤焦、石油和气体等多种化石类型的能源要素投入的合成。我们将根据要素之间替代关系的强度进行分层次的组合从而实现该嵌套结构中的要素合成。首先，我们将石油和气体能源先进行合成；其次，上一步的合成结果与煤焦投入合成为化石能源投入。

一是将石油—气体能源投入和煤焦能源进行合成投入

$$\min PQ_{coali} \cdot E_{coali} + PE_{pgi} \cdot E_{psi}$$
$$s.t.\ E_{fosi} = (\beta_{coali} E_{coali}^{-\rho_i^{cpg}} + \beta_{pgi} E_{pgi}^{-\rho_i^{cpg}})^{-\frac{1}{\rho_i^{cpg}}}$$

进一步推导出：

$$E_{coali} = \left(\frac{\beta_{coali} \cdot PE_{cpgi}}{PQ_{coali}}\right)^{\frac{1}{1+\rho_i^{cpg}}} E_{cpgi} \qquad (1-15)$$

$$E_{pgi} = \left(\frac{\beta_{pgi} \cdot PE_{cpgi}}{PQ_{pgi}}\right)^{\frac{1}{1+\rho_i^{cpg}}} E_{cpgi} \qquad (1-16)$$

$$E_{fosi} = (\beta_{coali} E_{coali}^{-\rho_i^{cpg}} + \beta_{pgi} E_{pgi}^{-\rho_i^{cpg}})^{-\frac{1}{\rho_i^{cpg}}} \qquad (1-17)$$

说明：$\sigma_i^{cpg} = \dfrac{1}{1+\rho_i^{cpg}}$，煤焦能源与石油—气体能源投入之间的替代弹性系数设定为 σ_i^{cpg}；β_{coali} 和 β_{pgi} 为规模份额参数；ρ_i^{ke} 为资本和能源合成之间的弹性参数。当煤焦能源与石油能源—气体能源投入水电、风电、核电、其他电力等能源部门时，$E_{coali} = 0$；$E_{pgi} = 0$；

$PE_{cpgi} = 1$；$E_{fosi} = 0$。

二是石油与气体能源投入的合成

$$\min PQ_{petroli} \cdot E_{pertoi} + PQ_{gasi} \cdot E_{gasi}$$
$$s.t. \ E_{pgi} = (\beta_{petroi}E_{petroi}^{-\rho_i^{pg}} + \beta_{gasi}E_{gasi}^{-\rho_i^{pg}})^{-\frac{1}{\rho_i^{pg}}}$$

推导可得：

$$E_{prtroi} = \left(\frac{\beta_{petroli} \cdot PE_{pgi}}{PQ_{petroli}}\right)^{\frac{1}{1+\rho_i^{pg}}} E_{pgi} \qquad (1-18)$$

$$E_{gasi} = \left(\frac{\beta_{gasi} \cdot PE_{pgi}}{PQ_{gasi}}\right)^{\frac{1}{1+\rho_i^{pg}}} E_{pgi} \qquad (1-19)$$

$$E_{pgi} = (\beta_{petroi}E_{petroi}^{-\rho_i^{pg}} + \beta_{gasi}E_{gasi}^{-\rho_i^{pg}})^{-\frac{1}{\rho_i^{pg}}} \qquad (1-20)$$

在上述表述中：$\sigma_i^{pg} = \frac{1}{1+\rho_i^{pg}}$，石油能源与气体能源的两种投入可以在某一弹性系数区间互相替代，该替代系数为 σ_i^{pg}；同上，我们将规模份额参数用 $\beta_{petroli}$ 和 β_{gasi} 表示；并且假设石油能源与气体合成之间存在弹性关系，且其弹性参数用 ρ_i^{pg} 表示。最后需要说明，当石油能源与气体能源投入水电、风电、核电、其他电力等能源部门时，$E_{petroli} = 0$；$E_{gasi} = 0$；$PE_{pgi} = 1$。

①煤炭能源投入的合成（煤炭开采与焦炭能源投入的合成）

$$\min PQ_{coalmi} \cdot E_{coalmi} + PQ_{recoi} \cdot E_{recoi}$$
$$s.t. \ E_{coali} = (\beta_{coalmi}E_{coalmi}^{-\rho_i^{coal}} + \beta_{recoi}E_{recoi}^{-\rho_i^{coal}})^{-\frac{1}{\rho_i^{coal}}}$$

进一步推导得：

$$E_{coalmi} = \left(\frac{\beta_{coalmi} \cdot PE_{coali}}{PQ_{coalmi}}\right)^{\frac{1}{1+\rho_i^{coal}}} E_{coali} \qquad (1-21)$$

$$E_{recoi} = \left(\frac{\beta_{recoi} \cdot PE_{coali}}{PQ_{recoi}}\right)^{\frac{1}{1+\rho_i^{coal}}} E_{coali} \qquad (1-22)$$

$$E_{coali} = (\beta_{coalmi}E_{coalmi}^{-\rho_i^{coal}} + \beta_{recoi}E_{recoi}^{-\rho_i^{coal}})^{-\frac{1}{\rho_i^{coal}}} \qquad (1-23)$$

其中：$\sigma_i^{coal} = \frac{1}{1+\rho_i^{coal}}$，$\sigma_i^{coal}$ 为煤炭开采与焦炭投入之间的替代弹性系数；β_{coalmi} 和 β_{recoi} 为规模份额参数；ρ_i^{coal} 为煤炭开采和焦炭投入合

成之间的弹性参数。当煤炭开采与焦炭投入水电、风电、核电、其他电力等能源部门时，$E_{coalmi} = 0$；$E_{recoi} = 0$；$PE_{coali} = 1$。

②燃气能源投入的合成（天然气开采能源与燃气能源投入的合成）

$$\min PQ_{nagasi} \cdot E_{nagasi} + PQ_{magasi} \cdot E_{magasi}$$
$$s.t. \ E_{gasi} = (\beta_{nagasi} E_{nagasi}^{-\rho_i^{gas}} + \beta_{magasi} E_{magasi}^{-\rho_i^{gas}})^{-\frac{1}{\rho_i^{gas}}}$$

进一步推导得：

$$E_{nagasi} = \left(\frac{\beta_{nagasi} \cdot PE_{gasi}}{PQ_{nagasi}}\right)^{\frac{1}{1+\rho_i^{gas}}} E_{gasi} \quad (1-24)$$

$$E_{magasi} = \left(\frac{\beta_{magasi} \cdot PE_{gasi}}{PQ_{magasi}}\right)^{\frac{1}{1+\rho_i^{gas}}} E_{gasi} \quad (1-25)$$

$$E_{gasi} = (\beta_{nagasi} E_{nagasi}^{-\rho_i^{gas}} + \beta_{magasi} E_{magasi}^{-\rho_i^{gas}})^{-\frac{1}{\rho_i^{gas}}} \quad (1-26)$$

在上述函数中：$\sigma_i^{gas} = \frac{1}{1+\rho_i^{gas}}$，天然气开采与燃气能源投入之间存在替代关系且弹性系数设定为 σ_i^{gas}；天然气开采和燃气能源投入之间的弹性参数被设定为 ρ_i^{gas}；β_{nagasi} 和 β_{magasi} 为规模份额参数。当天然气开采与燃气能源投入水电、风电、核电以及其他电力等能源部门时，$E_{nagasi} = 0$；$E_{magasi} = 0$；$PE_{gasi} = 1$。

③石油能源投入的合成（石油开采能源与石油加工能源投入的合成）

$$\min PQ_{petromi} \cdot E_{petromi} + PQ_{petrorei} \cdot E_{petrorei}$$
$$s.t. \ E_{petroi} = (\beta_{petromi} E_{petromi}^{-\rho_i^{petro}} + \beta_{petrorei} E_{petrorei}^{-\rho_i^{petro}})^{-\frac{1}{\rho_i^{petro}}}$$

进一步推导得：

$$E_{petromi} = \left(\frac{\beta_{petromi} \cdot PE_{petroi}}{PQ_{petromi}}\right)^{\frac{1}{1+\rho_i^{petro}}} E_{petroi} \quad (1-27)$$

$$E_{petrorei} = \left(\frac{\beta_{petrorei} \cdot PE_{petroi}}{PQ_{petrorei}}\right)^{\frac{1}{1+\rho_i^{petro}}} E_{petroi} \quad (1-28)$$

$$E_{petroi} = (\beta_{petromi} E_{petromi}^{-\rho_i^{petro}} + \beta_{petrorei} E_{petrorei}^{-\rho_i^{petro}})^{-\frac{1}{\rho_i^{petro}}} \quad (1-29)$$

其中：$\sigma_i^{petro} = \dfrac{1}{1+\rho_i^{petro}}$，我们假设在某种程度上，石油开采投入与石油加工可以互相替代，并且该替代系数为 σ_i^{petro}；$\beta_{petromi}$ 和 $\beta_{petroei}$ 为规模份额参数；ρ_i^{petro} 为弹性参数。当石油开采与石油加工能源投入水电、风电、核电、其他电力等能源部门时，$E_{petromi}=0$，$E_{petroei}=0$，$PE_{petroi}=1$。

（7）第六层 CES 生产组合函数（电力能源投入的合成）

电力能源的投入可以分为两个不同部分，水力发电、风力发电、核能发电等产生的电力能源被划分为清洁电力能源，火力发电被划分为非清洁电力能源，清洁电力能源的投入可进行合成，清洁电力能源与非清洁电力能源的投入也可进行合成。

一是火电与清洁电力能源投入的合成

$$\min PQ_{thepi} \cdot E_{thepi} + PQ_{clepi} \cdot E_{clepi}$$
$$s.t.\ E_{epi} = (\beta_{thepi} E_{thepi}^{-\rho_i^{ep}} + \beta_{clepi} E_{clepi}^{-\rho_i^{ep}})^{-\frac{1}{\rho_i^{ep}}}$$

进一步推导得：

$$E_{thepi} = \left(\dfrac{\beta_{thepi} \cdot PE_{epi}}{PQ_{thepi}}\right)^{\frac{1}{1+\rho_i^{ep}}} E_{epi} \qquad (1-30)$$

$$E_{clepi} = \left(\dfrac{\beta_{clepi} \cdot PE_{epi}}{PQ_{clepi}}\right)^{\frac{1}{1+\rho_i^{ep}}} E_{epi} \qquad (1-31)$$

$$E_{epi} = (\beta_{thepi} E_{thepi}^{-\rho_i^{ep}} + \beta_{clepi} E_{clepi}^{-\rho_i^{ep}})^{-\frac{1}{\rho_i^{ep}}} \qquad (1-32)$$

说明：$\sigma_i^{ep} = \dfrac{1}{1+\rho_i^{ep}}$，火电投入与清洁电力能源投入可以在某一弹性系数区间互相替代，该替代系数为 σ_i^{ep}；β_{thepi} 和 β_{clepi} 为规模份额参数；ρ_i^{ep} 为火电和清洁能源合成之间的弹性参数。并且，火电与其他电力能源的价格与国内商品需求的合成价格一致。

二是清洁电力能源投入的合成

$$\min PQ_{hyepi} \cdot E_{hyepi} + PQ_{nuepi} \cdot E_{nuepi} + PQ_{wiepi} \cdot E_{wiepi} + PQ_{otepi} \cdot E_{otepi}$$
$$s.t.\ E_{clepi} = (\beta_{hyepi} \cdot E_{hyepi}^{-\rho_i^{clep}} + \beta_{nuepi} E_{nuepi}^{-\rho_i^{clep}} + \beta_{wiepi} E_{wiepi}^{-\rho_i^{clep}} + \beta_{otepi} E_{otepi}^{-\rho_i^{clep}})^{-\frac{1}{\rho_i^{clep}}}\ 解得：$$

$$E_{hypi} = \left(\dfrac{\beta_{hyepi} \cdot PQ_{clepi}}{PQ_{hypi}}\right)^{\frac{1}{1+\rho_i^{clep}}} E_{clepi} \qquad (1-33)$$

$$E_{nuepi} = \left(\frac{\beta_{nuepi} \cdot PQ_{clepi}}{PQ_{nuepi}}\right)^{\frac{1}{1+\rho_i^{clep}}} E_{clepi} \quad (1-34)$$

$$E_{wiepi} = \left(\frac{\beta_{wiepi} \cdot PQ_{clepi}}{PQ_{wiepi}}\right)^{\frac{1}{1+\rho_i^{clep}}} E_{clepi} \quad (1-35)$$

$$E_{otepi} = \left(\frac{\beta_{otepi} \cdot PQ_{clepi}}{PQ_{otepi}}\right)^{\frac{1}{1+\rho_i^{clep}}} E_{clepi} \quad (1-36)$$

$$E_{clepi} = \left(\beta_{hyepi} \cdot E_{hyepi}^{-\rho_i^{clep}} + \beta_{nuepi} E_{nuepi}^{-\rho_i^{clep}} + \beta_{wiepi} E_{wiepi}^{-\rho_i^{clep}} + \beta_{otepi} E_{otepi}^{-\rho_i^{clep}}\right)^{-\frac{1}{\rho_i^{clep}}}$$
$$(1-37)$$

在上述表示中：$\sigma_i^{clep} = \frac{1}{1+\rho_i^{clep}}$，我们假设，在某种程度上，不同清洁电力能源投入可以在某一弹性系数区间互相替代，该替代系数为 σ_i^{clep}；β_{hyepi}、β_{nuepi}、β_{wiepi} 和 β_{otepi} 为规模份额参数；ρ_i^{clep} 为水电、核电、风电、其他电力能源投入之间的弹性参数。水电、核电、风电、其他电力能源的价格与国内商品需求的合成价格相一致（见表 1—7）。

表 1—7　　　　　　　　生产模块函数变量与参数说明

生产模块函数内生变量说明（40 组）/方程（37 组）

序号	变量	变量定义	变量个数
1	QX_i	部门 i 的产出量	n
2	PX_i	部门 i 的不含间接税的价格	n
3	ND_i	部门 i 的中间投入量	n
4	PND_i	部门 i 的中间投入的合成价格	j
5	$UND_{j,i}$	生产 1 单位 i 部门产出需要 j 部门的投入量	$j \times n$
6	KEL_i	部门 i 的资本—劳动—能源投入合成量	n
7	$PKEL_i$	部门 i 的资本—劳动—能源投入合成价格	n
8	L_i	部门 i 的劳动投入量	n
9	W	劳动投入的平均工资	1
10	KE_i	部门 i 的资本—能源投入合成量	n
11	PKE_i	部门 i 的资本—能源投入合成价格	n
12	K_i	部门 i 的资本投入量	n
13	R	资本投入的平均收益	1

续表

生产模块函数内生变量说明（40组）/方程（37组）

序号	变量	变量定义	变量个数
14	E_i	部门 i 的能源投入量	n
15	PE_i	部门 i 的能源投入价格	n
16	E_{fosi}	部门 i 的化石能源投入量	n
17	PE_{fosi}	部门 i 的化石能源投入价格	n
18	E_{pgi}	部门 i 的石油能源与气体能源合成的投入量	n
19	PE_{pgi}	部门 i 的石油能源与气体能源的合成价格	n
20	E_{coali}	部门 i 的煤焦合成能源投入量	n
21	PE_{coali}	部门 i 的煤焦合成能源价格	n
22	E_{coalmi}	部门 i 的煤炭开采能源投入量	n
23	E_{recoi}	部门 i 的焦炭能源投入量	n
24	E_{gasi}	部门 i 的气体能源合成投入量	n
25	PE_{gasi}	部门 i 的气体能源合成价格	n
26	E_{nagasi}	部门 i 的天然气能源投入量	n
27	E_{magasi}	部门 i 的燃气能源投入量	n
28	E_{petroi}	部门 i 的石油能源合成品投入量	n
29	PE_{petroi}	部门 i 的石油能源投入量的合成价格	n
30	$E_{petrorei}$	部门 i 的石油加工能源投入量	n
31	$E_{petromi}$	部门 i 的石油开采能源投入量	n
32	E_{epi}	部门 i 的电力能源投入量	n
33	PE_{epi}	部门 i 的电力能源投入的合成价格	n
34	E_{thepi}	部门 i 的火电能源投入量	n
35	E_{clepi}	部门 i 的清洁电力能源投入量	n
36	PQ_{clepi}	部门 i 的清洁电力能源投入的合成价格	n
37	E_{hyepi}	部门 i 的水电能源投入量	n
38	E_{nuepi}	部门 i 的核电能源投入量	n
39	E_{wiepi}	部门 i 的风电能源投入量	n
40	E_{otepi}	部门 i 的其他电力能源投入量	n

续表

生产模块函数参数说明

序号	参数	参数定义
1	β_{keli}	部门 i 的能源—资本—劳动合成的份额参数
2	β_{inmpi}	部门 i 的中间投入的份额参数
3	σ_i^q	部门 i 的能源—资本—劳动合成投入与中间投入之间的替代弹性
4	ρ_i^q	部门 i 的能源—资本—劳动合成投入与中间投入之间的替代弹性相关系数
5	$a_{j,i}$	部门 i 的中间投入的直接消耗系数
6	β_{kei}	部门 i 的能源—资本—劳动合成投入中资本—能源投入份额参数
7	β_{li}	部门 i 的能源—资本—劳动合成投入中劳动投入份额参数
8	σ_i^{kel}	部门 i 的资本—能源投入与劳动投入之间的替代弹性
9	ρ_i^{kel}	部门 i 的资本—能源投入与劳动投入之间的替代弹性相关系数
10	β_{ki}	部门 i 的资本—能源合成投入中资本投入的份额参数
11	β_{ei}	部门 i 的资本—能源合成投入中能源投入的份额参数
12	σ_i^{ke}	部门 i 的资本投入与能源投入之间的替代弹性
13	ρ_i^{ke}	部门 i 的资本投入与能源投入之间的替代弹性相关系数
14	β_{fosi}	部门 i 的化石能源与电力能源合成投入中化石能源投入的份额参数
15	β_{epi}	部门 i 的化石能源与电力能源合成投入中电力能源投入的份额参数
16	σ_i^e	部门 i 的化石能源与电力能源投入的替代弹性
17	ρ_i^e	部门 i 的化石能源与电力能源投入的替代弹性相关系数
18	β_{coali}	部门 i 的煤焦能源投入与石油能源—气体能源合成投入中煤焦能源投入的份额参数
19	β_{pgi}	部门 i 的煤焦能源投入与石油能源—气体能源合成投入中石油—气体能源投入的份额参数
20	σ_i^{cpg}	部门 i 的煤焦能源投入与石油能源—气体能源合成投入的替代弹性
21	ρ_i^{cpg}	部门 i 的煤焦能源投入与石油能源—气体能源合成投入的替代弹性相关系数
22	$\beta_{petroli}$	部门 i 的石油能源与气体能源合成投入中石油能源投入的份额参数
23	β_{gasi}	部门 i 的石油能源与气体能源合成投入中气体能源投入的份额参数
24	σ_i^{pg}	部门 i 的石油能源与气体能源合成投入的替代弹性
25	ρ_i^{pg}	部门 i 的石油能源与气体能源合成投入的替代弹性相关系数
26	β_{coalmi}	部门 i 的煤焦能源合成投入煤炭开采能源投入的份额参数
27	β_{recoi}	部门 i 的煤炭能源合成投入中焦炭能源投入的份额参数

续表

生产模块函数参数说明

序号	参数	参数定义
28	σ_i^{coal}	部门 i 的煤炭开采能源投入与焦炭能源投入的替代弹性
29	ρ_i^{coal}	部门 i 的煤炭开采能源投入与焦炭能源投入的替代弹性相关系数
30	β_{nagasi}	部门 i 的气体能源合成投入天然气能源投入的份额参数
31	β_{magasi}	部门 i 的气体能源合成投入燃气能源投入的份额参数
32	σ_i^{gas}	部门 i 的天然气能源投入与燃气能源投入的替代弹性
33	ρ_i^{gas}	部门 i 的天然气能源投入与燃气能源投入的替代弹性相关系数
34	$\beta_{petromi}$	部门 i 的石油能源合成投入中石油开采能源投入的份额参数
35	$\beta_{petrorei}$	部门 i 的石油能源合成投入中石油加工能源投入的份额参数
36	σ_i^{petro}	部门 i 的石油开采能源投入与石油加工能源投入的替代弹性
37	ρ_i^{petro}	部门 i 的石油开采能源投入与石油加工能源投入的替代弹性相关系数
38	β_{thepi}	部门 i 的电力能源投入合成中火电能源投入的份额参数
39	β_{clepi}	部门 i 的电力能源投入合成中清洁电力能源投入的份额参数
40	σ_i^{ep}	部门 i 的火电能源投入与清洁电力能源投入的替代弹性
41	ρ_i^{ep}	部门 i 的火电能源投入与清洁电力能源投入的替代弹性相关系数
42	β_{hyepi}	部门 i 的清洁能源投入中水电投入的份额参数
43	β_{nuepi}	部门 i 的清洁能源投入中核电投入的份额参数
44	β_{wiepi}	部门 i 的清洁能源投入中风电投入的份额参数
45	β_{otepi}	部门 i 的清洁能源投入中其他电力投入的份额参数
46	σ_i^{clep}	部门 i 的清洁能源投入中各种电力能源投入之间的替代弹性
47	ρ_i^{clep}	部门 i 的清洁能源投入中各种电力能源投入之间的替代弹性相关系数

2. 贸易模块

在研究中，我们使用 CET 函数方法来对国内商品进行分配，因此国内商品需求 CES 函数模型表示如下：

（1）进口商品价格

$$PM_i = pwm_i \cdot EXR \qquad (1-38)$$

（2）出口商品价格：

$$PE_i = pwe_i \cdot EXR \qquad (1-39)$$

(3) 在 Armington 假设条件下，国内商品需求函数如下：

$$\max_{QQ_i,QD_i,QM_i} PQ_i \cdot QQ_i - [PD_i \cdot QD_i + (1+t_{mi})PM_i \cdot QM_i]$$

$$s.t.\ QQ_i = \gamma_{mi}[\delta d_i (QD_i)^{\rho_{mi}} + \delta m_i (QM_i)^{\rho_{mi}}]^{\frac{1}{\rho_{mi}}}$$

进一步推导得：

$$QD_i = \left(\frac{\gamma_{mi}^{\rho_{mi}} \cdot \delta d_i \cdot PQ_i}{PD_i}\right)^{\frac{1}{1-\rho_{mi}}} QQ_i \quad (1-40)$$

$$QM_i = \left(\frac{\gamma_{mi}^{\rho_{mi}} \cdot \delta m_i \cdot PQ_i}{(1+t_{mi}) \cdot PM_i}\right)^{\frac{1}{1-\rho_{mi}}} QQ_i \quad (1-41)$$

$$QQ_i = \gamma_{mi}[\delta d_i (QD_i)^{\rho_{mi}} + \delta m_i (QM_i)^{\rho_{mi}}]^{\frac{1}{\rho_{mi}}} \quad (1-42)$$

在上述表示中：$\rho_{mi} = \frac{\sigma_{mi}-1}{\sigma_{mi}}$，并且，我们假设在某一程度上国内需求、供给和进口之间存在互相替代关系，且该替代系数为 σ_{mi}（见图 1—14）。

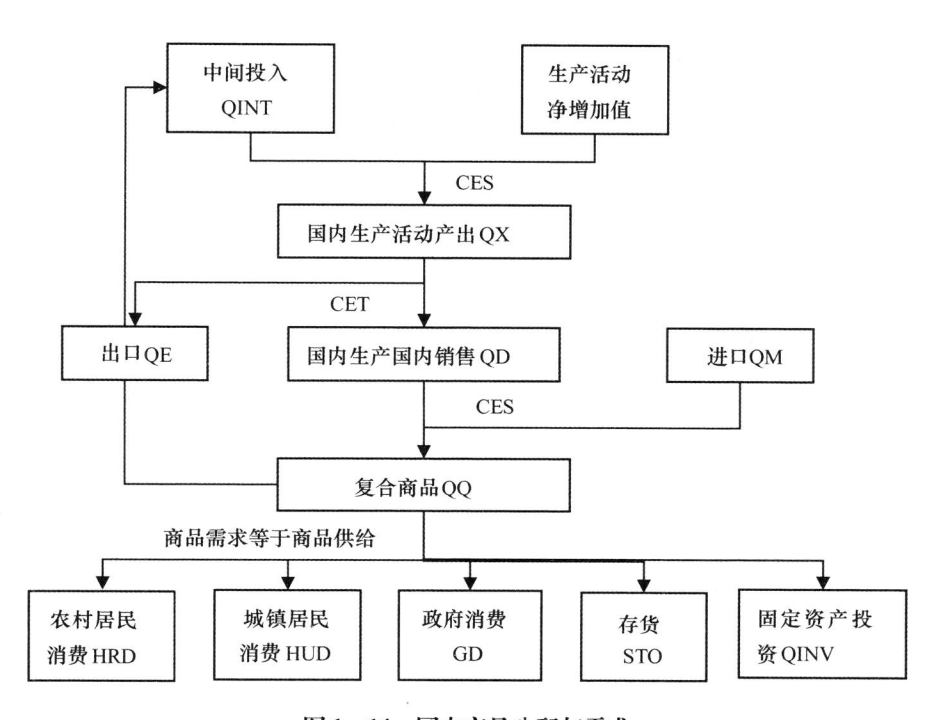

图 1—14 国内产品分配与需求

(4) 国内商品分配的CET函数如下：

$$\max(PD_i \cdot QD_i + PE_i \cdot QE_i) - (1 + t_{addvi} + t_{bussi} + t_{conpi} + t_{othei}) \cdot PX_i \cdot QX_i$$

$$s.t.\ QX_i = \gamma_{ei}(\xi d_i \cdot QD_i^{\rho_{ei}} + \xi e_i \cdot QE_i^{\rho_{ei}})^{\frac{1}{\rho_{ei}}}$$

进一步推导得：

$$QD_i = \left(\frac{\gamma_{ei}^{\rho_{ei}} \cdot \xi d_i \cdot (1 + t_{addvi} + t_{bussi} + t_{conpi} + t_{othei}) \cdot PX_i}{PD_i}\right)^{\frac{1}{1-\rho_{ei}}} QX_i$$

(1-43)

$$QE_i = \left(\frac{\gamma_{ei}^{\rho_{ei}} \cdot \xi e_i \cdot (1 + t_{addvi} + t_{bussi} + t_{conpi} + t_{othei}) \cdot PX_i}{PE_i}\right)^{\frac{1}{1-\rho_{ei}}} QX_i$$

(1-44)

$$QX_i = \gamma_{ei}(\xi d_i \cdot QD_{si}^{\rho_{ei}} + \xi e_i \cdot QE_i^{\rho_{ei}})^{\frac{1}{\rho_{ei}}} \quad (1-45)$$

在上述表示中：$\rho_{ei} = \dfrac{\sigma_{ei} + 1}{\sigma_{ei}}$，并且，我们假设在某种情况下，国内生产的商品的国内需求与出口之间可以互相替代，该替代系数用 σ_{ei} 表示（见表1—8）。

表1—8　　　　　贸易模块函数变量与参数说明

贸易模块函数内生变量（9组）/方程（8组）			
序号	变量	变量定义	变量个数
1	PM_i	进口商品 i 的国内价格	n
2	PE_i	出口商品 i 的国内价格	n
3	EXR	汇率	1
4	PQ_i	商品 i 国内需求的价格	n
5	PD_i	商品 i 国内供给量的价格	n
6	QQ_i	商品 i 的国内需求量（国内销售与进口品的CES组5vv合）	n
7	QD_i	商品 i 需求量国内供给量	n
8	QM_i	商品 i 需求量的进口量	n
9	QE_i	商品 i 分配的出口量	n
贸易模块函数外生变量			
序号	变量	变量定义	变量个数
1	PEM_i	表示部门 i 进口商品的国际市场价格	n
2	PWE_i	表示部门 i 出口商品的国际市场价格	n

续表

贸易模块函数参数

序号	参数	参数定义
1	t_{mi}	商品 i 进口关税税率
2	γ_{mi}	Armington 方程商品 i 国内需求与进口需求的整体转移参数
3	δd_i	Armington 方程商品 i 的国内需求量份额参数
4	δm_i	Armington 方程商品 i 进口需求量份额参数
5	γ_{ei}	CET 函数商品 i 国内供应与出口分配的整体转移参数
6	ξd_i	CET 函数产品 i 的国内供应商品的份额参数
7	ξe_i	CET 函数产品 i 出口供应的份额参数
8	ρ_{mi}	Armington 方程产品 i 进口商品与国内商品的替代弹性相关系数
9	ρ_{ei}	CET 函数部门 i 商品国内供应与出口的转换弹性相关系数
10	σ_{mi}	Armington 方程产品 i 进口商品与国内商品的替代弹性系数
11	σ_{ei}	CET 函数部门 i 商品国内供应与出口的转换弹性系数

3. 居民收入及消费模块

在可计算一般均衡模型中，居民消费函数常用以下两种方法表示。一种是采用简单线性函数形式。具体做法是根据投入产出表中的居民消费结构数据，计算出居民消费的结构参数，即 $conp_i = HD_i / \sum_{i=1}^{n} HD_i$（其中 HD_i 为居民在第 i 个行业中的消费额），然后居民消费函数为：$HD_i = conp_i \times (TYH - HTAX - SH)$，其中 TYH 为居民总收入，$HTAX$ 为居民收入所得税，SH 为居民储蓄，这种线性消费函数的优点在于简单直观，一般在简单 CGE 模型或者不需要重点分析居民行为的 CGE 模型中应用。另一种是使用线性应用支出系统需求函数（LES 或 ELES）。LES 消费函数是英国经济学家斯通 R. Stone（1954）提出的。在 LES 消费曲线中，居民消费被分为不会随着消费者收入变化的基本需求与把基本需求扣除后再分配的额外需求两部分。LES 模型是较早地将理论分析与经验研究完美结合的典范，在此基础上，经济学家路迟（Luich）于 1973 年提出扩展的线性支出系统需求函数（ELES），ELES 模型把居民家庭的消费行为看作一个相互联系、相互制约的有机整体，它考虑了居民消费水平、消费倾向以及消费收入变动对消费决策的影响。一般地，在没有价格资料的情况下，需求函数无法进一步计算，但是 ELES 函数完全可以通过截面数据资料从而估算出各种产品的基本需求支出，进一步进行需求结构估算，甚至可以计算出收入弹性，进行需求弹性分析。因此，在大多数 CGE 模型，尤其是需要分析居民效应的模型中，均采用线性支出系统需求（LES）消费函数或 ELES 消费函数。基于 ELES 消费函数的种种优势，本书亦采用 ELES 消费函数。

（1）居民收入模块层面上

部门 i 的居民劳动收入：

$$YL_i = W \cdot wdist_i \cdot L_i \tag{1-46}$$

总的劳动收入：

$$TYL = \sum_i W \cdot wdist_i \cdot L_i \tag{1-47}$$

农村居民的劳动收入：

$$TYLHR = rtylru \cdot TYL \tag{1-48}$$

城镇居民的劳动收入：

$$TYLHU = (1 - rtylru) \cdot TYL \tag{1-49}$$

农村居民的资本收入：

$$YHRK = ratehrk \cdot TYK \tag{1-50}$$

城镇居民的资本收入：

$$YHUK = ratehuk \cdot TYK \tag{1-51}$$

以上式子说明，农村和城镇居民均提供劳动和资本，因此劳动所得和资本所得按照固定比例在农村和城镇居民中进行分配。需要注意的是，资本总收入包括资本收益与折旧。

在本书的 SAM 表中，包含了居民的侨汇收入，但由于侨汇收入受到的影响因素复杂，而且更取决于国外因素，比如国外工资水平、国外经济增长状况，这些因素不是国内经济或政治所能决定的，因此把居民的侨汇收入 $\overline{YHRW}$ 和 $\overline{YHUW}$ 作为外生变量。

考虑到现实经济中，企业对居民存在一些转移支付或补贴或生活福利，而这些福利绝大多数被城镇居民所获得，因此城镇居民的收入中还包括企业对城镇居民的转移支付，具体方程为：

$$YEHU = ratehue \cdot YEK \qquad (1-52)$$

类似地，政府对农村和城镇居民转移支付可表示如下：

政府对农村居民的转移支付：

$$YHRG = ratehrg \cdot YGT \qquad (1-53)$$

政府对城镇居民的转移支付：

$$YHUG = ratehug \cdot YGT \qquad (1-54)$$

这样，居民的总收入可以表示如下：

农村居民的总收入：

$$YHRT = TYHR + YHRK + YHRG + \overline{YHRW} \qquad (1-55)$$

城镇居民的总收入：

$$YHUT = TYHU + YHUK + YEHU + YHUG + \overline{YHUW} \quad (1-56)$$

（2）居民支出模块层面中

农村居民储蓄：

$$SHR = savhr \cdot YHRT \qquad (1-57)$$

城镇居民储蓄：

$$SHU = savhu \cdot YHUT \qquad (1-58)$$

农村居民消费支出：

$$HRDY = (1-shr) \cdot (1-t_{hr})YHRT \qquad (1-59)$$

城镇居民消费支出：

$$HUDY = (1-shu) \cdot (1-t_{hu})YHUT \qquad (1-60)$$

农村居民对产品 i 的消费：

$$HRD_i \cdot PQ_i = \overline{LHRD_i} \cdot PQ_i + \beta r_i \left(HRDY - \sum_{i=1}^{n} \overline{LHRD_i} \right)$$

$$(1-61)$$

城镇居民对产品 i 的消费：

$$HUD_i \cdot PQ_i = \overline{LHUD_i} \cdot PQ_i + \beta u_i \left(HUDY - \sum_{i=1}^{n} \overline{LHUD_i} \right)$$

$$(1-62)$$

居民模块函数变量与参数说明如表1—9所示。

表1—9　　居民模块函数变量与参数说明

居民模块函数内生变量（17组）/方程（17组）

序号	变量	变量定义	变量个数
1	YL_i	部门i的居民劳动收入	n
2	TYL	总的劳动收入	1
3	TYLHR	农村居民的劳动收入	1
4	TYLHU	城镇居民的劳动收入	1
5	YHRK	农村居民的资本收入	1
6	YHUK	城镇居民的资本收入	1
7	YEHU	企业对城镇居民的福利补贴	1
8	YHRG	政府对农村居民的转移支付	1
9	YHUG	政府对城镇居民的转移支付	1
10	YHRT	农村居民的总收入	1
11	YHUT	城镇居民的总收入	1
12	SHR	农村居民储蓄	1
13	SHU	城镇居民储蓄	1
14	HRDY	农村居民消费总支出	1
15	HUDY	城镇居民消费总支出	1
16	HRD_i	农村居民对产品i的消费	n
17	HUD_i	城镇居民对产品i的消费	n

居民模块函数参数

序号	参数	参数定义	说明
1	$wdist_i$	工资扭曲系数	部门实际工资水平存在显著差异
2	rtylru	劳动报酬分配系数	劳动收入在农村和城镇居民中分配系数
3	ratehrk	农村居民资本收入的比例	农村居民资本收入/资本总收入
4	ratehuk	城镇居民资本收入的比例	城镇居民资本收入/资本总收入
5	savhr	农村居民储蓄比例系数	农村居民储蓄额除以居民的总收入
6	savhu	城镇居民储蓄比例系数	城镇居民储蓄额除以居民的总收入
7	ratehrg	政府转移支付率	政府对农村居民转移支付/政府总收入
8	ratehug	政府转移支付率	政府对城镇居民转移支付/政府总收入
9	t_{hr}	农村个人所得税税率	农村个人所得税/农村居民总收入
10	t_{hu}	城镇个人所得税税率	城镇个人所得税/城镇居民总收入
11	βr_i	农村居民边际消费率	农村居民对产品i的边际消费量
12	βu_i	城镇居民边际消费率	城镇居民对产品i的边际消费量

4. 企业模块

（1）企业收入的函数如下

第 i 个部门的资本收入表示为：

$$YK_i = R \cdot rdist_i \cdot K_i \tag{1-63}$$

进一步可以推导出总的资本收入表示为：

$$TYK = \sum_i R \cdot rdist_i \cdot K_i \tag{1-64}$$

因而企业的资本收入：

$$YEK = (1 - ratehrk - ratehuk) \cdot TYK \tag{1-65}$$

（2）企业支出模块函数

企业对城镇居民的转移支付：

$$YEHY = ratehue \cdot YEK \tag{1-66}$$

企业储蓄：

$$SE = (1 - ratehue) \cdot (1 - t_e) YEK \tag{1-67}$$

部门的存货：

$$STO_i = sto_i \cdot QQ_i \tag{1-68}$$

企业模块函数变量与参数说明如表1—10所示。

表1—10　　　　　　　　企业模块函数变量与参数说明

企业模块函数内生变量（6组）/方程（6组）

序号	变量	变量定义	变量个数
1	YK_i	部门 i 的资本收入	n
2	TYK	总的资本收入	1
3	YEK	企业的资本收入	1
4	$YEHY$	企业对城镇居民的转移支付	1
5	SE	企业储蓄	1
6	STO_i	部门 i 的存货	n

企业模块函数参数

序号	参数	参数定义	说明
1	$rdist_i$	资本扭曲系数	部门实际收益率存在显著差异
2	$ratehue$	企业对城镇居民转移支付的比例系数	企业对居民转移支付除以企业的资本收入
3	sto_i	部门 i 的存货比例系数	部门 i 的存货占商品的比例系数

5. 政府模块

(1) 政府收入函数如下

第 i 个部门的增值税收入可以表示为：

$$GADDVTAX_i = t_{addvi} \cdot (YL_i + YK_i) \qquad (1-69)$$

部门 i 的营业税收入：

$$GBUSTAX_i = t_{bussi} \cdot PX_i \cdot QX_i \qquad (1-70)$$

部门 i 的消费税收入：

$$GCONSPTAX_i = t_{conspi} \cdot PX_i \cdot QX_i \qquad (1-71)$$

第 i 个部门的其他间接税收入函数为：

$$GOTHETAX_i = t_{othei} \cdot PX_i \cdot QX_i \qquad (1-72)$$

i 商品的进口关税收入函数为：

$$GTRIFM_i = t_{mi} \cdot PM_i \cdot QM_i \qquad (1-73)$$

农村居民所得税：

$$GHRTAX = t_{hr} \cdot YHRT \qquad (1-74)$$

城镇居民所得税：

$$GHUTAX = t_{hu} \cdot YHUT \qquad (1-75)$$

企业所得税的函数表示为：

$$GETAX = t_e \cdot YEK \qquad (1-76)$$

政府的国外收入：

$$GWY = rategw \cdot \sum_i PM_i \cdot QM_i \qquad (1-77)$$

进一步可以推导出政府总收入函数：

$$YGT = \sum_i^n GADDVTAX_i + \sum_i^n GBUSTAX_i + \sum_i^n GCONSPTAX_i + \\ \sum_i^n GOTHETAX_i + \sum_i GTRIFM_i + \\ GHTAX + GETAX + GWY \qquad (1-78)$$

(2) 政府支出模块函数

政府对农村居民的转移支付：

$$YHRG = ratehrg \cdot YGT \qquad (1-79)$$

政府对城镇居民的转移支付：

$$YHUG = ratehug \cdot YGT \qquad (1-80)$$

政府对国外的援助：

$$YWG = ratewg \cdot YGT \qquad (1-81)$$

政府储蓄：

$$SG = sg \cdot YGT \qquad (1-82)$$

政府对产品 i 的消费：

$$GD_i = \mu_{gi}(1 - ratehrg - ratehug - ratewg - sg) \cdot YGT/PQ_i \qquad (1-83)$$

政府模块函数变量与参数说明如表1—11所示。

表1—11　　　　政府模块函数变量与参数说明

政府模块函数内生变量（15组）/方程（15组）

序号	变量	变量定义	变量个数
1	$GADDVTAX_i$	部门 i 的增值税收入	n
2	$GBUSTAX_i$	部门 i 的营业税收入	n
3	$GCONSPTAX_i$	部门 i 的消费税收入	n
4	$GOTHETAX_i$	部门 i 的其他间接税收入	n
5	$GTRIFM_i$	产品 i 进口关税收入	n
6	$GHRTAX$	农村居民所得税	1
7	$GHUTAX$	城镇居民所得税	1
8	$GETAX$	企业所得税	1
9	GWY	政府的国外收入	1
10	YGT	政府总收入	1
11	$YHRG$	政府对农村居民的转移支付	1
12	$YHUG$	政府对城镇居民的转移支付	1
13	YWG	政府对国外的援助	1
14	SG	政府储蓄	1
15	GD_i	政府对产品 i 的消费量	n

续表

政府模块中的相关函数参数

序号	参数	参数定义	说明
1	t_{addvi}	部门 i 的增加值税税率	部门 i 的增值税除以部门 i 的总产出
2	t_{bussi}	部门 i 的营业税税率	部门 i 的营业税除以部门 i 的总产出
3	t_{conspi}	部门 i 的消费税税率	部门 i 的消费税除以部门 i 的总产出
4	t_{othei}	部门 i 的其他间接税税率	部门 i 的其他间接税除以部门 i 的总产出
5	t_{hr}	农村居民所得税税率	农村居民所得税除以农村居民总收入
6	t_{hu}	城镇居民所得税税率	城镇居民所得税除以城镇居民总收入
7	t_e	企业所得税税率	企业所得税除以企业的资本收入
8	$rategw$	政府国外收入的比例系数	政府的国外收入除以进口额
9	$ratehrg$	政府对农村居民转移支付的比例系数	政府对农村居民的转移支付在政府总收入中的占比
10	$ratehug$	政府对城镇居民转移支付的比例系数	政府对城镇居民的转移支付在政府总收入中的占比
11	$ratewg$	政府国外转移支付比例系数	政府对国外的转移支付除以政府总收入
12	sg	政府储蓄的比例系数	政府储蓄除以政府总收入
13	μ_{gi}	政府对产品 i 消费的比例系数	政府对产品 i 的消费量占总消费量的比例

6. 均衡模块

（1）国际收支平衡

在国际市场上，出口产品产生的收入值和进口产品产生的支出金额相等时，就意味着国际收支平衡了，有两种方式来定义均衡规则。一种是把外生变量定义为汇率，把国外的储蓄当作内生变量，在经济学中的解释为国际贸易外来中的顺差和逆差通过调整汇率来完成，若国家货币贬值则会使得贸易顺差增大，国家货币升值则会使得贸易逆差增大。另一种是把外生变量定义为国外储蓄，把汇率当作内生变量，在经济学中的解释为国际贸易外来中的汇率升降是通过调整贸易顺差和逆差的多少来完成，若贸易顺差增大则会使得国家货币贬值，反之国家货币增值。本书选择第二种均衡规则。

$$\sum_i PM_i \cdot QM_i + YWG = \sum_i PE_i \cdot QE_i + \overline{YHRW} + \overline{YHUW} + GWY + \overline{SF}$$
(1-84)

说明，$\overline{SF}$为国外储蓄，$\overline{YHRW}$和$\overline{YHUW}$分别为农村居民和城镇居民的侨汇收入，这三者均是外生变量。

（2）储蓄投资均衡

总储蓄：

$$TSAV = SE + SG + SHR + SHU + \overline{SF} \quad (1-85)$$

总投资：

$$TINV = TSAV - \sum_i STO_i \cdot PQ_i \quad (1-86)$$

部门投资：

$$INV_i \cdot PQ_i = inv_i \cdot TINV_i \quad (1-87)$$

储蓄投资均衡：

$$TINV = TSAV + WALRAS \quad (1-88)$$

（3）商品市场均衡

商品总需求等于总供给：

$$HRD_i + HUD_i + GD_i + INV_i + STO_i + ND_i = QQ_i \quad (1-89)$$

（4）劳动力市场均衡

劳动力市场均衡主要指市场劳动力的需求与供给处于一种均衡状态。均衡规则的定义方法有两种：第一种方法是假设市场劳动力价值具有刚性，把外生变量定义为劳动力价值也即劳动工资。第二种方法是把内生变量定义为劳动工资。第一种方法适用于劳动力过剩的发展中国家或社会失业率较高的国家、经济体。第二种方法适用于劳动力紧缺的发达国家。鉴于中国老龄化逐渐加剧的国情，劳动力市场即将步入劳动力紧缺的态势，因此本书选择第二种均衡规则。

$$\sum_i L_i = \overline{ls0} \quad (1-90)$$

(5) 资本市场均衡

资本市场均衡同样存在两种均衡规则,第一种是把外生变量定义为资本价格,第二种是把内生变量定义为资本价格。考虑到随着中国经济体制改革力度的不断强化和深入,政府不断放权、行业准入门槛逐渐降低、行业垄断得以削弱或打破,本书根据第二种均衡规则推导。

$$\sum_i K_i = \overline{K_s} \quad (1-91)$$

(6) 名义 GDP 与实际 GDP

$$RGDP = \sum_i^n HRD_i + \sum_i^n HUD_i + \sum_i^n GD_i +$$
$$\sum_i^n INV_i + \sum_i^n STO_i +$$
$$\sum_i (QE_i - (1 + tm_i)QM_i) \quad (1-92)$$

$$SGDP_i = r \cdot kdist_i \cdot K_i + w \cdot wdist_i \cdot L_i + (t_{addvi} + t_{bussi} + t_{conpi} + t_{othei}) \cdot PX_i \cdot QX_i \quad (1-93)$$

$$NGDP = \sum_i SGDP_i \quad (1-94)$$

$$PGDP = \frac{NGDP}{RGDP} \quad (1-95)$$

均衡模块函数变量与参数说明如表1—12所示。

表1—12 均衡模块函数变量与参数说明

均衡模块函数内生变量(8组)/方程(12组)

序号	变量	变量定义	变量个数
1	INV_i	部门投资	n
2	$TINV$	总投资	1
3	$TSAV$	总储蓄	1
4	$WALRAS$	瓦尔拉斯虚拟变量	1
5	$RGDP$	实际国内生产总值	1
6	$SGDP_i$	部门 i 的名义国内生产总值	n
7	$NGDP$	名义国内生产总值	1
8	$PGDP$	国内生产总值的价格指数	1

续表

均衡模块函数外生变量

序号	变量	变量定义	变量个数
1	$\overline{SF}$	代表国外储蓄	1
2	$\overline{K_s}$	资本的总供给	1
3	$\overline{L_s}$	劳动的总供给	1
4	$\overline{YHRW}$	农村居民侨汇收入	1
5	$\overline{YHUW}$	城镇居民侨汇收入	1

均衡模块函数参数

序号	参数	参数定义	说明
1	inv_i	部门 i 的投资比例系数	部门 i 的投资占总投资的比例
2	tm_i	部门 i 的进口关税税率	部门 i 的关税除以该部门进口额
3	$wdist_i$	工资扭曲系数	相对平均工资水平的扭曲程度
4	$kdist_i$	资本收益率扭曲系数	相对资本收益平均的扭曲程度

7. 社会福利模块

衡量社会福利有多种指标，在国内外相关 CGE 文献中，希克斯等价变动是较为常用的衡量社会福利指标，本书采用该指标。需要说明的是在希克斯等价变动值的计算中，基准价格是指还没有发生外部政策时的商品的价格，从而作为一个锚定与外部政策发生作用后的居民消费效用变化相比较。

$$EV = E(U, PQ0) - E(U0, PQ0)$$
$$= \sum_i PQ0_i \cdot (HRD_i + HUD_i) -$$
$$\sum_i PQ0_i (HRD0_i + HUD0_i) \quad (1-96)$$

说明：

EV：在居民福利层次的希克斯等价变动函数。

$E(U, PQ0)$：外部政策有效后居民消费效用。

$E(U0, PQ0)$：外部政策有效前居民消费效用。

经过上述计算后，我们就可以得到希克斯等价变动值了，若该值大于 0，则可以反映出外部政策有效后对居民社会福利产生了积极影响；若希克斯等价变动值小于 0，则可以反映出外部政策有效后对居民社会福利产生了消极影响。

8. 环境污染模块

根据国内外相关文献，在 CGE 模型中，有两种常见的衡量生产过程和消费过程中污染物排放量数值的方法：一种是直接法，用部门的产出量乘以给定的污染物排放系数，即可得到该部门在生产过程中排放的污染量，加以汇总便可得到某特定污染物的排放总和。另一种是间接法，用部门中间投入的数值乘以对应的排放系数，即可得到该部门某项污染物排放量的数值，加以汇总便可得到某特定污染物的排放总和。

Dessus（2002）根据美国 1988 年 487 个部门的数据，通过经济计量模型估计出了 13 种主要污染物对应的排放系数。其研究证实：90%左右的污染物排放量是由中间投入品产生的，且仅有十余种中间投入品可以产出污染物，大多数污染物对应的中间投入品的种类也不超过五种。从 Dessus 的研究结论可以看出，衡量污染物排放量使用第二种计算方法更简便，因此，本书主要考虑在生产过程中因为化石能源（煤炭、石油、天然气）的消耗而生产的污染物；为与现实污染情况一致，本书还考虑了居民消费能源所产生的污染物。

另外，污染物包括多种，主要有废水、二氧化硫、二氧化碳、总悬浮颗粒物、固体废弃物等，为节约篇幅，本书仅以二氧化碳排放量的计算为例，其他类型的污染物排放量的计算与二氧化碳排放量的计算方式类似。

$$QXO_{p,j} = \sum_{nele} \zeta_{p,nele} \chi_{nene} QXA_{nene,j} \qquad (1-97)$$

$$TQXO_p = \sum_j QXO_{p,j} \qquad (1-98)$$

部门生产过程中化石能源投入的二氧化碳排放量：

$$CO_{2i} = \sum_j E_{i,j} \cdot \varepsilon_j \cdot \theta_j \cdot o_j \qquad (1-99)$$

其中，$j = E_{petromi}$、$E_{petrorei}$、E_{nagasi}、E_{magasi}、E_{coalmi}、E_{recoi} 等化石能源

的投入量；

ε_j 为各类化石能源的二氧化碳排放系数；θ_j 为各类能源由价值型向实物型的转换因子；o_j 为各类能源的碳氧化率。

化石能源最终消费所排放的二氧化碳量：

化石能源消费：

$$EN_f = \sum_i \sum_j [(D_{bji} + M_{bji}) + (D_{Hj} + M_{Hj})] \quad (1-100)$$

清洁能源消费总量：

$$EN_c = A_{ENc} EN_f \quad (1-101)$$

为方便起见，本书假定清洁能源与化石能源成比例，其中 A_{ENc} 就是外生的清洁能源与化石能源的比值，于是：

能源消费总量：

$$EN = EN_c + EN_f \quad (1-102)$$

生产部门的碳排放：

$$C_I = \sum_i \sum_j \delta_{ji} Z_{bji} \quad (1-103)$$

居民消费碳排放：

$$C_H = \sum_i \delta_{HRi} Z_{HRi} + \sum_I \delta_{HUi} Z_{HUi} \quad (1-104)$$

碳排放总量：

$$C = C_I + C_H \quad (1-105)$$

能源强度：

$$I_{EN} = EN/Z_{GDP} \quad (1-106)$$

碳排放强度：

$$I = C/Z_{GDP} \quad (1-107)$$

在具体政策模型计算过程中，碳排放强度、碳排放总量和碳税税率任选一个作为外生变量，而将其他两个设为内生变量。

9. 动态模块

CGE 模型分为递推动态和跨期动态两个动态；由于递推动态的诸多优点，本书同国外大多数相关文献一样，选择递推动态的方式构建模型。具体方程如下：

本书假设在同一时期，劳动力供给变量与人口指数 pop_t 的增长率是相同的：

$Ls_t = Ls0 \cdot pop_t$ $\overline{LHRD0}_{t+1} = \overline{LHRD0}_t \cdot (1 + n_t)$，等价于 $Ls_{t+1} = Ls_t \cdot (1 + n_t)$

模型还假设一些常量增长率同人口指数 pop_t 增长率 n_t 是相同的，比如：

农村居民的国外侨汇收入：$\overline{YHRW0}_{t+1} = \overline{YHRW0}_t \cdot (1 + n_t)$

城镇居民的国外侨汇收入：$\overline{YHUW0}_{t+1} = \overline{YHUW0}_t \cdot (1 + n_t)$

农村居民 ELES 需求方程中商品消费的最低值：

$$\overline{LHUD0}_{t+1} = \overline{LHUD0}_t \cdot (1 + n_t)$$

国外储蓄：

$$\overline{FSAV0}_{t+1} = \overline{FSAV0}_t \cdot (1 + n_t)$$

之所以假设主要外生变量的增长与劳动力供给率的增长相同，是为了使模型拟合出一个平衡的增长路径。因为如果所有的变量都遵循一种稳定的增长，那么该经济也会遵循一种平衡的增长路径，虽然这种均衡增长路径与现实情况有所出入，但是在这种假设体条件下，如果检验模型具有一致性，这样均衡增长路径便是有效的。在静态模型中，均衡增长可以被看成均匀性检验的动态模拟，或者宏观经济模型中货币中性的检验。

此外，动态 CGE 模型的其他主要方程还包括技术进步（资本的积累以及在部门之间的流动、全要素生产率的提高）。具体描述如以下方程所示：

$$\lambda_{t+n}^{tfp} = \lambda_t^{tfp} \cdot (1 + \gamma^{tfp})^n$$

$$ARK_t = \sum \left[\left(\frac{K_{i,t}}{\sum_i K_{i,t}} \right) \cdot R_t \cdot kdist_{i,t} \right]$$

$$\eta_{i,t} = \left(\frac{K_{i,t}}{\sum_i K_{i,t}} \right) \cdot \left(1 + \beta_i \cdot \left(\frac{R_t \cdot kdist_{i,t}}{ARK_t} - 1 \right) \right)$$

第一章 2020—2040年中国宏观经济及其结构预测

$$\Delta K_{i,t} = \frac{\eta_{i,t} \cdot \sum_i PQ_i \cdot INV_i}{PK_t}$$

$$PK_t = \frac{\sum_i PQ_i \cdot INV_i}{\sum_i INV_i}$$

$$K_{i,t+1} = K_{i,t} \cdot \left(1 + \frac{\Delta K_{i,t}}{K_{i,t}} - depr_i\right)$$

$$K_{t+1} = K_t - \sum_i K_{i,t} \cdot depr_i + \sum_i \Delta K_{i,t}$$

动态模块函数变量与参数说明如表1—13所示。

表1—13   动态模块函数变量与参数说明

动态模块函数内生变量		
变量	变量定义	变量个数
$L_{s,t+n}$	$t+n$ 期的劳动供给量	1
ARK_t	t 期的资本平均收益率	1
$\Delta K_{i,t}$	t 期部门 i 的新资本积累量	n
PK_t	t 期单位资本的价格	1
$K_{i,t+1}$	$t+1$ 期部门 i 的资本存量	n
K_{t+1}	$t+1$ 期资本供给总量	1
CGE模型的动态模块中相关参数		
参数	参数定义	说明
n_t	劳动力增长率	
λ^{tfp}	全要素生产率增长率	
$kdist_i$	资本收益率扭曲系数	
β_i	资本的部门流动系数	
$\eta_{i,t}$	t 期部门 i 的新资本积累系数	
$depr_i$	资本折旧率	

10. 中国经济—能源—环境—税收动态 CGE 模型作用原理（见图 1—15）

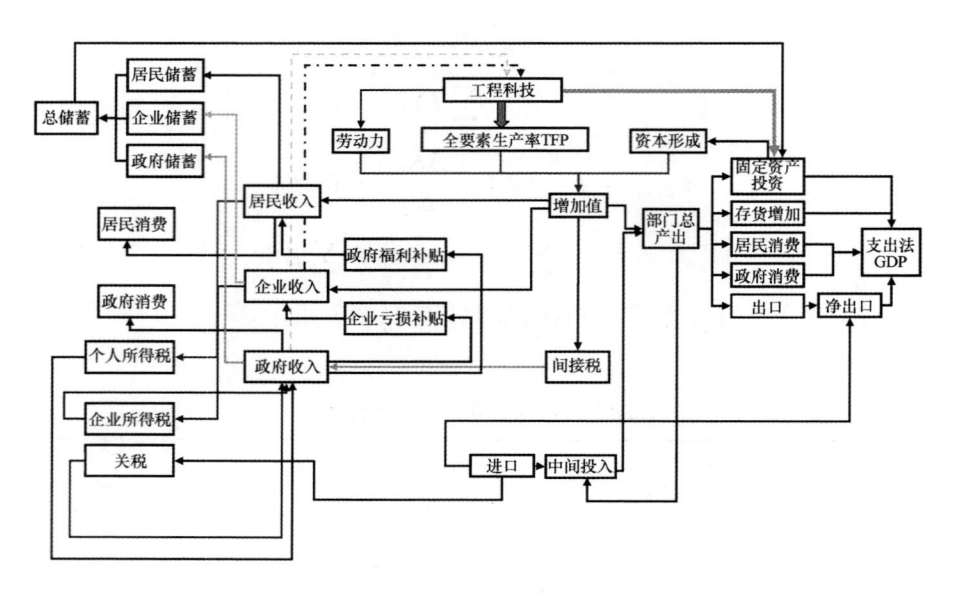

图 1—15　中国经济—能源—环境—税收动态 CGE 模型作用原理

（三）模型参数的标定

1. 替代弹性

在 CGE 模型中，尤其包含多种生产要素的 CGE 模型中，往往需要使用多层的 CES 函数进行要素复合，由于各生产要素之间的替代关系不同，在嵌套结构中，一定要先对生产要素之间先后的组合关系进行论证和比较，选出更为合适的组合方式。黄英娜等（2001）论证了（资本—能源）与劳动的嵌套结构或者（资本—劳动）与能源的嵌套结构更为合理，更加符合经济学意义。本书在构建经济—能源—环境 CGE 模型中，借鉴了这一研究结论，使用（资本—能源）与劳动的嵌套结构。

虽然 CGE 模型大部分参数都可以采用"标定"的方法进行确

定，但总有一些例外是需要通过外生数据估计的，例如生产函数、Armington 函数和 CET 函数中的替代弹性。由于 CES 函数能且只能推导出两个等价方程，也就是说同时表示出两个参数，而一般会有三个参数（规模参数、份额参数和替代弹性参数）在 CES 函数中存在，所以必定要求有一个外生参数。鉴于替代弹性系数的含义易被解释接受、方便比较，所以主流经济学家大多选取替代弹性系数作为外生。替代弹性系数值的大小是具有明确的经济学含义的，它表示了两种商品或者生产要素之间互相调整的难易程度：替代弹性系数值越大，表示不同生产要素或者商品之间的相互替代越容易，经济体内企业更容易转变投入品，也就是说外来政策变化对于整个经济体造成更小的影响。同理，替代弹性系数值越大，表示不同生产要素或者商品之间的差距越大，经济体内企业想要转变投入品更加困难，也就是说外来的政策变化会对整个经济体造成更大的影响。

从理论上讲，应该用经济计量方法对各种替代弹性系数进行估计，而合理大量的微观数据是进行稳健估计的必要条件。但鉴于目前中国微观层面的数据极度缺乏，我们很难通过这种方式来对所有的行业替代弹性系数进行估计，故本书在参考宣晓伟（1998）[1]、贺菊煌等（2002）[2]、王灿等（2003）[3]、郭正权等（2009）[4]、娄峰（2016）[5] 的基础上，经过反复甄别和检验，得出中国 32 个部门的主要弹性系数（见表 1—14、表 1—15）。

---

[1] 宣晓伟：《用 CGE 模型分析征收硫税对中国经济的影响》，北京大学，博士学位论文，1998 年。

[2] 贺菊煌、沈可挺、徐嵩龄：《碳税与二氧化碳减排的 CGE 模型》，《数量经济技术经济研究》2002 年第 10 期。

[3] 王灿、陈吉宁：《用 Monte Carlo 方法分析 CGE 模型的不确定性》，《清华大学学报（自然科学版）》2006 年第 9 期。

[4] 郭正权、刘海滨、牛东晓：《基于 CGE 模型的我国碳税政策对能源与二氧化碳排放影响的模拟分析》，《煤炭工程》2012 年第 1 期。

[5] 娄峰：《中国经济 – 能源 – 环境 – 税收动态可计算一般均衡（CN3ET – DCGE）模型理论及应用》，中国社会科学出版社 2015 年版。

表1—14　　行业弹性系数的外生赋值表（一）

行业 \ 弹性系数	σ_{qx}	σ_{kel}	σ_{ke}	σ_e	σ_{cpg}	σ_{pg}
农林牧渔业	1.6	1.2	1.1	1.6	1.4	1.8
金属矿采、非金属矿采及其他矿采业	1.4	1.2	1.1	1.6	1.4	1.8
食品制造及烟草加工业	1.4	1.2	1.1	1.6	1.4	1.8
纺织、服装鞋帽皮革羽绒及其制品业	1.4	1.2	1.1	1.6	1.4	1.8
木材加工及家具制造、造纸印刷及文教体育用品制造业	1.4	1.2	1.1	1.6	1.4	1.8
化学工业	1.4	1.2	1.1	1.6	1.4	1.8
非金属矿物制品业	2.1	1.2	1.1	1.6	1.4	1.8
金属冶炼及压延加工、金属制品业	2.1	1.2	1.1	1.6	1.4	1.8
机械设备制造业	2.1	1.2	1.1	1.6	1.4	1.8
通信、仪表及其他制造业	2.1	1.2	1.1	1.6	1.4	1.8
水的生产和供应业	2.1	1.2	1.1	1.6	1.4	1.8
建筑业	1.5	1.2	1.1	1.6	1.4	1.8
交通运输及仓储、邮政业	1.5	1.2	1.1	1.6	1.4	1.8
信息传输、计算机服务和软件业	1.5	1.2	1.1	1.6	1.4	1.8
批发和零售贸易业	1.5	1.2	1.1	1.6	1.4	1.8
住宿和餐饮业	1.5	1.2	1.1	1.6	1.4	1.8
金融业	1.5	1.2	1.1	1.6	1.4	1.8
房地产、租赁和商务服务业	1.5	1.2	1.1	1.6	1.4	1.8
研究与实验发展、综合技术服务业	1.5	1.2	1.1	1.6	1.4	1.8
水利、环境和公共设施管理、居民服务和其他服务业	1.5	1.2	1.1	1.6	1.4	1.8
教育、卫生、社会保障和社会福利、文化、体育和娱乐、公共管理和社会组织	1.5	1.2	1.1	1.6	1.4	1.8
煤炭开采和洗选业	1.5	1.2	1.1	1.6	1.4	1.8
炼焦加工业	1.5	1.2	1.1	1.6	1.4	1.8
石油开采业	1.5	1.2	1.1	1.6	1.4	1.8
石油加工及核燃料加工业	1.5	1.2	1.1	1.6	1.4	1.8
天然气开采业	1.5	1.2	1.1	1.6	1.4	1.8
燃气生产和供应业	1.5	1.2	1.1	1.6	1.4	1.8
火电	1.5	1.2	1.1	1.6	1.4	1.8
水电	1.5	1.2	1.1	1.6	1.4	1.8
核电	1.5	1.2	1.1	1.6	1.4	1.8
风电	1.5	1.2	1.1	1.6	1.4	1.8
其他电力	1.5	1.2	1.1	1.6	1.4	1.8

表 1—15　　　　　　　　行业弹性系数的外生赋值表（二）

行业 \ 弹性系数	σ_{coal}	σ_{gas}	σ_{petr}	σ_{pow}	σ_{clpow}	σ_{qq}	σ_{cet}
农林牧渔业	1.3	1.7	1.3	2.6	2.6	3.5	3.8
金属矿采、非金属矿采及其他矿采业	1.3	1.7	1.3	2.6	2.6	3.5	2.9
食品制造及烟草加工业	1.3	1.7	1.3	2.6	2.6	3.5	2.9
纺织、服装鞋帽皮革羽绒及其制品业	1.3	1.7	1.3	2.6	2.6	3.5	2.9
木材加工及家具制造、造纸印刷及文教体育用品制造业	1.3	1.7	1.3	2.6	2.6	3.5	2.9
化学工业	1.3	1.7	1.3	2.6	2.6	3.5	2.9
非金属矿物制品业	1.3	1.7	1.3	2.6	2.6	3.5	2.9
金属冶炼及压延加工、金属制品业	1.3	1.7	1.3	2.6	2.6	3.5	2.9
机械设备制造业	1.3	1.7	1.3	2.6	2.6	3.5	2.9
通信、仪表及其他制造业	1.3	1.7	1.3	2.6	2.6	3.5	2.9
水的生产和供应业	1.3	1.7	1.3	2.6	2.6	3.5	2.9
建筑业	1.3	1.7	1.3	2.6	2.6	3.5	2.9
交通运输及仓储、邮政业	1.3	1.7	1.3	2.6	2.6	3.5	2.9
信息传输、计算机服务和软件业	1.3	1.7	1.3	2.6	2.6	3.5	1.2
批发和零售贸易业	1.3	1.7	1.3	2.6	2.6	3.5	1.2
住宿和餐饮业	1.3	1.7	1.3	2.6	2.6	3.5	1.2
金融业	1.3	1.7	1.3	2.6	2.6	3.5	1.2
房地产、租赁和商务服务业	1.3	1.7	1.3	2.6	2.6	3.5	1.2
研究与实验发展、综合技术服务业	1.3	1.7	1.3	2.6	2.6	3.5	1.2
水利、环境和公共设施管理、居民服务和其他服务业	1.3	1.7	1.3	2.6	2.6	3.5	1.2
教育、卫生、社会保障和社会福利、文化、体育和娱乐、公共管理和社会组织	1.3	1.7	1.3	2.6	2.6	3.5	1.2
煤炭开采和洗选业	1.3	1.7	1.3	2.6	2.6	3.5	1.2
炼焦加工业	1.3	1.7	1.3	2.6	2.6	3.5	1.2
石油开采业	1.3	1.7	1.3	2.6	2.6	3.5	1.2
石油加工及核燃料加工业	1.3	1.7	1.3	2.6	2.6	3.5	1.2
天然气开采业	1.3	1.7	1.3	2.6	2.6	3.5	1.2
燃气生产和供应业	1.3	1.7	1.3	2.6	2.6	3.5	1.2
火电	1.3	1.7	1.3	2.6	2.6	3.5	1.2
水电	1.3	1.7	1.3	2.6	2.6	3.5	1.2
核电	1.3	1.7	1.3	2.6	2.6	3.5	1.2
风电	1.3	1.7	1.3	2.6	2.6	3.5	1.2
其他电力	1.3	1.7	1.3	2.6	2.6	3.5	1.2

2. 参数标定

一般地,可以通过替代弹性、变量的基年数据来标定 CGE 模型中生产、Armington 和 CET 函数内的相关系数(包括份额参数、整体转移参数、替代弹性)。其具体推导公式如下。

(1)生产函数参数标定

由于,$KEL_i = \left(\dfrac{(\lambda_i^{qkel})^{-\rho_i^q} \cdot \beta_{keli} \cdot PQ_i}{PKEL_i} \right)^{\frac{1}{1+\rho_i^q}} QX_i$

$$ND_i = \left(\dfrac{(\lambda_i^{qkel})^{-\rho_i^q} \cdot \beta_{ndi} \cdot PQ_i}{PND_i} \right)^{\frac{1}{1+\rho_i^q}} QX_i$$

$$QX_i = \lambda_i^{qkel} (\beta_{keli} KEL_i^{-\rho_i^q} + \beta_{ndi} ND_i^{-\rho_i^q})^{-\frac{1}{\rho_i^q}}$$

可以推导出:

① 能源—资本—劳动投入与中间投入的份额参数

$$\beta_{keli} = (\lambda_i^{qkel})^{\frac{1+\rho_i^q}{\rho_i^q}} \left(\dfrac{KEL_i}{QX_i} \right)^{1+\rho_i^q} \cdot \left(\dfrac{PQ_i}{PKEL_i} \right)^{-1}$$

$$\beta_{ndi} = (\lambda_i^{qkel})^{\frac{1+\rho_i^q}{\rho_i^q}} \left(\dfrac{ND_i}{QX_i} \right)^{1+\rho_i^q} \cdot \left(\dfrac{PQ_i}{PND_i} \right)^{-1}$$

$$\lambda_i^{qkel} = QX_i / (\beta_{keli} KEL_i^{-\rho_i^q} + \beta_{ndi} ND_i^{-\rho_i^q})^{-\frac{1}{\rho_i^q}}$$

由上述表达式可得,在弹性系数 ρ_i^q 外生给定的情况下,参数 λ_i^{qkel}、β_{keli} 和 β_{ndi} 可以通过 SAM 表的处值标定如下:

$$\lambda_i^{qkel} = QX0_i / (\beta_{keli} KEL0_i^{-\rho_i^q} + \beta_{ndi} ND0_i^{-\rho_i^q})^{-\frac{1}{\rho_i^q}} \quad (1-108)$$

$$\beta_{keli} = (\lambda_i^{qkel})^{\frac{1+\rho_i^q}{\rho_i^q}} \left(\dfrac{KEL0_i}{QX0_i} \right)^{1+\rho_i^q} \cdot \left(\dfrac{PQ0_i}{PKEL0_i} \right)^{-1} \quad (1-109)$$

$$\beta_{ndi} = (\lambda_i^{qkel})^{\frac{1+\rho_i^q}{\rho_i^q}} \left(\dfrac{ND0_i}{QX0_i} \right)^{1+\rho_i^q} \cdot \left(\dfrac{PQ0_i}{PND0_i} \right)^{-1} \quad (1-110)$$

同理,在其他层级生产函数中的份额参数表达为:

② 能源—资本投入与劳动投入的份额参数

$$\beta_{kei} = (\lambda_i^{kel})^{\frac{1-\rho_i^{kel}}{\rho_i^{kel}}} \cdot \left(\dfrac{KE0_i}{KEL0_i} \right)^{1-\rho_i^{kel}} \cdot \left(\dfrac{PKEL0_i}{PKE0_i} \right)^{-1} \quad (1-111)$$

$$\beta_{li} = (\lambda_i^{kel})^{\frac{1-\rho_i^{kel}}{-\rho_i^{kel}}} \left(\frac{LO_i}{KELO_i}\right)^{1-\rho_i^{kel}} \cdot \left(\frac{PKELO_i}{W0 \cdot wdist0_i}\right)^{-1} \quad (1-112)$$

$$\delta m_i = \frac{QM_{i0}^{1+\rho_{mi}} \cdot (1+t_{mi}) \cdot PM_{i0}}{QD_{i0}^{1+\rho_{mi}} + QM_{i0}^{1+\rho_{mi}} \cdot (1+t_{mi}) \cdot PM_{i0}} \quad (1-113)$$

$$\delta d_i = 1 - \delta m_i \quad (1-114)$$

$$\gamma_{mi} = \frac{QQ_{i0}}{[\delta d_i (QD_{i0})^{-\rho_{mi}} + \delta m_i (QM_{i0})^{-\rho_{mi}}]^{-\frac{1}{\rho_{mi}}}} \quad (1-115)$$

$$\beta_{kei} = \frac{KE0_i^{1+\rho_i^{kel}} \cdot PKE0_i}{W0 \cdot wdist_i \cdot LO_i^{1+\rho_i^{kel}} + PKE0_i \cdot KE0_i^{1+\rho_i^{kel}}} \quad (1-116)$$

$$\beta_{li} = 1 - \beta_{kei} \quad (1-117)$$

$$\lambda_i^{kel} = \frac{KEL0_i}{[\beta_{kei} \cdot KE0_i^{-\rho_i^{kel}} + \beta_{li} \cdot LO_i^{-\rho_i^{kel}}]^{\frac{1}{-\rho_i^{kel}}}} \quad (1-118)$$

③能源与资本投入的份额参数

$$\beta_{ei} = (\lambda_i^e)^{\frac{1+\rho_i^{ke}}{\rho_i^e}} \left(\frac{E0_i}{KE0_i}\right)^{1+\rho_i^{ke}} \cdot \left(\frac{PKE0_i}{PE0_i}\right)^{-1} \quad (1-119)$$

$$\beta_{ki} = \left(\frac{K0_i}{KE0_i}\right)^{1+\rho_i^{ke}} \cdot \left(\frac{PKE0_i}{R0 \cdot kdist}\right)^{-1} \quad (1-120)$$

④化石能源投入与电力能源投入的份额参数

$$\beta_{fosi} = \left(\frac{E0_{fosi}}{E0_i}\right)^{1+\rho_i^e} \cdot \left(\frac{PE_i}{PE_{fosi}}\right)^{-1} \quad (1-121)$$

$$\beta_{epi} = \left(\frac{E0_{epi}}{E0_i}\right)^{1+\rho_i^e} \cdot \left(\frac{PE0_i}{PE0_{epi}}\right)^{-1} \quad (1-122)$$

⑤煤炭与油气能源合成的份额参数

$$\beta_{coali} = \left(\frac{E0_{coali}}{E0_{cpgi}}\right)^{1+\rho_i^{cpg}} \cdot \left(\frac{PE0_{cpgi}}{PE0_{coali}}\right)^{-1} \quad (1-123)$$

$$\beta_{pgi} = \left(\frac{E0_{pgi}}{E0_{cpgi}}\right)^{1+\rho_i^{cpg}} \cdot \left(\frac{PE0_{cpgi}}{PE0_{pgi}}\right)^{-1} \quad (1-124)$$

⑥石油与燃气能源合成的份额参数

$$\beta_{petroli} = \left(\frac{E0_{petroli}}{E0_{pgi}}\right)^{1+\rho_i^{pg}} \cdot \left(\frac{PE0_{pgi}}{PE0_{petroli}}\right)^{-1} \qquad (1-125)$$

$$\beta_{gasi} = \left(\frac{E0_{gasi}}{E0_{pgi}}\right)^{1+\rho_i^{pg}} \cdot \left(\frac{PE0_{pgi}}{PE0_{gasi}}\right)^{-1} \qquad (1-126)$$

⑦煤炭开采与焦炭投入合成的份额参数

$$\beta_{coalmi} = \left(\frac{E0_{coalmi}}{E0_{coali}}\right)^{1+\rho_i^{coal}} \cdot \left(\frac{PE0_{coali}}{PQ0_{coalmi}}\right)^{-1} \qquad (1-127)$$

$$\beta_{recoi} = \left(\frac{E0_{recoi}}{E0_{coali}}\right)^{1+\rho_i^{coal}} \cdot \left(\frac{PE0_{coali}}{PQ0_{recoi}}\right)^{-1} \qquad (1-128)$$

⑧天然气开采与煤气投入之间合成的份额参数

$$\beta_{nagasi} = \left(\frac{E0_{nagasi}}{E0_{gasi}}\right)^{1+\rho_i^{gas}} \cdot \left(\frac{PE0_{gasi}}{PQ0_{nagasi}}\right)^{-1} \qquad (1-129)$$

$$\beta_{magasi} = \left(\frac{E0_{magasi}}{E0_{gasi}}\right)^{1+\rho_i^{gas}} \cdot \left(\frac{PE0_{gasli}}{PQ0_{magasi}}\right)^{-1} \qquad (1-130)$$

⑨石油开采与石油加工品投入之间合成的份额参数

$$\beta_{petrorei} = \left(\frac{E0_{petrorei}}{E0_{petroi}}\right)^{1+\rho_i^{petro}} \cdot \left(\frac{PE0_{petroi}}{PQ0_{petrorei}}\right)^{-1} \qquad (1-131)$$

$$\beta_{petromi} = \left(\frac{E0_{petromi}}{E0_{petroi}}\right)^{1+\rho_i^{petro}} \cdot \left(\frac{PE0_{petroi}}{PQ0_{petromi}}\right)^{-1} \qquad (1-132)$$

⑩火电与清洁电力投入之间合成的份额参数

$$\beta_{thepi} = \left(\frac{E0_{thepi}}{E0_{epi}}\right)^{1+\rho_i^{ep}} \cdot \left(\frac{PE0_{epi}}{PQ0_{thepi}}\right)^{-1} \qquad (1-133)$$

$$\beta_{clepi} = \left(\frac{E0_{clepi}}{E0_{epi}}\right)^{1+\rho_i^{ep}} \cdot \left(\frac{PE0_{epi}}{PQ0_{clepi}}\right)^{-1} \qquad (1-134)$$

⑪清洁电力能源投入之间合成的份额参数

$$\beta_{hyepi} = \left(\frac{E0_{hyepi}}{E0_{clepi}}\right)^{1+\rho_i^{clep}} \cdot \left(\frac{PE0_{clepi}}{PQ0_{hyepl}}\right)^{-1} \qquad (1-135)$$

$$\beta_{nuepi} = \left(\frac{E0_{nuepi}}{E0_{clepi}}\right)^{1+\rho_i^{clep}} \cdot \left(\frac{PE0_{clepi}}{PQ0_{nuepl}}\right)^{-1} \qquad (1-136)$$

$$\beta_{wiepi} = \left(\frac{EO_{wiepi}}{EO_{clepi}}\right)^{1+\rho_i^{clep}} \cdot \left(\frac{PEO_{clepi}}{PQO_{wieps}}\right)^{-1} \quad (1-137)$$

$$\beta_{otepi} = \left(\frac{EO_{otepi}}{EO_{clepi}}\right)^{1+\rho_i^{clep}} \cdot \left(\frac{PEO_{clepi}}{PQO_{otepi}}\right)^{-1} \quad (1-138)$$

(2) 产品需求 Armington 函数参数标定

根据方程

$$QD_i = \left(\frac{\gamma_{mi}^{\rho_{mi}} \cdot \delta d_i \cdot PQ_i}{PD_i}\right)^{\frac{1}{1-\rho_{mi}}} QQ_i$$

$$QM_i = \left(\frac{\gamma_{mi}^{\rho_{mi}} \cdot \delta m_i \cdot PQ_i}{(1+t_{mi}) \cdot PM_i}\right)^{\frac{1}{1-\rho_{mi}}} QQ_i$$

$$QQ_i = \gamma_{mi}[\delta d_i (QD_i)^{\rho_{mi}} + \delta m_i (QM_i)^{\rho_{mi}}]^{\frac{1}{\rho_{mi}}}$$

可以得到：

$$\delta m_i = \frac{QM_{i0}^{1-\rho_{mi}} \cdot (1+t_{mi}) \cdot PM_{i0}}{QD_{i0}^{1-\rho_{mi}} + QM_{i0}^{1-\rho_{mi}} \cdot (1+t_{mi}) \cdot PM_{i0}} \quad (1-139)$$

$$\delta d_i = 1 - \delta m_i \quad (1-140)$$

$$\gamma_{mi} = \frac{QQ_{i0}}{[\delta d_i (QD_{i0})^{\rho_{mi}} + \delta m_i (QM_{i0})^{\rho_{mi}}]^{\frac{1}{\rho_{mi}}}} \quad (1-141)$$

(3) 国内产品分配 CET 函数参数标定

$$QD_{si} = \left(\frac{\gamma_{ei}^{\rho_{ei}} \cdot \xi d_i \cdot (1+t_{iaddvi}+t_{bussi}+t_{conspi}+t_{othei}) \cdot PX_i}{PD_{si}}\right)^{\frac{1}{1-\rho_{ei}}} QX_i$$

$$QE_i = \left(\frac{\gamma_{ei}^{\rho_{ei}} \cdot \xi e_i \cdot (1+t_{addvi}+t_{bussi}+t_{conpi}+t_{othei}) \cdot PX_i}{PE_i}\right)^{\frac{1}{1-\rho_{ei}}} QX_i$$

$$QX_i = \gamma_{ei}(\xi d_i \cdot QD_{si}^{\rho_{ei}} + \xi e_i \cdot QE_i^{\rho_{ei}})^{\frac{1}{\rho_{ei}}}$$

由此得到：

$$\xi e_i = \frac{PE_{i0} \cdot QE_{i0}^{1-\rho_{ei}}}{PD_{i0} \cdot QD_{si0}^{1-\rho_{ei}} + PE_{i0} \cdot QE_{i0}^{1-\rho_{ei}}} \quad (1-142)$$

$$\xi d_{ei} = 1 - \xi e_i \quad (1-143)$$

$$\gamma_{ei} = \frac{QX_{i0}}{(\xi d_i \cdot QD_{si0}^{\rho_{ei}} + \xi e_i \cdot QE_{i0}^{\rho_{ei}})^{\frac{1}{\rho_{ei}}}} \quad (1-144)$$

(4) 税收方程参数标定

部门 i 的增值税税率：

$$t_{addvi} = GADDVTAX0_i/(PX0_i \cdot QX0_i) \quad (1-145)$$

部门 i 的营业税税率：

$$t_{bussi} = GBUSSTAX0_i/(PX0_i \cdot QX0_i) \quad (1-146)$$

部门 i 的消费税税率：

$$t_{iconspi} = GCONSPTAX0_i/(PX0_i \cdot QX0_i) \quad (1-147)$$

部门 i 的其他间接税税率：

$$t_{othei} = GOTHETAX0_i/(PX0_i \cdot QX0_i) \quad (1-148)$$

产品 i 的进口关税税率：

$$t_{mi} = GTRIFM0_i/(PM0_i \cdot QM0_i) \quad (1-149)$$

农村居民所得税税率：

$$t_{hr} = GHRTAX0/YHRT0 \quad (1-150)$$

城镇居民所得税税率：

$$t_{hu} = GHUTAX0/YHUT0 \quad (1-151)$$

企业所得税税率：

$$t_e = GETAX0/YEK0 \quad (1-152)$$

3. 居民消费函数参数

斯通—盖利（Stone - Geary）效用函数形式是最常在 CGE 模型中被选择作为居民消费函数的。这种函数形式对于标定的参数有两个要求：第一，居民的最低基本需求 θ_i 不受价格的影响；第二，居民的边际消费倾向 β_i 也不能受到价格的影响。根据 ELES 消费函数，可以推导出以下关系式：

$$\eta_i = \frac{\partial HD_i}{\partial YH} \cdot \frac{YH}{HD_i} = \frac{\beta_i}{PQ_i} \cdot \frac{YH}{HD_i} = \frac{\beta_i}{s_i}$$

上式中，η_i 代表的含义是居民需求的收入弹性，边际消费倾向 β_i

除以消费份额 s_i 的比值即为居民需求的收入弹性。因此，居民的边际消费倾向是：

$$\beta_i = \eta_i \cdot s_i$$

居民消费需求的收入弹性 η_i 一般通过参考国内外相关文献外生假定，消费份额可以根据 SAM 表中的居民实际消费需求获得，这样就可以求出居民的消费倾向 β_i。需要注意的是居民的边际消费倾向必须满足约束条件 $\sum_i \beta_i = 1$，但是，如果直接通过初始居民消费需求的收入弹性乘以居民的消费份额，并不能得到相符合的消费倾向，因此通常采用加权的方法处理，即 $\beta_i^* = \beta_i / \sum_i \beta_i$，其中 β_i^* 表示调整后的边际消费倾向。

一般地，我们可以通过间接方法来确定居民的最低消费需求参数 θ_i。因此可以根据 ELES 消费函数推导出如下关系式：

$$\theta_i = HD_i + \frac{\beta_i}{PQ_i} \cdot \frac{YH}{\varphi}$$

其中，HD_i 为居民在第 i 种商品的消费额，PQ_i 为第 i 种商品的价格，YH 为居民的消费支出总额，φ 为 Frisch 参数[①]，该参数取为 -3.5。

在 CGE 模型应用 ELES 消费函数时，由于居民消费结构及其个人所得、储蓄等数据均可从 SAM 表中获得，唯一需要确定的是消费需求的收入弹性系数 η_i 的值。本书在参考国内外相关文献及国内历年居民消费结构数据，经过参数回归、系数甄别、敏感性检验等后，得到各行业的消费弹性系数及农村和城镇居民最低消费量及其边际消费率等参数，数据如表 1—16 所示。

---

① Frisch (1959) 给出了不同经济状况下 Frisch 系数的参考值：对于发达国家一般取值 -5；对于发展中国家，Frisch 参数一般取值 -3；低收入国家的 Frisch 参数一般取值 -1.5。相关研究资料显示，当收入增加时，Frisch 参数的绝对值有减小的趋势，例如，当人均收入从 100 美元提高到 3000 美元时，Frisch 参数从 7.5 提高到 -2.0；中国属于发展中国家，2010 年中国的人均 GDP 为 4682 美元，因此，本书 Frisch 参数取值为 -3.5。

表 1—16　不同行业的消费收入弹性系数、农村和城镇最低消费量及其边际消费率

行业	弹性系数	农村居民最低消费（亿元）	城镇居民最低消费（亿元）	农村边际消费系数	城镇边际消费系数
农林牧渔业	0.5642	4534.2916	5214.2554	0.1113	0.0325
金属矿采、非金属矿采及其他矿采业	0.9603	6109.2872	16340.7134	0.0000	0.0000
食品制造及烟草加工业	0.5642	1108.0078	4638.6658	0.1500	0.1018
纺织、服装鞋帽皮革羽绒及其制品业	1.0128	142.5167	823.4022	0.0620	0.0637
木材加工及家具制造、造纸印刷及文教体育用品制造业	1.0485	0.0000	0.0000	0.0084	0.0119
化学工业	0.9603	503.9657	1737.8046	0.0259	0.0220
非金属矿物制品业	0.9603	18.8365	190.1331	0.0010	0.0024
金属冶炼及压延加工、金属制品业	0.9603	50.5233	276.7202	0.0026	0.0035
机械设备制造业	0.9603	919.9707	4473.3265	0.0473	0.0567
通信、仪表及其他制造业	1.0485	611.2954	2745.8785	0.0362	0.0397
水的生产和供应业	2.1305	12.7020	241.9117	0.0045	0.0161
建筑业	0.9603	0.0000	847.2282	0.0000	0.0107
交通运输及仓储、邮政业	2.1305	128.1025	741.4703	0.0456	0.0493
信息传输、计算机服务和软件业	1.1390	506.7696	2163.3229	0.0345	0.0357
批发和零售贸易业	1.1390	1389.9501	4384.9777	0.0946	0.0723
住宿和餐饮业	1.1390	829.9544	3421.4127	0.0565	0.0564
金融业	1.1390	575.4928	3055.9111	0.0392	0.0504
房地产、租赁和商务服务业	1.1390	1702.2884	9044.7274	0.1158	0.1491
研究与实验发展、综合技术服务业	1.1390	10.2137	140.6759	0.0007	0.0023
水利、环境和公共设施管理、居民服务和其他服务业	1.1390	539.5383	3501.8154	0.0367	0.0577
教育、卫生、社会保障和社会福利、文化、体育和娱乐、公共管理和社会组织	1.1390	1438.1097	7823.4463	0.0979	0.1290
煤炭开采和洗选业	0.9603	53.8554	35.7576	0.0028	0.0005
炼焦加工业	0.9603	0.0000	0.0000	0.0000	0.0000
石油开采业	0.9603	0.0000	0.0000	0.0000	0.0000

续表

行业	弹性系数	农村居民最低消费（亿元）	城镇居民最低消费（亿元）	农村边际消费系数	城镇边际消费系数
石油加工及核燃料加工业	0.9603	81.2086	846.1038	0.0042	0.0107
天然气开采业	0.9603	0.0000	0.0000	0.0000	0.0000
燃气生产和供应业	0.9603	69.1582	593.3488	0.0036	0.0075
火电	0.9603	326.9149	1270.0718	0.0168	0.0161
水电	0.9603	39.7560	154.4530	0.0020	0.0020
核电	0.9603	0.6462	2.5105	0.0000	0.0000
风电	0.9603	0.0009	0.0036	0.0000	0.0000
其他电力	0.9603	0.0000	0.0000	0.0000	0.0000

4. 部门资本存量

根据相关统计资料，部门的资本存量及其资本收益扭曲系数计算结果如表1—17所示。

表1—17　　　　部门的资本存量及其资本收益扭曲系数

部门	折旧率（%）	资本折旧（亿元）	资本存量（亿元）	资本收益（亿元）	资本收益率（%）	资本收益扭曲系数
农林牧渔业	5.0	1892.42	37848.40	0.00	0.00	0.00
金属矿采、非金属矿采及其他矿采业	6.5	475.15	7310	2120.66	29.01	3.14
食品制造及烟草加工业	5.5	1282.71	23322	4122.62	17.68	1.92
纺织、服装鞋帽皮革羽绒及其制品业	5.5	1170.91	21289.27	2237.98	10.51	1.14
木材加工及家具制造、造纸印刷及文教体育用品制造业	5.5	995.89	18107.09	1849.05	10.21	1.11
化学工业	5.5	2751.41	50025.64	5325.08	10.64	1.15
非金属矿物制品业	5.5	1207.59	21956.18	2784.64	12.68	1.37

续表

部门	折旧率（%）	资本折旧（亿元）	资本存量（亿元）	资本收益（亿元）	资本收益率（%）	资本收益扭曲系数
金属冶炼及压延加工、金属制品业	5.5	3709.45	67444.55	4948.34	7.34	0.80
机械设备制造业	5.5	3535.62	64284	9642.84	15.00	1.63
通信、仪表及其他制造业	5.5	1812.69	32958	6457.70	19.59	2.12
水的生产和供应业	5.5	304.87	5543.09	40.87	0.74	0.08
建筑业	5.5	1475.19	26821.64	5784.45	21.57	2.34
交通运输及仓储、邮政业	5.2	3542.59	68126.73	6157.74	9.04	0.98
信息传输、计算机服务和软件业	5.2	2194.99	42211.35	3744.94	8.87	0.96
批发和零售贸易业	5.2	1950.71	37513.65	11887.49	31.69	3.43
住宿和餐饮业	5.2	1095.13	21060.19	1160.34	5.51	0.60
金融业	2.0	491.91	24595.50	11272.58	45.83	4.97
房地产、租赁和商务服务业	5.2	13000.65	250012.50	6305.40	2.52	0.27
研究与实验发展、综合技术服务业	5.2	602.65	11589.42	1404.09	12.12	1.31
水利、环境和公共设施管理、居民服务和其他服务业	5.2	724.21	13927.12	1440.06	10.34	1.12
教育、卫生、社会保障和社会福利、文化、体育和娱乐、公共管理和社会组织	5.2	4252.47	81778.27	1413.12	1.73	0.19
煤炭开采和洗选业	6.2	760.65	12268.55	2303.60	18.78	2.04
炼焦加工业	6.5	121.26	1865.54	438.46	23.50	2.55
石油开采业	6.5	921.57	14178	2295.41	16.19	1.75
石油加工及核燃料加工业	6.5	600.59	9239.85	632.13	6.84	0.74
天然气开采业	6.5	141.20	2172.31	195.20	8.99	0.97
燃气生产和供应业	6.5	73.83	1135.85	107.94	9.50	1.03
火电	4.8	3503.27	72984.79	1137.26	1.56	0.17
水电	4.8	607	12645.83	197.05	1.56	0.17
核电	4.8	81.13	1690.21	26.34	1.56	0.17

续表

部门	折旧率（%）	资本折旧（亿元）	资本存量（亿元）	资本收益（亿元）	资本收益率（%）	资本收益扭曲系数
风电	4.8	7.15	148.96	2.32	1.56	0.17
其他电力	4.8	5.04	105	1.64	1.56	0.17
合计		55291.86	1056159.48	97437.34	9.23	1.00

注：资本折旧率的估算主要参考了国内外相关文献；资本折旧数据使用的是为2017年合并的投入产出表的相关数值；同样，资本收益使用的也是为2017年合并的投入产出表的相关数值；用部门资本折旧除以对应部门资本折旧率即可得到资本存量；部门资本收益除以部门资本存量即为资本收益率；部门资本收益率除以全社会平均资本收益率就是资本收益扭曲系数。

5. 部门劳动力数量

表1—18展示的是根据相关统计资料所计算的部门劳动力数量及其工资收益扭曲系数。

表1—18　　　　部门劳动力数量及其工资收益扭曲系数

部门	劳动报酬（亿元）	平均工资（元/年）	部门劳动力（万人）	工资收益扭曲系数
农林牧渔业	38562.83	16717	23068.03	0.4169
金属矿采、非金属矿采及其他矿采业	1946.78	44196	440.49	1.1023
食品制造及烟草加工业	4139.07	34021	1216.62	0.8485
纺织、服装鞋帽皮革羽绒及其制品业	5950.32	28918	2057.65	0.7212
木材加工及家具制造、造纸印刷及文教体育用品制造业	3095.91	29328	1055.62	0.7314
化学工业	6428.33	32916	1952.95	0.8209
非金属矿物制品业	3108.50	31416	989.46	0.7835
金属冶炼及压延加工、金属制品业	7189.84	30616	2348.39	0.7636
机械设备制造业	12846.39	31716	4050.44	0.7910
通信、仪表及其他制造业	6241.53	33416	1867.83	0.8334
水的生产和供应业	354.00	47309	74.83	1.1799

续表

部门	劳动报酬（亿元）	平均工资（元/年）	部门劳动力（万人）	工资收益扭曲系数
建筑业	15184.49	27529	5515.82	0.6866
交通运输及仓储、邮政业	8137.30	40466	2010.90	1.0092
信息传输、计算机服务和软件业	2273.32	64436	352.80	1.6071
批发和零售贸易业	8392.14	33635	2495.06	0.8389
住宿和餐饮业	4885.28	23382	2089.33	0.5832
金融业	6660.98	70146	949.59	1.7495
房地产、租赁和商务服务业	6624.02	37320	1774.92	0.9308
研究与实验发展、综合技术服务业	3178.58	56376	563.82	1.4060
水利、环境和公共设施管理、居民服务和其他服务业	5047.28	25544	1975.92	0.6371
教育、卫生、社会保障和社会福利、文化、体育和娱乐、公共管理和社会组织	30624.18	38968	7858.80	0.9719
煤炭开采和洗选业	3980.04	41353	962.45	1.0314
炼焦加工业	209.93	47092	44.58	1.1745
石油开采业	1376.88	47309	291.04	1.1799
石油加工及核燃料加工业	764.10	48467	157.65	1.2088
天然气开采业	215.14	47325	45.46	1.1803
燃气生产和供应业	237.77	47383	50.18	1.1817
火电	2795.24	46285	603.92	1.1544
水电	484.32	43385	111.63	1.0820
核电	64.73	49387	13.11	1.2317
风电	5.70	42394	1.34	1.0573
其他电力	4.02	44315	0.91	1.1052
合计	191008.93	40096	66991.55	1.0000

6. 二氧化碳排放系数

下面，对本研究中有关数据的来源与处理过程作以下说明：

（1）研究中考虑的化石能源包含六类，分别是：天然气、原油、炼油、焦炭、原煤、煤气；

（2）平均低位发热量的数值来源于《中国能源统计年鉴

(2008)》中的相关数据；

（3）依照各部门投入量占每类能源总产出的比例来分摊对应部门每类能源的消费量；

（4）用于炼油的原油量在研究中被剔除；

（5）用于炼焦、煤气的原煤在研究中被剔除；

（6）从2006年国家温室气体排放清单指南（IPCC报告）中可以获取不同类型的能源排放因子；

（7）本研究中二氧化碳排放的核算方法主要是通过对各部门能源使用引起的排放进行核算，排放责任分配规则根据哪个部门使用了能源、引起了排放，那么这部分排放就属于该部门（见表1—19）。

表1—19　　　　　　　　化石能源的相关碳排放系数

项目	原煤	焦炭	原油	石油加工品	天然气	煤气
缺省碳含量（千克/吉焦）	26.8	29.2	20.0	19.51	15.3	12.1
氧化率	0.90	0.90	0.98	0.98	0.99	0.99
转换因子（吉焦/单位万元价值）	533.2348	63.9523	27.7019	77.9790	164.9295	239.3350

注：石油加工品的缺省碳含量为汽油、煤油、柴油、燃料油、液化石油气、炼厂干气、其他石油制品等的加权平均值。

（四）模型的计算机实现

由于本书的经济—能源—环境—税收动态CGE模型涉及32个部门和多个经济行为主体，含有2633个内生变量和方程，共同构成了一个数目庞大的非线性方程组。基于该方程组运算量超负荷，本书使用国际比较常用的CGE计算软件GAMS对其进行求解。GAMS软件中含有大量对用户表达、计算和求解大型和复杂的模型有利的编程语言，是专门针对大型线形、非线形和混合整数等优化模型建模需要而开发的软件。具体实现共有八个步骤：(1) 要对模型中集合的定义与声明加以描述；(2) 定义模型中的相关参数，包括内生参数和外生参数；(3) 标定参数，对模型中的内生变量赋予初识定值；(4) 定义模型限定方程及内生参数；(5) 建立方程的表达式；(6) 确定基准变量并求解均衡解，检验正确性；(7) 针对特定研究的政策模拟的需要，改变相关外生变量或外生参数进行政策的组合或单独模拟计算；(8) 对照政策模拟解与第六步中的基准解，就可以得到所研究的政策冲击后各内生变量的变动情况。

（五） CGE 模型与程序检验

1. 静态 CGE 模型检验

当用静态可计算一般均衡模型进行研究的政策模拟前，首先必须检验模型。可以进行政策模拟的正确的静态 CGE 模型需要同时满足下列四个要求。

要求一：模型在 GAMS 中运算求解时，显示"Optimal Solution"；

要求二：模型运算结果中方程数与变量数完全相等，即运算结果中的"SINGLE EQUATIONS"等于"SINGLE VARIABLES"。

要求三：模型一致性检验。因为基期 SAM 被假定处于均衡状态，所以对于初始值取自 SAM 表的可计算一般均衡模型中的各变量而言，在没有政策冲击之前，所有内生变量当前值就等于其初始值，即 X. L = X0。值得说明的是，一致性检验规则严格，不存在误差，即误差为零。若某内生变量的当前值和其初始值误差很小（比如为 0.000001），则也说明该模型存在问题，不能通过一致性检验。另外，在确定辅助变量 WALRAS 为零后才能肯定模型运算结果的正确性。

要求四：模型其次性检验。基于可计算一般均衡模型中所有价格都设定的是相对基准价格的相对价格，因而如果基准价格变化 a

倍，则模型运算结果中的所有价格变量和价值变量也会变动 a 倍；同时，数量变量保持不变。

若有上述任何条件不满足，则说明该静态可计算一般均衡模型的设定存在问题，强行使用错误的模型进行政策分析，模拟的结果也一定是不对的，无法找到相关的经济学理论进行解释。

此外，由于 CGE 模型的数学本质是高维矩阵方程求解，除高维矩阵中的部分参数如弹性系数等设置方法参考传统经济计量函数方法外，绝大部分参数使用校准的方式进行标定。这种标定方法在一定程度上忽略了统计物理意义，使得相应参数在可靠性方面无法得到准确评价。为了解决该问题，需要通过借鉴敏感性分析的思路和理念来检验外生弹性参数发生偏离时，参数变量是否能够依旧保证一定的稳健性，因此，敏感性分析是对 CGE 模型输出结果进行有效解释的关键环节。在 CGE 模型实践过程中，往往会构建规模极其庞大的模型架构，通常选用 Monte Carlo、Matlab、GAUSS 以及 GAMS 来进行建模。

2. 动态 CGE 模型的检验

若动态 CGE 模型是在静态 CGE 模型基础上按照递归方式构建的，即属于递归动态 CGE 模型，那么动态 CGE 模型的检验需要满足三个条件即可：一是静态 CGE 模型通过上述静态模型的四个检验要求；二是动态 CGE 模型能正常运行，每期均出现"Optimal Solution"；三是各期的 WALRAS 值均为零或接近为零（如 1.0E – 10）。

根据以上静态和动态 CGE 模型检验要求，本书构造的中国经济—能源—环境—税收动态 CGE 模型均通过上述检验：程序内生变量数与方程数相等，在我们设定内生变量与初始变量相一致的基准下，模型程序价格内生变量与初始价格都为 1；随着基准价格的变动，价格变量也会等比例变化，在内生变量不变的基础上，价值变量等比例变化，同时静态模型中的 WALRAS 值为 0；动态 CGE 模型各期的 WALRAS 分别为：2010，0；2011，– 2.9104E – 11；2012，

$-2.9104\mathrm{E}-11$；2013，$1.571607\mathrm{E}-9$；2014，$1.74623\mathrm{E}-10$；2015，$1.16415\mathrm{E}-10$；2016，$5.82077\mathrm{E}-11$；2017，$-3.25963\mathrm{E}-9$；2018，$5.82077\mathrm{E}-11$；2019，$-2.50293\mathrm{E}-9$；2020，$-2.44472\mathrm{E}-9$；2021，$-2.09548\mathrm{E}-9$；2022，$1.16415\mathrm{E}-10$；2023，$1.16415\mathrm{E}-10$；2024，0；2025，$-1.1642\mathrm{E}-10$；2026，0；2027，0；2028，0；2029，$-1.3283\mathrm{E}-10$；2040，$-1.3283\mathrm{E}-10$。因此本书构造的中国经济—能源—环境—税收动态可计算一般均衡（CN3ET－DCGE）模型通过检验，可以进行政策模拟分析。

五　中国经济总量及其结构预测和分析：基于 CN3 ET - DCGE 模型

（一）2020—2040 年中国经济总量预测和分析

1.1979—2019 年中国经济增长的分解

根据索洛经济增长模型对 1979—2019 年中国经济增长的动力进行分解。鉴于近年来中国产能过剩严重、治理环境污染投资快速增长，本书在应用索洛经济增长模型时，考虑了产能利用率和不能增加有效产量的治理环境污染投资对实际利用的资本存量的影响。具体思路如下，首先根据索洛经济增长模型：

$$y_t = a_t + \beta k_t + \gamma l_t \tag{1-153}$$

其中，t 期的实际经济增长率设为 y_t，而 k_t 代表 t 期的实际利用的资本存量的实际增长率，l_t 则是 t 期的劳动力增长率，资本弹性系数设定为 β，劳动力弹性系数设定为 γ，a_t 是索洛余值，也就是技术进步率。根据国内相关研究文献，假设该函数为规模报酬不变，1979—2018 年 β 和 γ 分别取值为 0.6 和 0.4。

假定 u_t 为 t 期的产能利用率（本书运用 Peak－Peak 方法进行估计），K_t 为 t 期的资本存量（不变价），则 t 期的实际利用的资本存量

的增长率 k_t 为：

$$k_t = \left(\frac{u_t K_t}{u_{t-1} K_{t-1}} - 1 \right) \times 100\%$$

在假设条件下，实际利用的资本存量、劳动力和索洛余值（$a_t = y - \beta k_t - \gamma l_t$）对经济增速的贡献率及其贡献度都可以通过式（1-153）算出。

从表1—20可以看出：如果将资本、劳动力和全要素生产率作为经济增长的主要投入要素，过去41年里中国的经济增长主要依靠投资驱动（平均贡献率为48.2%）；劳动力对经济增长的贡献率从1979—1985年的12.30%下降至2011—2019年的1.29%；全要素生产率对经济增长的贡献率从1979—1985年的39.70%上升至2001—2005年的60.40%，然后逐步下滑到2011—2019年的45.50%。

表1—20　　　　　1979—2019年中国经济增长分解　　　　　单位：%

年份	GDP增速	实际利用的资本存量			劳动力			全要素生产率（TFP）		
		增长率	贡献率	贡献度	增长率	贡献率	贡献度	增长率	贡献率	贡献度
1979—1985	10.20	8.92	48.00	4.90	3.29	12.30	1.25	4.22	39.70	4.05
1986—1995	10.00	9.48	47.60	4.76	3.21	12.20	1.22	3.74	40.20	4.02
1996—2000	8.60	10.23	58.80	5.06	2.18	9.60	0.83	2.32	31.60	2.72
2001—2005	9.80	8.61	37.30	3.66	0.73	2.30	0.23	5.16	60.40	5.92
2006—2010	11.20	12.07	47.40	5.31	0.42	0.80	.09	4.53	51.80	5.80
2011—2019	7.80	9.18	53.20	4.15	0.37	1.29	0.10	2.94	45.50	3.55
1979—2019	9.70	10.02	48.72	4.72	1.78	6.40	0.62	3.78	44.90	4.36

根据表1—20，我们可以得出几个结论，中国三大生产要素的一个基本发展趋势是实际利用的资本存量基本上保持在一个较高的增长水平上。中国的劳动力增长率逐步下降，这与中国劳动年龄人口份额下降、人口抚养比上升相关。技术进步被认为是长期经济增长的重要源泉之一，可以看出，中国的TFP增长率在1979—1985年总

体处于相对较高水平；在2001—2005年中国的TFP增长率达到最高水平，对经济增长的贡献度为5.92个百分点；2006年以后中国的TFP增长率总体呈现下降趋势。值得注意的是，自2011年以来，中国剩余库存越来越多，逐步减少了与国际技术前沿的差距，外资利用率也逐步降低，通过吸收引进国际先进技术所带来的边际收益也在逐渐减少，导致了中国TFP增长率呈现加速下滑的趋势。

为明确TFP的内部驱动要素，我们依据相关理论，构建模型把全要素生产率进一步细分为以下六个子要素：

（1）城镇化与劳动力转移。由于中国第一产业的劳动生产率远低于第二产业和第三产业的劳动生产率，随着城镇化比率的不断提高，越来越多的农村人口会不断转移到城镇，从第一产业转向第三产业或第二产业，这样，总的劳动生产率将趋向于继续提高。从表1—21可以看出，1995—2019年，城镇化与劳动力转移对TFP增长率的贡献度平均高达1.44个百分点，在六个子要素中贡献度最大。

表1—21　　　　　　　各项因素对TFP的贡献度　　　　　　单位：%

年份	全要素生产率	城镇化与劳动力转移	国外技术溢出效应	科技进步	人力资本提高	市场化进程	其他影响因素
1995—2000	2.75	0.63	0.42	0.42	0.32	0.36	0.60
2001—2005	5.92	1.83	1.71	1.09	0.95	0.50	-0.16
2006—2010	5.80	1.74	1.39	1.28	1.20	0.53	-0.34
2011—2019	3.55	1.57	0.95	1.54	1.36	0.32	-2.19
1995—2019	4.51	1.44	1.12	1.08	0.96	0.43	-0.52

注：由于表中部分指标在1994年以前没有统计数据，因此从1995年开始计算。

（2）国外技术溢出效应。一般来说，外商直接投资在给东道国提供资金的同时，也会从管理和技术两个途径对东道国产生正向技术溢出效应，从而提高东道国的全要素生产率，外商直接投资占比越大，这种正向溢出效应往往越强。本书采用该变量来反映国外资本技术对中国全要素生产率的影响。从表1—21可以看出，1995—2019年，国外技术溢出效应对TFP的平均贡献度为1.12个百分点，在六个子要素中贡献度居第二位。从不同阶段看，国外技术溢出效应对TFP的平均贡献度呈现先升后降的发展趋势，其中加入世贸组织效应显著的2001—2005年，其贡献度达到1.71个百分点的最高峰。但由于中国与国际技术前沿的差距在逐步缩少，通过学习、模仿和吸收国际先进技术和管理所带来的边际收益正在不断减少。2011—2019年，国外技术溢出效应对TFP的贡献度已经下降到0.95个百分点，比2001—2005年下降了0.76个百分点。

（3）科技进步。该变量用研究与开发（R&D）经费实际增长率进行衡量，根据经济学理论，研发投入是提高全要素生产率的有效途径，是影响全要素生产率的显著因素；表1—21显示，科技进步对TFP增长率的贡献度总体呈现不断上升的趋势，尤其是最近几年上升幅度有所增加，这可能与中国近几年加强研发投入和自主创新财税政策激励有关。1995—2019年，科技进步对TFP的贡献度平均为1.08个百分点。

（4）人力资本提高。根据人力资本理论，教育是提高劳动者素质、增加人力资本的有效途径，一个国家的教育经费在GDP中的比重往往可以衡量该国的人力资本的强弱，而人力资本是影响生产率的显著因素，但由于中国缺乏家庭教育经费的可靠数据，因此，本书用财政性教育经费在GDP中的比重来衡量教育对全要素生产率的影响。表1—21显示，人力资本提高对TFP的贡献度呈现不断增强的趋势，尤其是2011年以来，贡献度有所加大。这与中国近几年大幅提高教育经费投入有关，1995—2019年，人力资本提高对全要素生产率的贡献度平均为0.96个百分点。

（5）市场化进程。根据经济学理论，一般来说，市场化程度越高，越能促进市场竞争，从而加快提高技术进步和企业管理水平，这有利于全要素生产率的提高和发展。本书采用樊纲、王小鲁、朱恒鹏著的《中国市场化指数：各地区市场化相对进程2011年报告》

中的中国分省市场化指数数据,并估算得到全国市场化总指数。其指标主要包括政府与市场的关系、非国有经济发展、产品市场发育、要素市场发育、中介组织发育和法律5个子指数,用于衡量各省、自治区、直辖市市场化改革的深度和广度,基本概括了市场化进程的各个主要方面。从表1—21可以看出,1995—2019年,随着市场化改革红利的逐渐减弱,市场化进程对TFP的贡献度逐渐走低,平均贡献度为0.43个百分点。

(6) 其他影响因素。其他影响因素是除了上述五种子要素以外的其他影响因素,比如规模经济效应、管理经营能力、国外专利使用和技术购买、资源约束等因素。表1—21显示,其他影响因素对中国TFP的贡献度时正时负,1995—2019年平均贡献度为 -0.52个百分点。值得注意的是,近几年其他影响因素对中国TFP的贡献度负向影响较大,这可能与中国产能过剩严重导致规模经济效应下降、生产要素成本过高导致企业经营盈利能力减弱、投资回报率显著下降等因素有关。

2. "十三五"时期及2040年中国经济增长潜力的情景预测

根据发展经济学的规律,当经济体进入严重产能过剩、劳动力市场出现转折后,资本产出弹性一般会出现缓慢下降的趋势,而劳动产出弹性会出现缓慢上升的趋势。根据有关文献,在对2020—2040年做预测时,我们把生产函数中的资本弹性系数 β 和劳动力弹性系数 γ 当作了变系数处理,使 β 取值从2019年的0.57逐渐缓慢下降到2030年的0.4,使 γ 取值从2020年的0.47逐渐缓慢上升到2040年的0.6。运用上述经济增长机制和中国经济—能源—环境—税收动态可计算一般均衡(CN3ET-DCGE)模型,表1—22给出了2020—2040年三种情景下中国经济的主要指标预测。可以看出,尽管中国经济增长率呈现逐渐下降的趋势,但整体上中国经济仍然能够保持平稳、较快的发展态势。

表 1—22　　　　2020—2040 年中国潜在经济增长率预测　　　　单位：%

	基准情景	增长较快情景	增长较慢情景
2020 年	2.3	3.0	1.9
"十三五"平均	5.8	5.9	5.7
2021 年	7.8	9.0	5.7
2022 年	5.8	6.2	5.5
2023 年	5.7	6.1	5.3
2024 年	5.6	6.0	5.1
2025 年	5.4	5.9	5.0
"十四五"平均	5.9	6.4	5.5
2026 年	5.3	5.8	4.8
2027 年	5.1	5.7	4.6
2028 年	5.0	5.6	4.4
2029 年	4.9	5.5	4.3
2030 年	4.8	5.4	4.1
"十五五"平均	5.0	5.7	4.4
2031 年	4.7	5.3	4.0
2032 年	4.7	5.3	3.7
2033 年	4.6	5.2	3.6
2034 年	4.6	5.1	3.5
2035 年	4.5	5.1	3.4
"十六五"平均	4.6	5.3	3.7
2036 年	4.4	5.0	3.3
2037 年	4.3	4.9	3.2
2038 年	4.2	4.8	3.1
2039 年	4.1	4.7	3.0
2040 年	4.0	4.6	2.9
"十七五"平均	4.2	4.8	3.1

在基准情景下，2016—2020 年、2021—2025 年、2026—2030 年、2031—2035 年和 2036—2040 年五个时期 GDP 年均增长率分别

为5.8%、5.9%、5.0%、4.6%和4.2%。在增长较快情景中，如果中国稳步推进城镇化，促进制造业转型升级，增强产品国际竞争力，并且进一步加大财政性教育经费在GDP中的比重，提高劳动者素质，加强研发投入，提高产品附加值，全面深化市场化改革，那么中国在2016—2020年、2021—2025年、2026—2030年、2031—2035年和2036—2040年五个时期，可能保持年均5.9%、6.4%、5.7%、5.3%和4.8%的较快增长率。在增长较慢情景中，2016—2020年、2021—2025年、2026—2030年、2031—2035年和2036—2040年五个时期的GDP年均增长率分别为5.7%、5.5%、4.4%、3.7%和3.1%。

基准情景下，2020—2040年实际利用的资本存量、劳动力、全要素生产率三个因素对GDP增长的贡献度如表1—23所示。

表1—23　基准情景下2020—2040年中国潜在经济增长率的分解　　单位：%

年份	GDP增速	实际利用的资本存量 贡献率	实际利用的资本存量 贡献度	劳动力 贡献率	劳动力 贡献度	全要素生产率 贡献率	全要素生产率 贡献度
2020	2.3	76.35	1.76	1.88	0.04	21.77	0.50
2016—2020	5.8	77.81	4.51	1.90	0.11	20.29	1.18
2021	7.8	75.68	5.90	1.82	0.14	22.50	1.76
2022	5.8	74.98	4.50	1.71	0.10	23.31	1.40
2023	5.7	74.21	4.38	1.60	0.09	24.19	1.43
2024	5.6	73.53	4.26	1.43	0.08	25.04	1.45
2025	5.4	72.83	4.08	1.27	0.07	25.90	1.45
2021—2025	5.9	74.25	4.38	1.57	0.09	24.19	1.43
2026	5.3	72.10	3.97	1.06	0.06	26.84	1.48
2027	5.1	71.59	3.79	0.84	0.04	27.57	1.46
2028	5.0	70.86	3.68	0.59	0.03	28.55	1.48
2029	4.9	70.07	3.57	0.31	0.02	29.62	1.51
2030	4.8	69.44	3.47	0.01	0.00	30.55	1.53
2026—2030	5.0	70.81	3.68	0.56	0.03	28.63	1.49
2031	4.7	68.77	3.37	−0.28	−0.01	31.51	1.54

续表

年份	GDP 增速	实际利用的资本存量 贡献率	实际利用的资本存量 贡献度	劳动力 贡献率	劳动力 贡献度	全要素生产率 贡献率	全要素生产率 贡献度
2032	4.7	68.09	3.34	-0.57	-0.03	32.48	1.59
2033	4.6	67.41	3.24	-0.86	-0.04	33.45	1.61
2034	4.6	66.73	3.20	-1.15	-0.06	34.42	1.65
2035	4.5	66.05	3.10	-1.44	-0.07	35.39	1.66
2031—3035	4.6	67.41	3.24	-0.86	-0.04	33.45	1.61
2036	4.4	65.29	2.87	-1.49	-0.07	36.20	1.59
2037	4.3	64.59	2.78	-1.52	-0.07	36.93	1.59
2038	4.2	63.90	2.68	-1.70	-0.07	37.81	1.59
2039	4.1	63.21	2.59	-1.89	-0.08	38.68	1.59
2040	4.0	62.51	2.50	-2.07	-0.08	39.56	1.58
2036—2040	4.2	63.90	2.69	-1.74	-0.07	37.84	1.59

（二）三次产业结构变化的预测和分析

根据预测，在基准情景下，2040 年中国不变价 GDP 规模将为 2010 年的 13.59 倍、2015 年的 5.38 倍、2020 年的 2.66 倍。2020—2040 年，国民经济的增长不仅表现在总量的迅速增加，而且将使得经济结构发生重大改变，这是由于三次产业的增长速度不同，经长期积累从量变到质变的结果。在未来 20 年中，三次产业变化趋势大致说明如下（见表 1—24）：(1) 从产业结构上看，三次产业在国民经济中的比重呈现平稳变化的发展趋势，其中，第一产业和第二产业增加值占比逐年下降，而第三产业增加值占比则逐年上升。(2) 2020—2040 年，第一产业增加值占比基本稳定，仅仅下降约 1.7 个百分点，而第二产业增加值占比则下降 9.3 个百分点。第三产业一直保持其在国民经济中的最大份额，并在 2029 年第三产业增加值占比将超过 60%，其在国民经济中处于绝对支配的地位进一步巩固和加强。2040 年，三次产业增加值在国民经济中的比重分别为 7.0%、27.2% 和 65.8%。

表 1—24　　基准情景下 2020—2040 年中国经济总量及三次产业结构变化预测

年份	GDP 当年价（万亿元）	GDP 2010 年价（万亿元）	GDP 增长率（%）	第一产业增加值占比（%）	第二产业增加值占比（%）	第三产业增加值占比（%）
2020	1097498	791357	2.3	8.7	36.5	54.8
2021	1287368	859463	7.8	8.6	36.2	55.2
2022	1379250	900411	5.8	8.5	35.5	56.0
2023	1516070	951734	5.7	8.4	34.8	56.7
2024	1664888	1005031	5.6	8.4	34.4	57.3
2025	1827275	1059303	5.4	8.3	33.8	57.9
2026	2002367	1115446	5.3	8.2	33.2	58.6
2027	2192767	1172334	5.1	8.1	32.9	59.0
2028	2398344	1230951	5.0	8.0	32.5	59.5
2029	2619807	1291267	4.9	7.9	32.0	60.1
2030	2857857	1353248	4.8	7.8	31.8	60.4
2031	3113197	1416851	4.7	7.7	31.4	60.9
2032	3388209	1483443	4.7	7.7	31.0	61.4
2033	3684159	1551681	4.6	7.6	30.6	61.8
2034	3998652	1623058	4.6	7.5	30.3	62.3
2035	4336502	1696096	4.5	7.4	29.9	62.7
2036	4640491	1770724	4.4	7.3	29.1	63.6
2037	4961033	1846865	4.3	7.2	28.6	64.2
2038	5298631	1924434	4.2	7.1	28.1	64.7
2039	5653772	2003335	4.1	7.1	27.7	65.3
2040	6026921	2083469	4.0	7.0	27.2	65.8

(三) 中国经济结构（投资、消费、净出口）变化预测和分析

根据中国经济—能源—环境—税收动态（CN3ET-DCGE）模型预测结果（见表1—25），2020—2040年，中国的经济增长动力及其结构也将发生显著变化。从消费结构上看，农村居民消费和城镇居民消费在总消费中的比重将逐年增加，尤其是城镇居民消费占比增长显著，而政府消费在总消费中的比重则逐年下降。一方面与中国加强城镇化建设的战略决策有关，随着城镇化的大力发展，城镇人口将不断扩大，城镇居民的收入及社会福利也将进一步提高；另一方面也与中国政府实施"勤俭节约""扼制公款吃喝"的长期政策有关，政府消费占比下降的主要原因在于其消费增长率小于城镇居民消费增长率，从而其相对占比逐渐下降。

表1—25　2020—2040年中国经济增长结构占比预测（不变价）　　单位：%

年份	农村居民消费占比	城镇居民消费占比	政府消费占比	最终消费占比	资本形成占比	净出口占比
2020	8.82	31.79	13.56	54.12	43.99	1.89
2021	8.87	32.04	13.40	54.27	43.91	1.82
2022	8.92	32.28	13.26	54.42	43.83	1.75
2023	8.97	32.53	13.12	54.58	43.74	1.68
2024	9.02	32.76	13.00	54.74	43.64	1.62
2025	9.07	33.00	12.88	54.90	43.53	1.57
2026	9.12	33.23	12.77	55.07	43.41	1.52
2027	9.17	33.45	12.66	55.25	43.29	1.46
2028	9.22	33.68	12.56	55.42	43.16	1.42
2029	9.27	33.90	12.47	55.60	43.02	1.38
2030	9.32	34.13	12.37	55.79	42.87	1.34
2031	9.36	34.53	12.18	56.03	42.69	1.28

续表

年份	农村居民消费占比	城镇居民消费占比	政府消费占比	最终消费占比	资本形成占比	净出口占比
2032	9.40	34.94	9.06	56.27	42.50	1.23
2033	9.43	35.43	8.80	56.52	42.29	1.19
2034	9.47	35.91	8.60	56.84	42.02	1.14
2035	9.50	36.50	8.31	57.17	41.73	1.10
2036	10.12	38.82	9.61	58.55	41.18	0.27
2037	10.22	39.29	9.32	58.83	41.01	0.16
2038	10.39	40.06	9.10	59.56	40.17	0.27
2039	10.52	40.68	8.84	60.05	39.88	0.07
2040	10.61	41.14	8.53	60.29	39.62	0.10
"十三五"平均	8.72	31.26	13.90	53.85	44.08	2.06
"十四五"平均	8.97	32.52	13.13	54.58	43.73	1.69
"十五五"平均	9.22	33.68	12.56	55.43	43.15	1.42
"十六五"平均	9.43	35.46	9.39	56.57	42.25	1.19
"十七五"平均	10.37	40.00	9.08	59.45	40.37	0.17

从经济增长动力上看，自2012年起，最终消费占比超过资本形成占比，消费已经并继续成为中国经济增长的主动力；未来20年内，投资拉动型为主的经济发展模式将逐步进入以消费需求为主导的发展新阶段；消费增长（尤其是居民消费增长）将成为未来中国经济增长和发展的主要动力；投资增长将更多地取决于市场需求和经济发展状况，这无疑有利于改善投资结构和提高投资效率。

（四）2020—2040年中国行业增速预测

运用上述经济增长机制和中国经济—能源—环境—税收动态可计算一般均衡（CN3ET-DCGE）模型，表1—26给出了2020—2040年中国行业增速预测结果。

在我们的模型中，把国民经济分为30个部门，即农业、煤炭采选业、石油和天然气开采业、金属矿采选业、其他非金属矿采选业、食品制造业、纺织业、缝纫及皮革制品业、木材加工及家具制造业、造纸及文教用品制造业、电力及蒸汽、热水生产和供应业、石油加工及炼焦、煤气及煤制品业、化学工业、建筑材料及其他非金属矿物制品业、金属冶炼及压延加工业、金属制品业、机械工业、交通运输设备制造业、电气机械及器材制造业、电子及通信设备制造业、仪器仪表及其他计量器具制造业、其他工业、建筑业、货运邮电业、商业、饮食业、金融保险业、文教卫生科研事业、行政机关、其他服务业。各部门在2020—2040年的增长速度及占国民经济的比重预测见表1—26和表1—27。

表1—26　　　　　2020—2040年各部门增长速度预测　　　　　单位:%

区间	1. 农业	2. 煤炭采选业	3. 石油和天然气开采业	4. 金属矿采选业	5. 其他非金属矿采选业	6. 食品制造业
2016—2020	4.5520	7.4912	7.7311	8.6598	4.9457	6.1235
2021—2025	3.9440	6.8661	7.1047	8.0279	4.3355	5.5064
2026—2030	3.4882	6.3975	6.6350	7.5542	3.8779	5.0437
2031—2035	3.1201	6.0191	6.2557	7.1717	3.5085	4.6701
2036—2040	2.8103	5.7005	5.9364	6.8497	3.1975	4.3556

区间	7. 纺织业	8. 缝纫及皮革制品业	9. 木材加工及家具制造业	10. 造纸及文教用品制造业	11. 电力及蒸汽、热水生产和供应业	12. 石油加工及炼焦、煤气及煤制品业
2016—2020	5.0549	8.0697	8.4094	5.1921	8.4720	6.6717
2021—2025	4.4440	7.4414	7.7790	4.5804	7.8412	6.0515
2026—2030	3.9860	6.9702	7.3064	4.1218	7.3683	5.5864
2031—2035	3.6161	6.5897	6.9247	3.7515	6.9865	5.2109
2036—2040	3.3048	6.2695	6.6034	3.4397	6.6650	4.8948

续表

区间	13. 化学工业	14. 建筑材料及其他非金属矿物制品业	15. 金属冶炼及压延加工业	16. 金属制品业	17. 机械工业	18. 交通运输设备制造业
2016—2020	6.2334	5.6338	8.2216	6.7196	5.4732	8.7224
2021—2025	5.6157	5.0196	7.5923	6.0991	4.8599	8.0902
2026—2030	5.1525	4.5590	7.1205	5.6338	4.4000	7.6161
2031—2035	4.7785	4.1872	6.7395	5.2581	4.0287	7.2334
2036—2040	4.4637	3.8741	6.4188	4.9418	3.7162	6.9112

区间	19. 电气机械及器材制造业	20. 电子及通信设备制造业	21. 仪器仪表及其他计量器具制造业	22. 其他工业	23. 建筑业	24. 货运邮电业
2016—2020	7.3356	8.7849	8.1724	8.8475	6.1026	8.2842
2021—2025	6.7114	8.1524	7.5434	8.2146	5.4857	7.6546
2026—2030	6.2435	7.6781	7.0717	7.7401	5.0231	7.1824
2031—2035	5.8656	7.2951	6.6909	7.3569	4.6495	6.8012
2036—2040	5.5475	6.9728	6.3704	7.0343	4.3351	6.4803

区间	25. 商业	26. 饮食业	27. 金融保险业	28. 文教卫生科研事业	29. 行政机关	30. 其他服务业
2016—2020	8.5972	8.9101	8.0472	7.8231	8.3468	8.5346
2021—2025	7.9657	8.2769	7.4189	7.1961	7.7168	7.9035
2026—2030	7.4922	7.8020	6.9478	6.7260	7.2444	7.4303
2031—2035	7.1099	7.4186	6.5675	6.3465	6.8630	7.0482
2036—2040	6.7881	7.0959	6.2473	6.0269	6.5419	6.7266

由表1—26可以看出，各部门的发展速度及其变化是各不相同的。农业一直以比较稳定的低速发展；煤炭、采掘等行业以及这些部门对应的原材料加工业如建材冶炼等行业表现出相似的情况。石油、化工、电力等行业在2020年以前，在国民经济中占有重要地位，之后开始下降。食品、轻纺等轻工业尽管增速一直低于GDP增

速，但十分稳定，与 GDP 基本保持同步变化。机械工业、电子仪器仪表行业，由于资本与技术的高度密集，在未来国民经济中将发挥重要的作用，这些行业的发展速度将始终快于 GDP 的增长；作为第三产业的交通邮电、商业服务业、金融、保险行业在未来经济中扮演着"领头羊"的角色，这些行业的快速发展，对带动国民经济量和质的提高，促进经济结构调整，具有十分重要的作用。

由于各部门增长速度不同，它们在国民经济中的地位也随之发生变化。一些原来在国民经济中比重较高的行业，如农业、食品、纺织、建材和化学工业等传统行业，随着工业化的逐步完成和第三产业的崛起，其在国民经济中的份额逐渐下降，代之而起的是一批资本和技术高度密集的新型产业，如交通运输设备制造业、电子及通信设备制造业、金融保险业等（见表1—27）。

表1—27　2020—2040年各部门增加值占国内生产总值的比重预测

年份	1. 农业	2. 煤炭采选业	3. 石油和天然气开采业	4. 金属矿采选业	5. 其他非金属矿采选业	6. 食品制造业
2020	7.6012	1.6844	2.2302	0.9470	0.4207	3.2774
2025	6.5980	1.6795	2.2487	0.9967	0.3721	3.0652
2030	5.7057	1.6684	2.2588	1.0451	0.3279	2.8560
2035	4.9170	1.6515	2.2610	1.0920	0.2879	2.6518
2040	4.2237	1.6296	2.2560	1.1374	0.2520	2.4543

年份	7. 纺织业	8. 缝纫及皮革制品业	9. 木材加工及家具制造业	10. 造纸及文教用品制造业	11. 电力及蒸汽、热水生产和供应业	12. 石油加工及炼焦、煤气及煤制品业
2020	1.3875	1.6441	1.1100	1.0214	3.7705	1.3683
2025	1.2336	1.6838	1.1548	0.9140	3.9342	1.3131
2030	1.0927	1.7182	1.1970	0.8149	4.0896	1.2554
2035	0.9645	1.7471	1.2364	0.7240	4.2364	1.1961
2040	0.8486	1.7708	1.2729	0.6412	4.3744	1.1359

续表

年份	13. 化学工业	14. 建筑材料及其他非金属矿物制品业	15. 金属冶炼及压延加工业	16. 金属制品业	17. 机械工业	18. 交通运输设备制造业
2020	4.1098	1.8995	4.9542	1.2769	2.7102	2.8327
2025	3.8636	1.7358	5.1099	1.2281	2.4580	2.9900
2030	3.6186	1.5804	5.2508	1.1768	2.2209	3.1441
2035	3.3773	1.4339	5.3768	1.1237	1.9997	3.2948
2040	3.1420	1.2967	5.4881	1.0696	1.7948	3.4415

年份	19. 电气机械及器材制造业	20. 电子及通信设备制造业	21. 仪器仪表及其他计量器具制造业	22. 其他工业	23. 建筑业	24. 货运邮电业
2020	1.7272	3.0248	0.4264	2.5166	4.6614	6.2697
2025	1.7097	3.2019	0.4388	2.6716	4.3552	6.4854
2030	1.6861	3.3767	0.4498	2.8256	4.0540	6.6835
2035	1.6570	3.5487	0.4596	2.9781	3.7605	6.8637
2040	1.6232	3.7174	0.4680	3.1286	3.4770	7.0260

年份	25. 商业	26. 饮食业	27. 金融保险业	28. 文教卫生科研事业	29. 行政机关	30. 其他服务业
2020	10.1459	2.5107	5.4625	6.1817	3.6618	9.1652
2025	10.6476	2.6730	5.5889	6.2594	3.7987	9.5907
2030	11.1323	2.8352	5.6968	6.3144	3.9261	9.9984
2035	11.5986	2.9967	5.7867	6.3477	4.0436	10.3873
2040	12.0455	3.1573	5.8590	6.3607	4.1512	10.7565

（五）研究结论及政策建议

世界经济发展史证明，当一个经济体快速持续发展达到一定水平时，经济增长速度就必然会发生转折，进入逐渐放缓下降阶段。

与西方众多发达国家的发展经历类似，中国正在进入潜在经济增长逐渐下降的发展阶段。但是，我们在坦然接受这一客观发展规律的同时，仍然需要积极地从需求和供给两方面努力减缓潜在经济增长率的下降幅度，因为中国仍然处于发展中国家行列，中国的科技进步与创新还有很大的提升空间，制度改革红利还有进一步的释放潜力，不断升级的居民消费还有巨大的需求市场。具体建议如下：

（1）创新投融资模式，着力引入长期权益性社会资本，推进可持续型的基础设施和新型城镇化建设

从短期来看，我们认为投资仍然是促进中国经济增长最为重要的因素之一。这是因为，尽管中国的人口结构已经在向着不利于经济增长的方向行进，但是在很长一段时间里中国的劳动力供给仍然较为充裕。与此同时，长期以来中国一直是一个储蓄率很高的国家，这种高储蓄在很长时间里不会改变。高储蓄为高投资提供了一种可能性，但是值得注意的是我们必须掌握好投资的效率和方向。其中，最重要的是优化投资结构，加重在新兴产业领域的投资比重，例如促进研发、高端制造业、现代服务业、生态环保、基础设施等领域。

世界城镇化历史表明，城镇化发展具有明显的阶段性特征，城镇化率处于30%—70%是城镇化中期阶段，发展速度较快。目前，中国城镇化建设正处于快速发展阶段，城镇人口的比重由1978年的17.9%提高到2013年的53.8%。从国际经验看，城镇化率只有达到70%左右，一个地区的城镇化进程才会稳定下来。城镇化建设不仅仅是提高"城镇化率"的问题，还应该注重将"城乡一体化"寓于"新型城镇化"建设之中。根据《国家新型城镇化规划（2014—2020年）》，未来6年内将努力实现规划提出的1亿左右农业转移人口和其他常住人口在城镇落户，意味着每年将近1700万人要实质性融入城镇，即实现人口城镇化；过去35年城镇化进程中，城市户籍人口年均增长不超过1000万。随着城镇化水平持续提高，大、中、小城市建设将需要修建铁路、公路等交通设施，以及电力、燃气、自来水和污水处理等基础设施，需要提供养老保障、教育条件、医

疗系统、住房保障等，户籍人口城镇化的提速势必带来巨大的投资需求。

在新型城镇化进程中，政府需要加大相关基础设施和公共服务均等化等多方领域的财政投资。据财政部估算，2020年城镇化率要达到60%，由此带来的投资需求约为42万亿元。但在当前，并没有建立适应城镇化资金需求的多元化投融资机制，融资方式仍以银行贷款为主，最终还款来源仍是土地收入。随着地方政府财政收入减少、银行借贷困难以及地方债务凸显等问题日益突出，巨大的资金缺口成为新型城镇化面临的最直接难题。面对巨大的资金需求，如果不创新融资机制，基础设施和新型城镇化建设将是难以承受和难以持续的。但中国居民习惯于将收入储存起来而不是投资，因此需要政府发挥引领作用，对基础设施和新型城镇化建设项目实行优化分类，促进投融资机制改革，以便吸引社会资金。只有这样交通等基础设施和新型城镇化建设的巨大潜力才可转化为经济增长可持续型的重要动力。

（2）打破垄断，放松准入，积极发展混合所有制经济，大力发展具有高附加值的现代服务业和高端制造业

由于部分行业存在准入门槛高、自然禀赋等壁垒，导致了国内目前存在一定的垄断问题。基于追求利润最大化的原则，部分企业不仅收费高，而且对所提供的产品和服务的改进意愿不强，造成了一定的资源浪费，严重制约了服务业以及部分性行业中竞争性业务的发展。打破壁垒，降低民营企业的准入门槛，积极发展混合所有制经济，既是提高中国企业国际竞争力和服务质量的要求，又是未来提高潜在增长水平的重要增长点。从产业结构的变动来看，2013年尽管中国的第三产业增加值在GDP中的比重首次超过第二产业，但是中国第三产业发展仍然非常不足，特别是高附加值的现代服务业。

党的十八届三中全会以后，全面深化改革成为时代的主旋律。2014年《政府工作报告》指出，要增强各类所有制经济活力，制定

非国有资本参与中央企业投资项目的办法，在金融、石油、电力、铁路、电信、资源开发、公用事业七大领域，向非国有资本推出一批投资项目。制定非公有制企业进入特许经营领域具体办法，激活民间投资增长潜力，稳定民间投资的增长。实施铁路投融资体制改革，在更多领域放开竞争性业务，为经济增长提供新动力。除了打破垄断、放松准入之外，还应加大财政贴息及定向金融支持的力度，大力支持引导市场主体发展节能环保、新一代信息技术、生物、高端装备制造、新能源、集成电路、新材料等高端制造业，促进金融、保险、现代信息和物流、物联网、文化创意、教育培训、医疗养老等现代服务业的发展。

（3）促进研发、高端制造业、现代服务业、生态环保、基础设施等领域投资，优化投资结构

从 20 世纪末开始，世界制造业的中心逐渐向中国转移，对推动中国经济发展，提高中国的工业化水平起到了积极的作用。从目前情况看，产能过剩成为制约传统制造业投资的关键因素。可以从如下几个方面，多措并举，促进投资平稳均衡发展：通过逐步扩大贴息支持企业技术改造项目的范围，逐步改善科技成果转化环境等政策措施鼓励企业和企业家进行技术改造和研发投资；以制造业梯度转移和产业承接为契机，加大对中西部地区的高端制造业投资；打破垄断，促进现代服务业投资；促进生态环保和低碳领域相关投资。

2008 年国际金融危机后外需扩张放慢，当前房地产投资受市场调整影响增长放缓，国内制造业投资受产能过剩约束增幅回落，基础设施建设特别是中西部基础设施建设仍有很大空间，基础设施投资成为加快新型城镇化的重要引擎。加快铁路、交通、教育、医疗等基础设施的投资，既可对冲房地产投资下降所带来的负面影响，也可带动钢铁、水泥、建材、装备、仪表、信息等相关产业发展，为企业发展提供机遇，为扩大就业增添岗位，助推经济实现持续健康发展和改善民生产生积极效应。但是，在土地财政紧缩和地方债务负担加重的制约下，靠政府投资以及平台融资来推进基础设施建

设的老路子难以为继。为保持基建投资平稳增长，必须切实改善地方政府融资渠道单一和民间资本参与动力不足的局面。稳步推进自然垄断行业改革，破除行业壁垒，吸引各类资本进入，提高基础设施行业的产出效率来促进基础设施投资的稳定增长。通过财税体制改革，完善转移支付制度，培育地方主体税种，扩大市政债试点地区和发债规模，平衡地方政府资金来源。创新并分类使用PPP模式。对不同类型的基础设施，采取不同形式的PPP模式，充分调动民间资本参与城市基础设施的积极性推动融资渠道多元化。完善多渠道投入回报补偿机制，形成可持续的融资—使用—偿还机制。

第 二 章

2040年中国居民消费水平及结构预测分析

消费结构具有多层次性、多角度性，这主要体现在两个方面：一是居民消费活动会决定消费结构，也在影响总消费和总储蓄，最后对国民经济的发展状况造成影响；二是居民消费结构决定需求结构，进而影响产业结构，最后影响整个宏观经济。因此，从这两个角度都可以发现消费结构运行是否良好将会对整个经济的可持续发展和产业结构的优化升级造成影响。了解并分析消费结构，对促进消费结构升级、产业结构升级乃至整个宏观经济的良好运行都非常重要。此外，如何刺激居民消费、引导居民消费结构优化升级也是一个重要的研究方向。

一 文献综述

消费既是经济发展的结果，又是经济增长的动力，受到经济学者的广泛关注，而国际比较是消费研究的重点领域。

(一) 消费结构变迁研究

国外涉及消费结构的有关研究最早是恩格尔[①]在 1857 年提出"恩格尔定律",即当居民收入逐渐增加时,食品支出在收入中所占的比重将逐渐减少。Marshall (1891)[②] 从微观层面对家庭消费选择进行了分析,并且研究了影响消费结构的因素,之后消费理论在西方经济学中的地位越来越重要。20 世纪 30 年代,Keynes (1936)[③] 从宏观角度分析影响消费的关键因素,他解释说消费很大程度上是由收入决定的,此外居民边际消费倾向的大小也会影响消费,并且随着收入的不断增加,食品支出在总支出中所占比重也会不断下降。从那时起,与消费结构变迁有关的研究越来越多。Junko Doni (2003)[④] 利用 Grossman – Helpman 模型来探究消费结构是如何影响产业发展的,从而进一步影响经济增长,最终认为:当假设市场只存在两种商品时,由于存在不同的替代弹性,所以消费结构会影响产业结构,进一步影响经济增长。Zwemuller J、Brunner (2005) 认为需求可以激励创新,消费需求的变动可以促进技术创新的出现,推动产业结构的变革。Rachel Ngai、Christopher (2007)[⑤] 建立了多部门经济模型来研究经济发展,分析居民消费结构影响产业结构的作用机制,得出结论:商品的价格弹性、跨期替代弹性和技术水平等因素会影响居民消费结构,从而引起产业部门调整和产业结构变动。

[①] Engel, E., Die Productions – und Consumptionsverhältnisse des Königreichs Sachsen, Zeitschrift des Statistischen Büreaus des Königlich Sächsischen Ministeriums des Inneren, No. 8 und 9, 1857.

[②] Marshall A., "Principles of Economics", *Ethics*, Vol. 1, No. 4, 1891.

[③] Keynes J. M., *The General Theory of Employment, Interest and Money*, Cambridge: Cambridge University Press, 1936.

[④] Junko Doni, "Consumption Structure and the Pauem of Economic Growth", *Seoul Journal of Economics*, Vol. 16, 2003.

[⑤] Rachel Ngai & Christopher, "A Pissarides Structural Change in a Multisector Model of Growth, American Economic Review", *American Economic Association*, No. 1, 2007.

国内对居民消费结构的研究主要有两种，一种是描述性研究，另一种是实证研究。范剑平等（2001）[1]描述了中国城乡居民消费结构是如何演变的以及未来发展方向。孙凤（2002）[2]讨论了在中国不同区域间的消费结构差异，并进一步证明了城镇居民消费结构很大程度上由收入水平决定。房爱卿等人（2006）[3]总结了1949年以来中国的消费政策和居民消费类型。杭斌（2006）[4]整理了1978—2004年的中国城镇居民消费结构的具体演变过程。王芳（2006）[5]对物价与城乡恩格尔系数的关系进行了实证分析。俞剑、方福前（2015）[6]认为居民消费、消费结构与经济增长三者之间互相影响。这种关系一方面体现在居民消费增长可以拉动居民消费结构升级促使经济增长；另一方面体现在经济增长又会使居民收入增加，刺激消费，带动消费结构升级。黄隽、李恺冀（2018）[7]指出，消费在拉动经济增长时主要是通过促进经济结构升级和引起技术进步两种方式。

在消费结构的国际化对比研究中，国内外学者开展的研究都相对有限。国外学者的研究中，Theil（1967）[8]认为居民消费的分散程度可以通过各部分消费支出的熵值来反映，并提出了基于恩格尔系数的消费结构分散化猜想（Theil，et al，1983），后来一些学者的研究也逐渐证实了这个说法。Selvanathan（2003）[9]通过对富裕国家

---

[1] 范剑平、王小广：《中国城乡居民消费结构变化趋势》，人民出版社2001年版。

[2] 孙凤：《消费者行为数量研究——以中国城镇居民为例》，上海三联书店、上海人民出版社2002年版。

[3] 房爱卿、范剑平、朱小良：《我国消费需求发展趋势和消费政策研究》，中国经济出版社2006年版。

[4] 杭斌：《经济转型期中国城乡居民消费行为的实证研究》，中国统计出版社2006年版。

[5] 王芳：《物价对城乡恩格尔系数的影响分析》，《商业研究》2006年第346期。

[6] 俞剑、方福前：《中国城乡居民消费结构升级对经济增长的影响》，《中国人民大学学报》2015年第5期。

[7] 黄隽、李恺冀：《中国消费升级的特征、度量与发展》，《中国流通经济》2018年第4期。

[8] Theil.，"Economics and Information Theory"，*Journal of the Operational Research Society*，Vol. 18，No. 3，1967.

[9] Selvanathan E. A.，Selvanathan S.，International consumption comparisons: OECD versus LDC. World Scientific，Singapore，2003.

和贫困国家的消费结构进行比较，得出结论：在居住、医疗、交通、娱乐方面的支出比重方面，欠发达国家远低于发达国家。Chai 和 Moneta（2012）[①]发现，社会的消费结构具有一定的趋同趋势：随着时间的推移，处于社会最低收入的 10% 的群体的消费结构会逐步接近中、高收入群体的消费结构。

在国内学者的研究中，陈憧（2010）[②]基于因子分析方法，分别分析了中国 1995—2009 年和美国 1947—1970 年的消费结构演变，并猜想未来中国消费结构将从生存型向享受型转变。夏林锋（2010）[③]采用多元化程度指数和实证分析法将 Selvanathan（2003）[④]的研究中涉及的 45 个主要国家（地区）和中国的消费结构的数据进行分析，验证了收入水平在消费结构升级中的重要作用。同时，他还得出三个结论：（1）恩格尔定律明显成立；（2）消费结构升级在各国都具有较明显的特征，人均国民生产总值较高的国家，在交通和通信工具、娱乐教育文化用品方面支出的比重也较高；（3）此外，尽管一些国家收入水平相似，但个别类别的消费也存在较大差异。这可能是由于消费习惯的差异和统计标准的不一致。而再看中国数据，中国居民的消费结构仍处于较低水平。截至 2007 年，中国居民在必需品上的消费支出过多，挤压了居民可选消费份额，这和发达国家存在较大差距。卞靖、成丽敏（2013）[⑤]发现，消费结构由生存型、温饱型向发展型、享受型转变是各个国家的普遍规律。陈劭锋等（2017）[⑥]使用消费多元化指数这一方法，对世界上不同国家

---

① Chai A., Moneta A., "Back to Engel? Some evidence for the hierarchy of needs", *Journal of Evolutionary Economics*, Vol. 22, No. 4, 2012.

② 陈憧：《美国居民消费结构变迁对中国的启示》，《中共福建省委党校学报》2010 年第 9 期。

③ 夏林锋：《消费结构变迁的国际经验》，《世界经济情况》2010 年第 5 期。

④ Theil., "Economics and Information Theory", *Journal of the Operational Research Society*, Vol. 18, No. 3, 1967.

⑤ 卞靖、成丽敏：《中等收入阶段消费升级的国际经验》，《宏观经济管理》2013 年第 9 期。

⑥ 陈劭锋、马建新：《居民消费结构演变的国际比较分析》，《科技促进发展》2017 年第 10 期。

与地区的居民消费多元程度进行了衡量与分析，提出中国城镇居民消费多样化程度与OECD国家的多样化程度具有一定的相似性。

总体分析国内外当前的研究成果，可以发现：国内学者大部分是在经典的消费主义"生存—发展—享受"分析框架的基础上，从内涵外延、动力机制、影响因素和作用机理等方面对消费领域进行研究。达成共识的消费升级路径是消费从生存型向发展型再向享受型转变；国外学者则更加侧重于消费结构变迁对经济效应的分析，更多从理论和实证层面探讨消费和产业结构变动与经济增长间的关系。目前的研究主要基于一国消费市场结构变动的本身研究，对于消费结构变迁的国际比较，国内外开展的研究均较为有限。目前国际比较研究中发现了收入水平对消费结构变化的正向影响，因而也印证了消费结构升级的特征。

（二）对标管理与对标分析

对标分析是指参照领先者或先行者的情况来寻找自身的差距的一种分析方法。这种分析方法起源于微观企业管理领域，随着应用范围的不断扩大，逐步扩展至行业研究以及国家层面的宏观分析预测中。

1. 对标分析的定义与分类

最早将对标分析运用在微观企业管理领域的美国施乐公司（P.，2011）[1] 将对标定义为"评估行业领先公司的一个连续的系统评估过程，来决定代表最好的实践操作的商业与工作过程以及确立合理的表现目标"。这其中不仅包含我们想达到的目标或标准，还包括我

---

[1] Moriarty J. P., A theory Levy, Gary & Valcik, Nicolas., "Benchmarking in Institutional Research. of benchmarking", *Benchmarking: An International Journal*, Vol. 18, No. 4, 2011.

们怎样实现，采取的方法与过程。*Levy Gary* 和 *Nicolas Valcik* (2012)[①] 将对标管理实施的主体从公司扩大到组织，将其定义为"一种战略性的或者结构性的方法，组织通过与其他组织或者一批组织进行结果与过程的对比，来发现提高的机会"。

  国内学者对对标分析也从中文语义的角度进行定义和解释。晋举文（2002）[②] 指出所谓"对标"，"对"是对比、对照、寻找之意；"标"为标准、标杆、测量之意。"对标"是指首先确定标准，再以此标准来衡量自己，进而获得比较结果的行为。对标就是通过一个统一的标准来比较双方的差距，利用"比（与对标者作比较）、学（向对标者学习）、赶（赶超对标者）、帮（对标合作者）、超（不断超越对标者）"等方式，帮助自己快速适应环境，并搭建具有竞争优势的新型的工作模式。孔杰、程寨华（2004）[③] 将这一定义扩大到行业分析和国家竞争力分析中，他们将对标分析在管理领域的应用定义为"以在某一项指标或某一方面实践上竞争力最强的企业（产业或国家）或行业中的领先企业或组织内某部门作为标杆，将本企业（产业或国家）的产品、服务管理措施或相关实践的实际状况与这些标杆进行定量化评价和比较，分析这些标杆企业（产业或国家）的竞争力之所以最强的原因，在此基础上制定、实施改进的策略和方法，并持续不断反复进行的一种管理方法"。王武（2018）[④] 根据标杆的不同种类，将对标分为内部对标、竞争性对标、行业对标、一般性对标四大类。对标的基本模式方面主要分为战略对标与营运对标以及静态对标与动态对标两种。张亚（2018）[⑤] 将对标实施路径总结为确立总体目标、分解目标、落实责任、有效实施的"立标、对标、达标、创标"的过程。

[①] Levy, G. and N. Valcik, "Benchmarking in Institutional Research", *New Directions for Institutional Research*, Vol. 156, NJ.
[②] 晋举文：《"对标"管理与企业竞争力》，《煤炭经济管理新论》2002年第1期。
[③] 孔杰、程寨华：《标杆管理理论述评》，《东北财经大学学报》2004年第4期。
[④] 王武：《对标管理的理论和应用研究》，《全国流通经济》2018年第6期。
[⑤] 张亚：《对标管理的理论研究与实践探索》，《管理观察》2018年第27期。

2. 对标分析在企业管理与行业分析中的应用

对标分析在企业管理和行业研究中的运用经历了从国外开启逐步扩散至国内研究的历程。1979 年，美国施乐公司发起了第一个全面对标项目[1]。由于怀疑美国复印机的生产成本远高于日本，施乐公司利用最初的对标分析，深入了解了日本复印机制造商使用的材料、工艺和方法。通过应用从竞争对标中获得的经验教训，施乐公司提高了设计和生产效率，降低了复印机的制造成本。这一举措不仅增强了施乐在复印机市场上的竞争地位，也带来了过程对标这一新的管理工具的发展和演变。坎普基于他在施乐的经历，撰写了开创性的著作——《对标管理：寻找行业最佳实践以获得卓越绩效》（*Benchmarking: The Search for Industry Best Practices that Lead to Superior Performance*）。一大批管理人员通过这本书了解了这一概念，并展现了极大兴趣并展开了丰富的讨论。随后，在 1988 年，Malcolm Baldrige 国家质量奖的设立也对美国对标管理的普及产生了积极影响。[2] 获奖公司需要与其他组织共享关于质量和业务流程改进的信息，借此创建对标的数据来源。同时，奖项的评选标准，要求参选组织建设和维护趋势数据并进行竞争比较。[3] 后一点强调了在组织内部启动与维持对标过程的重要性。虽然每年实际申请 Baldrige 奖的公司并不多，但数以千计的组织将该奖项的标准作为一个全面的过程改进框架，有效地扩大了对标管理的影响力。

随着在企业的广泛应用，对标分析也逐步应用于行业分析中。

---

[1] Camp, Robert C., *Benchmarking: the search for industry best practices that lead to superior performance*. Milwaukee, WI: ASQ Quality Press, 1989.

[2] Spendolini, M. J., "The Benchmarking Process", *Compensation & Benefits Review*, Vol. 24, No. 5, 1992.

[3] Czuchry A. J., Yasin M. M., Dorsch J. J., "Review of benchmarking literature: a proposed model for implementation", *International Journal of Materials and Product Technology*, Vol. 10, No. 1 – 2, 1995.

当前，国外的研究已将对标分析广泛地应用于医疗[1]、高等教育[2][3]、[4]、区块链、旅游[5]等领域。

对标分析在国内的企业管理和行业分析的应用据可查文献出现于20世纪90年代末期。[6] 2001年5月，国务院及国家经贸委在"宝钢联合重组"经验座谈会上对宝钢与跨国公司对标、提高国际竞争力的做法给予充分肯定，这一契机引起了中国企业界对对标分析的高度重视。其应用从宝钢、兖矿[7]、中石化[8]、中海油[9]等资源型企业迅速扩展到各类企业的管理中。在行业研究中，当前对标分析已经广泛应用于能源[10]、运输[11]、电子信息产业[12]、造纸[13]、金融[14]、教

---

[1] Ettorchi - Tardy A., Levif M., Michel P., "Benchmarking: a method for continuous quality improvement in health", *Healthc Policy*, Vol. 7, No. 4, 2012.

[2] Hanover Research Council, Examples of Benchmarking Reports in Higher Education, http://www.planning.salford.ac.uk/_data/assets/pdf_file/0020/20657/Examples - of - Benchmarking - Reports - in - Higher - Education - Membership.pdf.

[3] Mohamed Zairi & Majed Al - Mashari, "The Role of Benchmarking in Best Practice Management and Knowledge Sharing", *Journal of Computer Information Systems*, Vol. 45, No. 4, 2005.

[4] UNPAN, Benchmarking E - government: A Global Perspective, New York: UNDESA/ASPA. Retrieved July 29, 2008 from http://unpan1.un.org/intradoc/groups/public/documents/un/unpan021547.pdf.

[5] World Travel and Tourism Council, *The Benchmarking Study from WTTC compares Travel & Tourism's economic impact for 2018 to eight other key sectors across 26 countries and 10 world regions*.

[6] 昝江明：《国内外对标管理研究分析和对比》，《内蒙古科技与经济》2006年第18期。

[7] 孙丽：《兖矿集团"对标"工作研究》，《中国煤炭》2002年第12期。

[8] 崔毅：《中石化对标策略：拒绝过激》，《商学院》2004年第1期。

[9] 张翼：《中海油对标策略：合用为先》，《商学院》2004年第1期。

[10] 谭健、方建龙：《天然气开发对标管理探索》，《天然气工业》2020年第7期；郭焦锋、王婕、孟凡达：《对标国际一流，切实推进中国页岩油上游产业高质量发展》，《中国石油勘探》2019年第5期。

[11] 李润国、李静：《对标管理在铁路运输行业的应用研究》，《管理现代化》2014年第6期。

[12] 李艺铭：《加快推进粤港澳大湾区城市群产业协同发展——基于与东京湾城市群电子信息产业的对比分析》，《宏观经济管理》2020年第9期。

[13] 王毛毛、刘焕彬、李继庚、洪蒙纳、尹勇军：《造纸行业能效对标指标体系构建探究》，《造纸科学与技术》2015年第3期。

[14] 龙飞扬、殷凤：《从"先行先试"到"他山之石"：中国金融负面清单的发展逻辑和国际对标差异》，《上海对外经贸大学学报》2019年第6期。

育[1]、电子政务[2]等领域的分析与预测。

3. 对标分析在宏观领域的应用

在宏观经济的预测与分析中，国外已有研究采取对标分析法展开宏观预测。英国约克大学 Paul Wakeling 教授在 2008 年为英国经济与社会研究所进行的国际经济对标回顾研究中就主要采用了对标分析的方法对英国社会的资助情况进行了研究。[3] 澳大利亚的国际能源市场委员会（2012）专门为对标经济模型撰写了一份技术报告，为新的规则变动而产生的成本变化进行预测提供指南[4]。美国经济研究局研究员 Antoine Arnoud、Faith Guvenen 等在其 2018 年 10 月的工作论文中对七个全球范围内的最优算法进行了对标分析。[5] 美国联邦储备银行达拉斯分行长期使用对标方法进行就业率的预测。[6]

国内学者采用对标法对宏观领域进行分析的研究也逐步增加。魏四新等（2016）[7] 对陕西省的固定资产投资的宏观效益通过与投资效益较高的广东、浙江、江苏及经济总量接近的安徽、福建等省份进行对标，得出陕西省的固定资产投资规模相对较低、制造业投资偏低、实体经济支撑不足、技术改造和高技术产业投资偏低等结

---

[1] 孟凡华：《提高高等职业教育质量需对标国际化》，《职业技术教育》2018 年第 21 期。

[2] 张会平、宋晔琴、王思懿：《全球 150 个国家电子政务发展及其对我国的启示：指数变动、阶段划分与对标分析》，《科技管理研究》2020 年第 24 期。

[3] Paul Wakeling, International Benchmarking Review of Economics, Nov. 2018, https://esrc.ukri.org/files/research/research-and-impact-evaluation/uk-economics-statistical-overview/.

[4] Australian Energy Market Commission, Economic Benchmarking Model: Technical Report By Regulatory Development Branch, https://www.aer.gov.au/system/files/AER%20expenditure%20workshop%20no.%202017%20-%20Economic%20benchmarking%20model%20report%20-%206%20June%202013.pdf.

[5] Antoine Arnoud, Fatih Guvenen, Tatjana Kleineberg, Benchmarking Global Optimizers, https://www.nber.org/papers/w26340.

[6] Keith R. Phillips and Alexander T. Abraham, Dallas Fed's Texas Jobs Estimates Provide Early, Accurate Assessment, https://www.dallasfed.org/research/economics/2019/0516.

[7] "投资宏观效益研究"课题组、魏四新、郑娟：《当前地区固定资产投资宏观效益测算及评价研究——对陕西固定资产投资宏观效益的对标分析》，《调研世界》2016 年第 4 期。

论。孙靓等（2020）[1]对长三角与国内的京津冀、粤港澳以及世界级城市群在科技创新能力方面开展了对标研究。迟福林（2020）[2]对海南自由贸易港的开放型新经济新体制建设中提出通过对标国际自由贸易港的一般特征、对标世界最高水平的经贸规则、对标国际一流营商环境标准来对标世界最高水平的开放形态是建设海南自由贸易港的战略任务。孙若梅（2019）[3]以陆地生态系统保护的举措和监测数据为基础，评述了改革开放以来中国陆地生态系统保护的成效。并将保护成效对标2030年可持续发展议程，明晰中国落实2030年可持续发展议程目标的努力方向。

总的来说，国外已经有相当多的研究采用对标分析开展在宏观经济领域的应用。中文文献中，该方法除了已经在企业和行业领域广泛应用以外，在宏观领域的应用也逐步增多，并发挥着越来越重要的作用。

二 中国居民消费现状分析

居民消费率是衡量居民消费情况的重要经济指标。只有消费率位于合理水平时才会有助于拉动消费结构的升级，进而促进经济增长。

（一）消费总体水平

中国居民消费水平低，消费率也低于世界平均水平。尽管中国

---

[1] 孙靓、刘赞扬、赵菁奇：《基于一体化高质量发展的长三角区域科技创新能力对标研究》，《世界科技研究与发展》2020年第2期。

[2] 迟福林：《对标世界最高水平开放形态的海南自由贸易港》，https://www.sohu.com/a/425868835_120205728。

[3] 孙若梅：《我国陆地生态系统保护成效与展望：对标2030可持续发展议程目标》，《林业经济》2019年第10期。

消费总量较高，但消费率远低于发达国家。从居民消费方面来看，近年来各国居民消费率都处于较稳定的水平，甚至有轻微上升趋势。美国的居民消费率保持在70%左右；英法两国居民消费率则分别处于65%以上及54%左右的水平；与中国同处亚洲的日本，其居民消费率也保持在55%以上；而中国居民消费率则只有40%左右，长期处于较低水平，发展缓慢并且在2016年后出现明显下降（见表2—1、表2—2）。由此可见，中国居民消费水平上升潜力巨大。

表2—1　　　　2018年美英法日中GDP和消费支出比较

	人均GDP（万美元）	GDP（万亿美元）	居民最终消费支出（万亿美元）
美国	6.28	20.540	13.999
英国	4.29	2.860	1.871
法国	4.15	2.780	1.497
日本	3.93	4.970	2.763
中国	0.98	13.610	5.263

资料来源：世界银行。

表2—2　　　　2016—2018年美英法日中居民消费率比较　　　　单位：%

	2018年居民消费率	2017年居民消费率	2016年居民消费率
美国	68.15	68.32	71.16
英国	65.42	65.00	65.11
法国	53.85	54.02	54.27
日本	55.59	55.49	55.71
中国	38.67	38.74	42.23

资料来源：世界银行。

（二）城乡消费差距

城镇居民与农村居民平均消费水平差异依然明显，尽管这一差异近年来在一直缩小。由表2—3可见，城镇居民平均消费水平是农村居民平均消费水平的两倍以上，这说明中国农村居民消费有巨大缺口。改善农村居民消费倾向，加强农村金融服务进而刺激农村消费市场，缩小城乡居民消费差距将成为快速拉动中国内需的重要途径。

表2—3　　　2015—2018年中国城乡居民消费水平比较

年份	城镇居民平均消费水平（元）	农村居民平均消费水平（元）	城乡居民消费比
2018	26112.3	12124.4	2.15
2017	24445.0	10954.5	2.23
2016	23078.9	10129.8	2.28
2015	21392.4	9222.6	2.32

资料来源：《中国统计年鉴》。

（三）消费结构类型

基本的生存资料消费需求包括吃穿用等，在发达国家，食物等基本消费需求的支出比重一般都很低。以美国为例，美国2018年的食物消费支出（包括食品烟酒）在总消费中的比重只有9.34%，并且排在消费支出比重的第四位。而中国城镇居民食物支出比重则达到了27.72%，农村居民的食物消费支出比重则为30.07%，不管城镇还是农村，食物消费支出在总消费中所占份额都是最高的。除了食物消费支出，发达国家在衣着和用品方面的支出比重也较低。如表2—4、表2—5所示，美国居国的衣着支出比重只有3.23%，家庭设备用品及服务仅为1.33%，美国居民吃穿用三项加起来的比重为13.9%。中国城乡居民恩格尔系数比美国居民吃穿用三项所占比重之和还高很多，这说明中国和发达国家居民消费结构有较大差距，居民收入过多用于吃穿用方面，反映中国消费结构还是以食物消费为主，消费结构有极大的优化空间。

表2—4　　　　2018年美国居民与中国城乡居民的各项消费支出

	中国城镇（元）	中国农村（元）	美国（美元）
食品烟酒	7239.0	3645.6	5394
衣着	1808.2	647.7	1866
居住	6255.0	2660.6	20091
家庭设备用品及服务	1629.4	720.5	768
医疗保健	2045.7	1240.1	4968
交通通信	3473.5	1690.0	9761
文教教育娱乐	2974.1	1301.6	4741
其他商品和服务	687.4	218.3	10177
合计	26112.3	12124.4	57766

资料来源：《中国统计年鉴》（2019），美国劳工统计局。

表2—5　　　2018年美国居民与中国城乡居民的各项消费支出比重　　　单位：%

	中国城镇	中国农村	美国
食品烟酒（恩格尔系数）	27.72	30.07	9.34
衣着	6.92	5.34	3.23
居住	23.95	21.94	34.78
家庭设备用品及服务	6.24	5.94	1.33
医疗保健	7.83	10.23	8.60
交通通信	13.30	13.94	16.90
文化教育娱乐	11.39	10.74	8.21
其他商品和服务	2.63	1.80	17.62
合计	1	1	1

资料来源：《中国统计年鉴》（2019），美国劳工统计局。

在一定程度上，居住消费的数量和质量代表了消费生活水平。美国2018年居住支出比重达到34.78%，是消费结构中占比最大的支出项目。中国城镇居住支出比重仅有23.95%，与发达国家还有一定的差距。此外，中国居住支出增加也受到房价上涨过快的影响，房价上涨还使得居住质量下降；而农村由于相应的居住设施不完善导致居住质量更低。

在医疗保健方面，消费存在一定差异。一些国家有比较完善的医疗保险制度和社会保障体系，因此公民的大部分支出由政府承担，私人医疗费用则低得多；而以美国为代表的国家则要靠居民购买商业医疗保险。

交通通信支出可以很好地反映一个国家的生活现代化程度，一般来说，发达国家的交通通信支出比重都比较高。以美国为例，交通通信支出比重为16.9%，比中国高大约3个百分点。中国居民消费结构中交通通信支出比重虽然和发达国家之间也存在差距，但相对其他消费类别而言差距较小。

在文化教育娱乐方面，中国城镇居民和农村居民的支出比重都高于美国，部分是因为教育支出过高。

其他商品和服务方面，中国城乡居民的支出与美国的差距较为明显。

（四）居民消费能力

以2018年为例，经过收入再分配之后，中国人均可支配收入为28228元，占人均GDP的比重为42.77%，而发达国家居民可支配收入占GDP的比重普遍在60%以上。同时，在可支配收入中中国储蓄率偏高。国家统计局数据显示，2019年中国人均可支配收入为30733元，消费占比为70.15%；而主要发达国家居民消费占可支配收入的比重都在80%以上。表2—6展示了美国2018—2019年的可支配收入情况，可以发现个人消费占可支配收入的比重都在92%以上。此外，由TRADING ECONOMICS的数据可知，法国最近的一次（2019年9月）个人储蓄比重为10.9%，英国最近的一次（2019年9月）个人储蓄比重为5.5%。

表 2—6　　　　　　2018—2019 年美国分季度可支配收入　　　　单位：元

	2018 年				2019 年			
	Q1	Q2	Q3	Q4	Q1	Q2	Q3	Q4
可支配收入	15465.4	15653.3	15842.0	16005.4	16198.5	16355.7	16535.3	16662.7
个人消费	14245.2	14465.9	14655.6	14757.8	14823.0	15073.1	15237.2	15372.9
个人储蓄	1220.2	1187.4	1186.4	1247.6	1375.5	1282.6	1298.1	1289.8
个人消费占可支配收入比例	92.11%	92.41%	92.51%	92.21%	91.51%	92.16%	92.15%	92.26%

资料来源：Bureau of Economic Analysis。

三　消费对标分析的理论依据

经济发展的客观规律是对标分析的基础，即经济发展具有内在一致性，先行国家可以作为后发国家的参考。具体到消费领域，我们从消费理论、消费需求上升规律以及消费与生产的关系三个方面阐述消费对标研究的理论基础。

（一）消费理论

消费是消费者行为选择的结果。消费规律的研究是基于对消费者行为的刻画。作为人类行为的一个子集，消费者行为是指那些直接包含在获得、消费、处置消费物品和服务中的行动，以及行动之前与之后的决策过程。凯恩斯在其《就业、利息和货币通论》一书中提出了关于消费函数的绝对收入理论[1]，作为其有效需求理论的重要组成部分，成为西方经济学的一个重要理论。该理论认为，在通常情况下，消费支出与实际收入之间保持稳定的函数关系，收入增

---

[1] Keynes, John Maynard, *The general theory of employment, interest and money*, London: Macmillan, 1936.

减,消费也随之增减。同时,绝对收入理论强调了边际消费倾向递减的规律。边际消费倾向递减意味着具有不同收入阶层的消费在总收入中的比重不再一致,从而出现消费倾向的不同,进而对消费结构产生影响。在凯恩斯之后,西方经济学家不断修正补充,提出新的消费函数理论,包括美国经济学家杜森贝利(1949)① 提出的相对收入理论、莫迪利安尼和布伦贝格(1954)② 提出的生命周期理论以及米尔顿·弗里德曼(1957)③ 提出的永久收入理论在内。这三种理论与绝对收入理论共称四大消费理论。杜森贝利的相对收入理论认为消费并不取决于现期绝对收入水平,而取决于人们的相对收入水平,即人们在收入分配中的相对地位及曾有过的最高收入水平。莫迪利安尼和布伦贝格的生命周期理论认为,个人根据自己一生的预期收入来安排消费支出。而永久收入的消费理论认为,个人支出并不由其现期的收入决定,而是由永久收入决定。这里的永久收入是指可预期的长期收入。在主要的消费理论假说中,收入都是决定消费的最主要的解释变量。国内外学者在这些理论假说的基础上,展开了丰富的实证研究。Flavin(1981)④ 构建消费结构模型,拒绝了消费对当前收入没有过度敏感的假设,即消费对劳动收入有明显的正相关性。Hansen(1996)⑤ 对德国的利率和私人消费的研究表明,利率仅是影响私人消费很小的因素,而预前储蓄对私人消费的影响远高于利率。李军(2003)⑥ 采用定量的方法,分析了收

---

① Duesenberry, J. S., *Income, Saving and the Theory of Consumer Behavior*, Harvard University Press, Cambridge, MA, 1949.

② Modigliani, F., Brumberg, R., *Utility analysis and the consumption function: an interpretation of cross - section data*, In: Kurihara, K. K. (Ed.), PostKeynesian Economics, Rutgers University Press, New Brunmswick, 1954.

③ Milton Friedman, *A Theory of the Consumption Function*, Princeton University Press, 1957.

④ Marjorie A. Flavin, "The Adjustment of Consumption to Changing Expectations About Future Income", *Journal of Political Economy*, Vol. 89, No. 5, 1981.

⑤ Hansen J. H., "The Impact of Interest Rates on Private Consumption in Germany", *Journal of Experimental Zoology*, Vol. 175, No. 3, 1996.

⑥ 李军:《收入差距对消费需求影响的定量分析》,《数量经济技术经济研究》2003 年第 9 期。

入差距对消费需求的影响，研究显示，消费者间收入差距的扩大降低了消费者的需求水平。娄峰等（2009）① 采用动态实证的方法对1991—2005 年中国分省数据进行分析，结果显示，城镇居民收入差距对城镇居民消费具有显著的负向影响。

（二）消费需求上升规律

消费需求上升规律是指人们消费需求的变化会随着生产发展和生产力提高而不断发展。整体上，消费需求会呈现向更高需求上升的趋势。列宁在《论所谓市场问题》中提出"资本主义的发展必然引起全体居民和工人无产阶级需求水平的增长"，是"不可能忽略的毋庸置疑的真理"。列宁又举例论述"欧洲的历史十分有力地说明这一需求上升的规律……这个规律在俄国也显示了自己的作用：商品经济和资本主义在改革后的迅速发展引起了农民需求水平的提高"②。中国著名经济学家、消费经济创始人尹世杰（1988）③ 在其《试论需求上升规律》一文中对列宁所描述的这种需求上升在社会化生产中的普遍性进行了探讨。尹世杰基于对中国1978—1986 年居民最终收入和居民消费的增长表的分析，提出需求上升是社会主义基本经济规律的作用在消费领域的具体表现。同时，他还发现需求普遍上升而表现出来的不平衡性和差异性、消费需求对国民经济的导向作用愈益明显、消费结构的缓慢性变化中夹带着局部的跳跃性变化等是需求上升规律在社会主义初级阶段的特点。刘迎秋（1991）④ 运用实证和动态分析的方法，探讨了中国消费需求不断上升的特点及必然性。其研究发现，消费需求持续上升是中国消费需求的总特点，

---

① 娄峰、李雪松：《中国城镇居民消费需求的动态实证分析》，《中国社会科学》2009 年第 3 期。
② 《列宁全集》（第一卷），人民出版社 1955 年版。
③ 尹世杰：《试论需求上升规律》，《消费经济》1988 年第 3 期。
④ 刘迎秋：《论我国消费需求的不断上升及其规律》（上），《南开经济研究》1991 年第 3 期。

低水平上升是其基本特点，实施改革前，消费需求呈明显的低水平波动上升，而实施改革后消费需求则呈明显的持续上升。总的来说，国内外学者已经对需求上升规律的普适性进行了论证，中国的国情与经济社会的发展也适用于需求上升规律且具有一定的特点，这为我们开展消费对标分析奠定了理论基础。

（三）消费与生产的关系

消费与生产息息相关，在社会总生产的关系中，生产决定消费，消费反过来又会作用于生产。产业结构是经济学研究的重要问题。需求作为消费者在一定价格条件下愿意并能购买的商品和劳务的量，对产业结构变迁也具有重要的影响。需求创造供给是凯恩斯学派的重要研究内容。1929 年的经济"大萧条"之后，新古典学派无法对当时的情景作出解说，凯恩斯的需求理论让人们对影响产业结构的因素有了新认识。凯恩斯学派从消费总量和消费结构两个方面来认识这个问题，从消费总量方面观察，需求是经济增长的动力，进而影响了就业和生产情况；从消费结构方面观察，供给结构是由消费结构决定的[1]。

库兹涅茨（1966）认为需求结构作用于产业结构遵循了人类生理需要的先后次序，是影响生产结构的决定因素。"库兹涅茨事实"便是指随着经济发展，劳动力从农业部门流向制造业再到服务业的结构转型[2]。Houthakker（1987）[3] 认为，从需求端研究结构转型的重要意义在于部门就业动态和总消费需求组成之间的密切关系。农业部门的变化是这种关系的强有力支持。历史规律表明，人均收入

---

[1] Venables A Smith, "Trade and Industrial Policy under Imperfect Consumption: Discussion, Industrial Policy and competitive advantage", *The Mandate for industrial Policy*, 1998.

[2] Kuznets, Simon, *Modern Economic Growth: Rate, Structure, and Spread*, New Haven: Yale University Press, 1966.

[3] H. S. Houthakker Engel curve J. Eatwell, M. Milgate, P. Newman (Eds.), *The New Palgrave Dictionary of Economics*, Macmillan, London, 1987.

的增加不仅与农业就业份额的大幅下降有关，而且与粮食预算份额的大幅下降呈正相关，与后者的关系正是恩格尔定律所表述的内容。

国内外学者都做了大量的消费与产业结构的定量研究。里昂惕夫首创投入产出法来定量分析消费结构和产业结构间的关系，无论从思想上还是方法上都对经济结构问题的研究做出了很大贡献。[1] Clark（1946）[2]以需求结构决定消费结构为前提，提出了一种估算一国产业结构的新算法，并计算了需求在不同产业间的变化。Kongsamut 等（2001）[3] 将库兹涅茨事实与平衡增长路径结合，刻画了广义平衡增长路径，为结构变迁理论做了重要的奠基工作。Foellmi 和 Zweimuller（2008）[4] 从需求端入手，通过建立模型得出需求对产业结构的影响是农业的就业率逐渐走低，工业的就业率在初期走高在后期走低，服务业的就业率逐渐走高的结论；但从供给端的研究很难得出这样的结论。

国内学者范剑平、杨大侃（2000）[5] 在关于产业结构的主要决定因素的研究中发现，需求、比较优势和技术性供给是决定产业结构的三大主要因素，而消费需求是三者中导致产业机构发展变化的决定因素。杨杰等（2009）[6] 基于中国 1990—2007 年的统计资料，分析了消费结构变动在城乡居民中的情况。结果显示，中国的消费与产业结构都在不断优化。杜传忠、郭树龙（2011）[7] 的分析发现，在中国，需求是影响产业结构升级的重要因素。郭凯明等（2017）[8]

---

[1] ［美］里昂惕夫：《投入产出经济学》，崔书香译，商务印书馆1980年版。

[2] Clark. C. G, *The Conditions of Economic Progress*, Oxford：Oxford UniversityPress, 1946.

[3] P. Kongsamut, S. Rebelo, D. Xie, "Beyond balanced growth", *Review of Economic Studies*, Vol. 68, 2001.

[4] Reto Foellmi, Josef Zweimuller, "Structural change, Engel's consumption cycles and Kaldor's facts of economic growth", *Journal of Monetary Economics*, Vol 55, Vol. 7, 2008.

[5] 范剑平、杨大侃：《居民消费与中国经济发展》，中国计划出版社2000年版。

[6] 杨杰、叶小榕、宋马林：《消费结构变动与产业结构演变的关系研究——基于1990—2007年我国经济数据的实证分析》，《理论建设》2009年第4期。

[7] 杜传忠、郭树龙：《中国产业结构升级的影响因素分析——兼论后金融危机时代中国产业结构升级的思路》，《广东社会科学》2011年第4期。

[8] 郭凯明、杭静、颜色：《中国改革开放以来产业结构转型的影响因素》，《经济研究》2017年第3期。

对改革开放以来产业结构转型影响因素的研究表明恩格尔效应是影响第一、第二、第三产业就业比重变化的最主要因素。在区域研究中，王晖（2004）[①] 通过扩展线性指数系统对河南省城镇居民各类消费品的消费结构进行了实证分析，发现随着收入的增加，城镇居民对食品的消费支出意愿比重逐渐下降。李晓云（2010）[②] 从诱发系数的角度，通过分析1987—2002年的数据，对山西省居民消费变动情况及对产业结构的影响展开研究，发现居民消费对农业的诱发系数呈现缓慢下降趋势，对耐用消费品及其他一些特殊服务的消费和第三产业的诱发系数呈现逐年上升的趋势。

总的来说，收入是影响消费的重要因素。同时，随着生产力的提高，人们的消费需求不断上升，进而对消费结构产生影响，消费结构的变迁进一步影响产业结构，进而对经济增长的速率与发展阶段产生影响。

四　中国居民消费预测分析

对标分析是依照中国经济发展推测数据，与发达国家相应时期的情况进行比较。由于经济发展具有一定的客观规律，所以尽管对标分析不能做到非常精准预测，却能成为未来预测的基准。

（一）2018—2040年中国经济发展预测分析

描绘2035年和2040年中国经济社会发展状况，首先应对中国未来经济发展趋势进行预测，本研究运用中国的经济—能源—环

---

①　王晖：《扩展线性支出系统在河南省城镇居民消费结构定量分析中的应用》，《焦作工学院学报》2004年第8期。

②　李晓云：《山西省居民消费需求与产业结构存在的问题及对策研究》，山西财经大学，硕士学位论文，2010年。

境—税收动态可计算一般均衡（CN3ET-DCGE）模型展开预测。模型主要包括生产模块、贸易模块、居民收入和需求模块、企业模块、政府收支模块、均衡闭合模块、社会福利模块、环境模块和动态模块九大模块。

结合"十三五"规划，根据 CN3ET-DCGE 模型，课题组设定了三种经济增长情景：①按照历史趋势惯性发展而设定基准情景；②按照"供给侧结构性改革"设定的增长较快情景；③假设供给侧结构性改革遇到较大困难，实现"十三五"预定目标增长较慢的情景；并根据各国经济发展的基本规律——当经济体进入严重产能过剩、劳动力市场出现转折后，一般会出现资本产出弹性缓慢下降、劳动产出弹性缓慢上升的趋势。因此，在对 2018—2040 年做预测时，本书把生产函数中的资本弹性系数和劳动力弹性系数进行了变系数处理，运用上述经济增长机制和中国经济年度模型，表 2—7 给出了 2018—2040 年基准情景下中国经济增长率，以及在不同增长率条件下以现价计算的人均 GDP。结果表明，尽管中国经济增长率呈现逐渐下降的趋势，但整体上，中国经济仍然能够保持平稳、较快发展。

表 2—7　　　　中国经济社会发展预测（2018—2040 年）

年份	基准情景增长率（%）	人均 GDP（美元）	备注
2018	6.7	9448	
2019	6.5	10053	
2020	6.4	10770	超过 10000 美元
2021	6.2	11523	
2022	6.1	12322	
2023	5.9	13160	
2024	5.7	14035	
2025	5.6	14961	
2026	5.5	15943	

续表

年份	基准情景增长率（%）	人均GDP（美元）	备注
2027	5.3	16964	超过16000美元
2028	5.2	18045	
2029	5.0	19169	
2030	4.9	20354	
2031	4.8	21603	
2032	4.7	22919	
2033	4.6	24303	
2034	4.5	25757	
2035	4.4	27283	约27000美元
2036	4.3	28885	
2037	4.2	30566	
2038	4.1	32327	
2039	4.0	34172	
2040	3.9	36102	约36000美元

2040年，中国人均GDP约为36000美元，与2016年科威特、以色列等国家的人均水平较为接近（见表2—8）。

表2—8　　　　部分国家2016年经济社会发展指标

国家	经济增速（%）	人均寿命（岁）	人均受教育年限（年）	城市化率（%）	R&D支出占GDP比重（%）
巴哈马	0.45	73.3	11.4	82.83	/
马耳他	5.68	82.5	11.3	94.48	0.58
科威特	2.93	75.2	7.2	100	0.08
以色列	3.98	82.4	13.0	92.26	4.42

资料来源：人均寿命来自世界卫生组织网站，其他数据来自世界银行。

（二）对标国家相应时期消费特征

本部分选了美国、英国、德国、法国、日本五个国家，重点考察各国在人均 GDP36000 美元时期的消费特征[①]。

1999 年美国消费结构如图 2—1 所示，美国人均消费各项支出占比依次为：（1）其他，20.4%；（2）租金、水、燃料和电力，18.3%；（3）医疗保健，16.6%；（4）交通通信（14.1%）；（5）娱乐、教育、文化服务，11.6%；（6）食品、饮料、香烟，9.3%；（7）家具、家庭器具、家庭杂费，5.1%；（8）衣物与鞋类，4.6%。

——美国

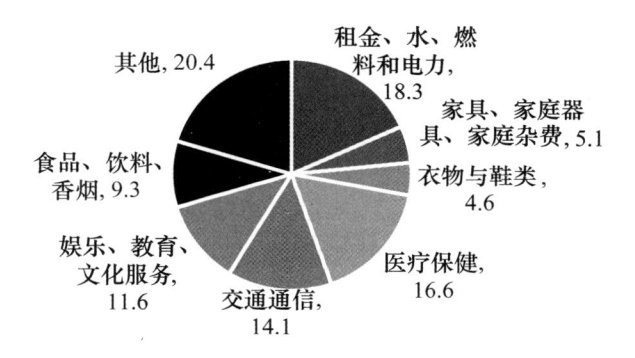

图 2—1　1999 年美国消费结构（单位:%）

在各消费大类中占比较大的依次为：食物占据食品、饮料、香烟消费大类的 67.1%，服装占据衣物与鞋类消费大类的 84.1%，估算房租占据租金、水、燃料和电力消费大类的 64.3%，家具、地毯及地板开销及日用品和服务费占据家具、家庭器具、家庭杂费消费大类的 63.5%，医院看病开销占据医疗保健消费大类的 44.2%，私人交通器械运营费占据交通通信消费大类的 40.6%，视频播放器、照相机等设

---

① 数据来源：美国、英国、德国、法国数据来源于 OECD 数据库，日本数据来源于世行数据库。同时，为准确地反映对标国家当时购买力水平和消费特征，本书均将消费数据换算成当期美元价格计算。

备占据娱乐、教育、文化服务消费大类的 24.3%（见表 2—9）。

表 2—9　　　　　　　　　1999 年美国消费细分情况

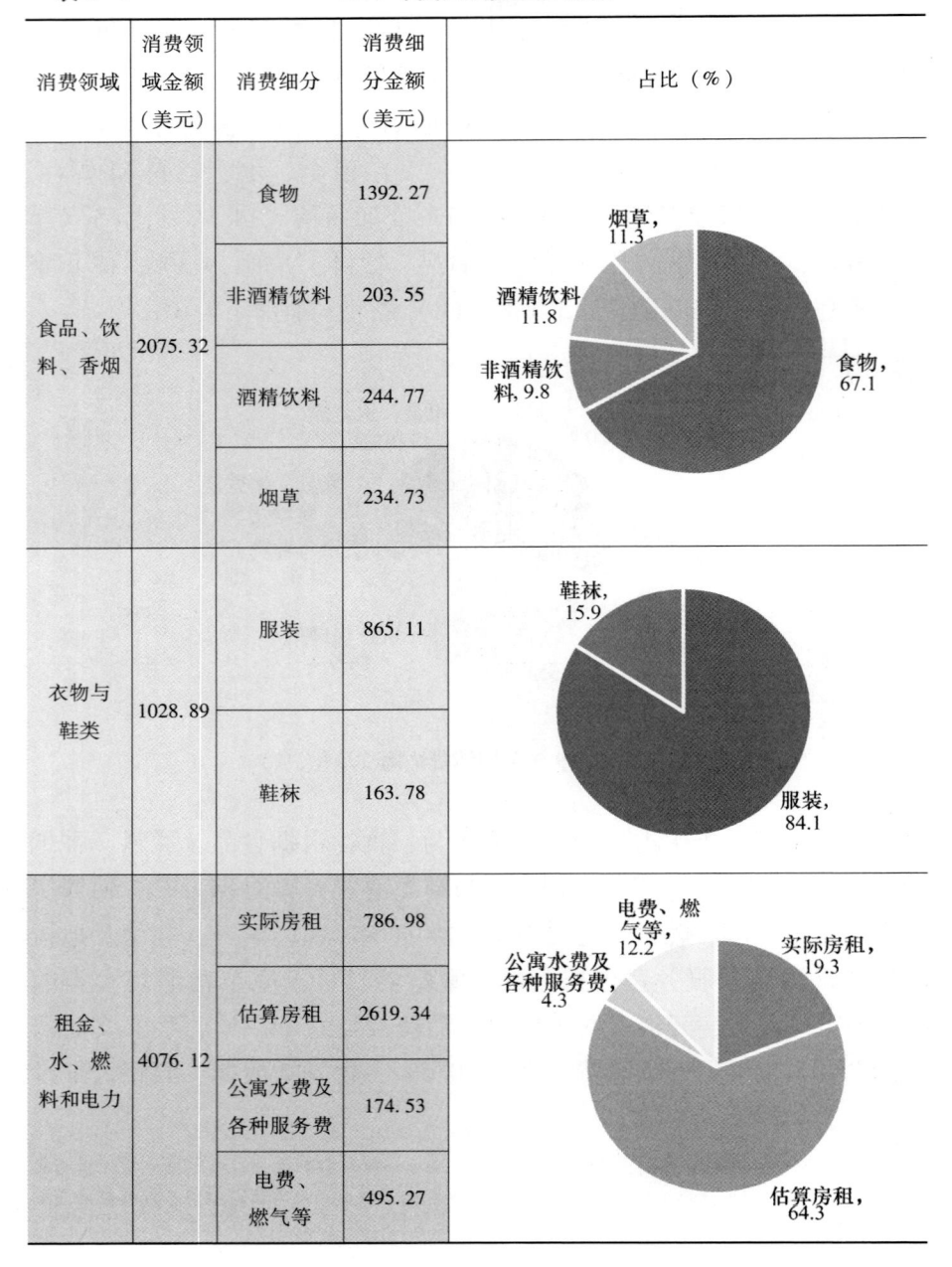

消费领域	消费领域金额（美元）	消费细分	消费细分金额（美元）	占比（%）
食品、饮料、香烟	2075.32	食物	1392.27	食物，67.1；烟草，11.3；酒精饮料，11.8；非酒精饮料，9.8
		非酒精饮料	203.55	
		酒精饮料	244.77	
		烟草	234.73	
衣物与鞋类	1028.89	服装	865.11	服装，84.1；鞋袜，15.9
		鞋袜	163.78	
租金、水、燃料和电力	4076.12	实际房租	786.98	估算房租，64.3；实际房租，19.3；电费、燃气等，12.2；公寓水费及各种服务费，4.3
		估算房租	2619.34	
		公寓水费及各种服务费	174.53	
		电费、燃气等	495.27	

第二章 2040年中国居民消费水平及结构预测分析 155

续表

消费领域	消费领域金额（美元）	消费细分	消费细分金额（美元）	占比（%）
家具、家庭器具、家庭杂费	1145.70	家具、地毯及地板开销	375.21	家具、地毯及地板开销，32.7
		纺织用品	118.26	纺织用品，10.3
		家用电器	125.79	家用电器，11.0
		玻璃器皿等	114.32	玻璃器皿等，10.0
		房屋及花园工具	58.77	房屋及花园工具，5.1
		日用品和服务费	353.35	日用品和服务费，30.8
医疗保健	3703.05	药品、医疗器械	608.16	药品、医疗器械，16.4
		上门看病开销	1458.93	上门看病开销，39.4
		医院看病开销	1635.96	医院看病开销，44.2
交通通信	3136.82	车辆购买	1109.88	车辆购买，35.4
		私人交通器械运营费	1272.93	私人交通器械运营费，40.6
		交通服务费	235.09	交通服务费，7.5
		邮递费	35.48	邮递费，1.1
		电话、传真及服务费	483.44	电话、传真及服务费，15.4

续表

消费领域	消费领域金额（美元）	消费细分	消费细分金额（美元）	占比（%）
娱乐、教育、文化服务	2571.67	视频播放器、照相机等设备	625.00	
		其他主要的娱乐、文化耐用品	127.22	
		其他娱乐设施、设备和花园和宠物等	489.89	
		娱乐、文化服务	583.07	
		报纸、书籍和其他文具	306.77	
		旅游①	26.16	
		学前及小学教育	20.43	
		中学教育	61.28	
		中等以上非高等教育	253.73	
		其他教育	78.12	

饼图占比（%）：视频播放器、照相机等设备 24.3；其他主要的娱乐、文化耐用品 4.9；其他娱乐设施、设备和花园和宠物等 19.1；娱乐、文化服务 22.7；报纸、书籍和其他文具 11.9；旅游 1.0；学前及小学教育 0.8；中学教育 2.4；中等以上非高等教育 9.9；其他教育 3.0

注：数据采用了四舍五入计算，下同。

---

① 本处旅游指国境内旅游。

如图2—2所示，2003年英国人均消费各项支出占比依次为：(1) 租金、水、燃料和电力，25.4%；(2) 其他，22.5%；(3) 交通通信，15.2%；(4) 食品、饮料、香烟，12.4%；(5) 娱乐、教育、文化服务，12.1%；(6) 家具、家庭器具、家庭杂费，5.6%；(7) 衣物与鞋类，5.3%；(8) 医疗保健，1.5%。

——英国

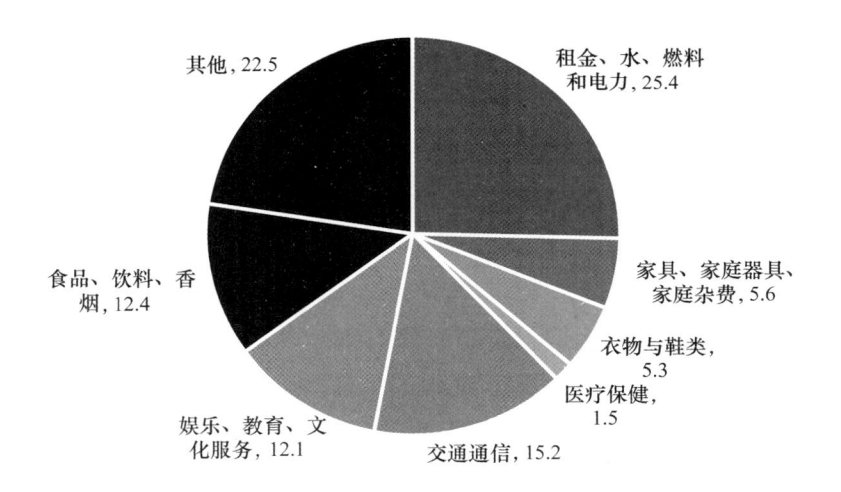

图2—2 2003年英国消费结构（单位：%）

对于英国消费细分情况，消费大类中占比较大的依次为：食物占据食品、饮料、香烟消费大类的57.6%，服装占据衣物与鞋类消费大类的86.7%，估算房租占据租金、水、燃料和电力消费大类的72.1%，家具、地毯及地板开销占据家具、家庭器具、家庭杂费消费大类的38.0%，药品、医疗器械占据医疗保健消费大类的59.6%，车辆购买和私人交通器械运营费占据交通通信消费大类的65.2%，其他娱乐设施、设备和花园和宠物等占据娱乐、教育、文化服务消费大类的28.8%（见表2—10）。

表 2—10　　　　　　　　　2003 年英国消费细分情况

消费领域	消费领域金额（美元）	消费细分	消费细分金额（美元）	占比（%）
食品、饮料、香烟	2724.71	食物	1570.33	食物，57.6；烟草，15.7；麻醉剂，5.8；酒精饮料，13.0；非酒精饮料，7.9
		非酒精饮料	216.10	
		酒精饮料	353.45	
		烟草	426.92	
		麻醉剂	157.91	
衣物与鞋类	1152.67	服装	999.78	服装，86.7；鞋袜，13.3
		鞋袜	152.89	
租金、水、燃料和电力	5568.96	实际房租	926.95	估算房租，72.1；实际房租，16.6；电费、燃气等，7.5；公寓水费及各种服务费，3.8
		估算房租	4015.57	
		公寓水费及各种服务费	210.12	
		电费、燃气等	416.32	

第二章 2040年中国居民消费水平及结构预测分析　159

续表

消费领域	消费领域金额（美元）	消费细分	消费细分金额（美元）	占比（%）
家具、家庭器具、家庭杂费	1236.93	家具、地毯及地板开销	470.28	家具、地毯及地板开销,38.0
		纺织用品	146.38	纺织用品,11.8
		家用电器	153.06	家用电器,12.4
		玻璃器皿等	132.61	玻璃器皿等,10.7
		房屋及花园工具	102.10	房屋及花园工具,8.3
		日用品和服务费	232.50	日用品和服务费,18.8
医疗保健	338.34	药品、医疗器械	201.77	药品、医疗器械,59.6
		上门看病开销	71.90	上门看病开销,21.3
		医院看病开销	64.67	医院看病开销,19.1
交通通信	3342.01	车辆购买	1020.42	车辆购买,30.5
		私人交通器械运营费	1159.59	私人交通器械运营费,34.7
		交通服务费	708.64	交通服务费,21.2
		邮递费	25.77	邮递费,0.8
		电话、传真及服务费	427.59	电话、传真及服务费,12.8

续表

消费领域	消费领域金额（美元）	消费细分	消费细分金额（美元）	占比（%）
娱乐、教育、文化服务	2637.39	视频播放器、照相机等设备	544.78	
		其他主要的娱乐、文化耐用品	155.13	
		其他娱乐设施、设备和花园和宠物等	729.84	
		娱乐、文化服务	682.25	
		报纸、书籍和其他文具	284.58	
		旅游	0.00	
		学前及小学教育	24.68	
		中学教育	49.36	
		中等以上非高等教育	38.45	
		其他教育	128.32	

饼图占比：视频播放器、照相机等设备, 20.7；其他主要的娱乐、文化耐用品, 5.9；其他娱乐设施、设备和花园和宠物等, 27.7；娱乐、文化服务, 25.9；报纸、书籍和其他文具, 10.8；旅游 0.0；学前及小学教育, 0.9；中学教育, 1.9；中等以上非高等教育, 1.5；其他教育, 4.9

如图 2—3 所示，2005 年德国人均消费各项支出占比依次为：（1）租金、水、燃料和电力，25.4%；（2）其他，22.5%；（3）交通通信，15.2%；（4）食品、饮料、香烟，12.4%；（5）娱乐、教育、文化服务，12.0%；（6）家具、家庭器具、家庭杂费，5.6%；（7）衣物与鞋类，5.3%；（8）医疗保健，1.5%。

——德国

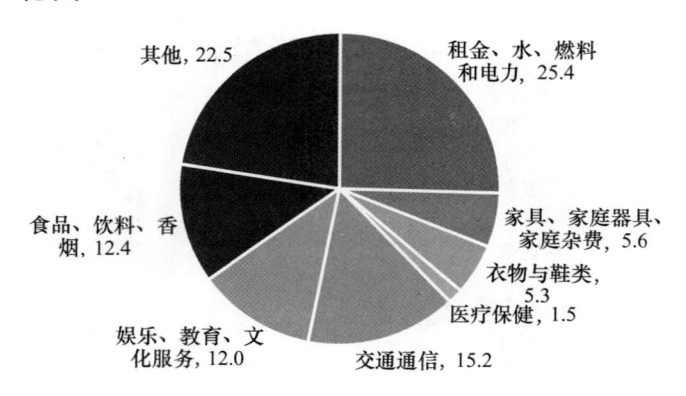

图 2—3 2005 年德国消费结构（单位:%）

在消费大类中占比较大的依次为：食物占据食品、饮料、香烟消费大类的66.5%，服装占据衣物与鞋类消费大类的83.8%，估算房租占据租金、水、燃料和电力消费大类的40.0%，家具、地毯及地板开销占据家具、家庭器具、家庭杂费消费大类的41.3%，上门看病开销占据医疗保健消费大类的44.1%，车辆购买和私人交通器械运营费占据交通通信消费大类的69.6%，娱乐、文化服务占据娱乐、教育、文化服务消费大类的32.0%（见表2—11）。

表2—11　　　　　　　　2005年德国消费细分情况

消费领域	消费领域金额（美元）	消费细分	消费细分金额（美元）	占比（%）
食品、饮料、香烟	2692.80	食物	1791.34	食物,66.5
		非酒精饮料	253.07	非酒精饮料,9.4
		酒精饮料	288.26	酒精饮料,10.7
		烟草	360.13	烟草,13.4
衣物与鞋类	956.49	服装	801.16	服装,83.8
		鞋袜	155.33	鞋袜,16.2
租金、水、燃料和电力	4488.95	实际房租	1323.54	实际房租,29.5
		估算房租	1796.91	估算房租,40.0
		公寓水费及各种服务费	547.49	公寓水费及各种服务费,12.2
		电费、燃气等	821.01	电费、燃气等,18.3

续表

消费领域	消费领域金额（美元）	消费细分	消费细分金额（美元）	占比（%）
家具、家庭器具、家庭杂费	1230.90	家具、地毯及地板开销	508.85	家具、地毯及地板开销,41.3；日用品和服务费,21.6；房屋及花园工具,8.6；玻璃器皿等,7.8；家用电器,12.7；纺织用品,8.0
		纺织用品	98.04	
		家用电器	155.78	
		玻璃器皿等	95.78	
		房屋及花园工具	106.01	
		日用品和服务费	266.44	
医疗保健	809.29	药品、医疗器械	294.72	药品、医疗器械,36.4；上门看病开销,44.1；医院看病开销,19.5
		上门看病开销	357.13	
		医院看病开销	157.44	
交通通信	3174.58	车辆购买	1015.59	车辆购买,32.0；私人交通器械运营费,37.6；交通服务费,13.3；邮递费,1.2；电话、传真及服务费,16.0
		私人交通器械运营费	1192.27	
		交通服务费	421.93	
		邮递费	36.69	
		电话、传真及服务费	508.10	

第二章 2040年中国居民消费水平及结构预测分析　163

续表

消费领域	消费领域金额（美元）	消费细分	消费细分金额（美元）	占比（%）
娱乐、教育、文化服务	1896.00	视频播放器、照相机等设备	333.37	
		其他主要的娱乐、文化耐用品	44.66	
		其他娱乐设施、设备和花园和宠物等	359.23	
		娱乐、文化服务	606.59	
		报纸、书籍和其他文具	327.05	
		旅游	66.46	
		教育	158.64	

占比数据：视频播放器、照相机等设备，17.6；其他主要的娱乐、文化耐用品，2.4；其他娱乐设施、设备和花园和宠物等，18.9；娱乐、文化服务，32.0；报纸、书籍和其他文具，17.2；旅游，3.5；教育，8.4。

如图2—4所示，2008年法国人均消费各项支出占比依次为：(1) 租金、水、燃料和电力，24.5%；(2) 其他，19.7%；(3) 交通通信，17.1%；(4) 食品、饮料、香烟，16.1%；(5) 娱乐、教育、文化服务，9.2%；(6) 家具、家庭器具、家庭杂费，5.2%；(7) 衣物与鞋类，4.3%；(8) 医疗保健，4.0%。

——法国

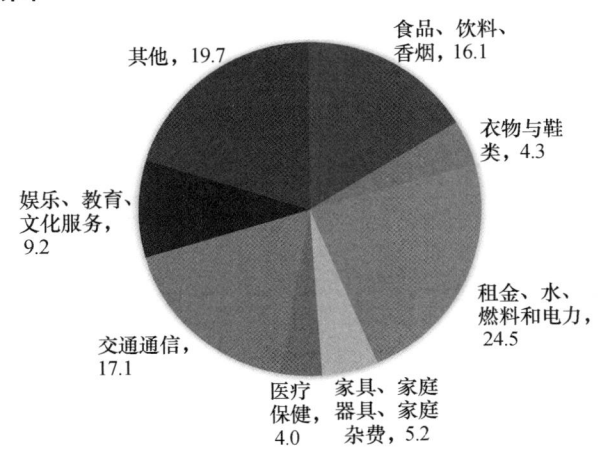

图2—4　2008年法国消费结构（单位:%）

在消费大类中占比较大的依次为：食物占据食品、饮料、香烟消费大类的 73.0%，估算房租占据租金、水、燃料和电力消费大类的 54.5%，家具、地毯及地板开销占据家具、家庭器具、家庭杂费消费大类的 30.4%，私人交通器械运营费占据交通通信消费大类的 47.4%，娱乐文化服务占据娱乐、教育、文化服务消费大类的 26.9%（见表 2—12）。

表 2—12　　　　　　　　2008 年法国消费细分情况

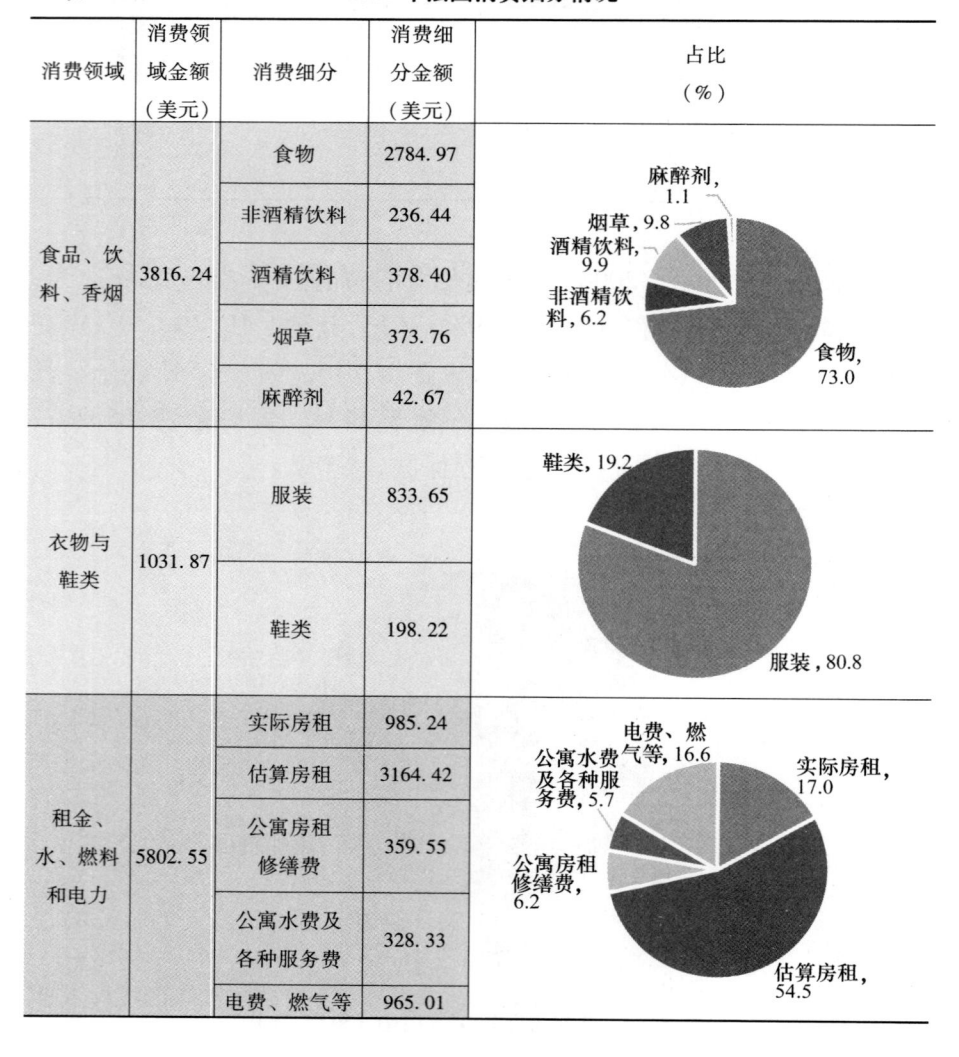

消费领域	消费领域金额（美元）	消费细分	消费细分金额（美元）	占比（%）
食品、饮料、香烟	3816.24	食物	2784.97	食物, 73.0；烟草, 9.8；酒精饮料, 9.9；非酒精饮料, 6.2；麻醉剂, 1.1
		非酒精饮料	236.44	
		酒精饮料	378.40	
		烟草	373.76	
		麻醉剂	42.67	
衣物与鞋类	1031.87	服装	833.65	服装, 80.8；鞋类, 19.2
		鞋类	198.22	
租金、水、燃料和电力	5802.55	实际房租	985.24	估算房租, 54.5；实际房租, 17.0；电费、燃气等, 16.6；公寓房租修缮费, 6.2；公寓水费及各种服务费, 5.7
		估算房租	3164.42	
		公寓房租修缮费	359.55	
		公寓水费及各种服务费	328.33	
		电费、燃气等	965.01	

第二章 2040年中国居民消费水平及结构预测分析　165

续表

消费领域	消费领域金额（美元）	消费细分	消费细分金额（美元）	占比（%）
家具、家居设备和日常保养	1226.77	家具、地毯及地板开销	372.96	
		纺织用品	86.60	
		家用电器	196.66	
		玻璃器皿、餐具及家庭用具	163.93	
		房屋及花园工具	106.30	
		日用品和服务费	300.32	
医疗保健	940.58	药品、医疗器械	393.50	
		上门看病开销	419.54	
		医院看病开销	127.54	
交通通信	4060.58	车辆购买	858.77	
		私人交通器械运营费	1924.75	
		交通服务费	523.28	
		邮递费	41.91	
		电话、传真机	52.47	
		电话、传真服务费	659.40	

续表

消费领域	消费领域金额（美元）	消费细分	消费细分金额（美元）	占比（%）
娱乐、教育、文化服务	2179.13	视听、摄影和信息处理设备	446.66	
		其他主要的娱乐、文化耐用品	98.59	
		其他娱乐设施、设备和花园和宠物等	545.60	
		娱乐、文化服务	586.23	
		报纸、书籍和文具	366.11	
		旅游	42.78	
		教育	93.16	

占比：教育 4.3；旅游 2.0；报纸、书籍和文具 16.8；娱乐、文化服务 26.9；其他娱乐设施、设备和花园和宠物等 25.0；其他主要的娱乐、文化耐用品 4.5；视听、摄影和信息处理设备 20.5

2010年日本消费结构如图2—5所示，日本人均消费各项支出占比依次为：（1）租金、水、燃料和电力，26.2%；（2）其他，21.4%；（3）食品、饮料、香烟，16.7%；（4）交通通信，13.6%；（5）娱乐、教育、文化服务，11.3%；（6）家具、家庭器具、家庭杂费，3.9%；（7）医疗保健，3.6%；（8）衣物与鞋类，3.3%。

——日本

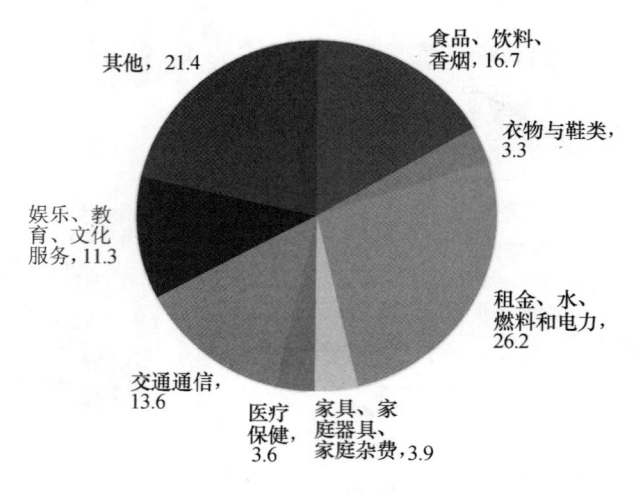

图2—5 2010年日本消费结构（单位:%）

(三) 2040 年中国消费对标分析与预测

2040 年中国人均 GDP 在 3.5 万美元左右，接近于发达国家 21 世纪初期的收入水平。综合发达国家相应时期的消费水平，人均消费水平约为 2.3 万美元[①]，人均 GDP 增速在对标年份数值存在一定的差异，而人均消费增速平均在 5% 左右，具体对标国家见表 2—13。

表 2—13　　　　2040 年按照人均 GDP 中国国际对标[②]

对标国家	对标年份	人均 GDP[③]（美元）	人均 GDP 增速（%）	人均消费（美元）	人均消费增速（%）
中国	2040（E）	36102.0	3.9[④]	23142.1	6.4
美国	1999	34620.9	5.1	22259.1	5.8
英国	2003	34174.0	14.7	21801.1	12.0
德国	2005	34696.6	1.6	18618.2	1.2
法国	2008	35102.9	0.9	23724.7	1.0
日本	2010	34994.4	3.8	25089.5	8.0

根据相应国家消费细分情况，可以测算出中国 2040 年各具体领域的消费情况（见表 2—14）。2040 年中国人均消费各项支出依次为：(1) 租金、水、燃料和电力，5438.4 美元；(2) 其他，4806.0 美元；(3) 交通通信，3360.8 美元；(4) 食品、饮料、香烟，3217.7 美元；(5) 娱乐、教育、文化服务，2581.0 美元；(6) 医疗保健，1677.5 美元；(7) 家具、家庭器具、家庭杂费，1101.9 美元；(8) 衣物与鞋类，958.9 美元。

---

① 考虑到文化、消费习惯、人口规模等因素的差异，在测算时对不同国家采取了不同的权重。中国 2040 年消费水平及消费增速预测公式：0.4×日本+0.3×美国+0.1×法国+0.1×德国+0.1×英国。美国、英国、德国、法国、日本数据来源于 OECD 数据库。同时，为准确地反映对标国家当时购买力水平和消费特征，本书将消费数据换算成当期美元价格计算。

② 为准确反映对标年份增长速度，此处平均增速为对标年份前后两年相对于人均 GDP 和人均消费增速的平均值。

③ 本表人均 GDP 均采用 OECD 统一现价美元计算。

④ 根据第五章对 2040 年的人口预测，人口的变动较平缓，此处采用对中国 2040 年 GDP 的预期增长率来代表中国 2040 年的人均 GDP 增速。

表 2—14　　　　　中国 2040 年预期人均消费细分情况①　　　　单位：美元

消费细分领域	中国 (2040E)	美国 (1999)	英国 (2003)	德国 (2005)	法国 (2008)	日本 (2010)
租金、水、燃料和电力	5438.4	4076.1	5569.0	4489.0	5802.5	6573.7
食品、饮料、香烟	3217.7	2075.3	2724.7	2692.8	3816.2	4179.4
交通通信	3360.8	3136.8	3342.0	3174.6	4060.6	3405.1
娱乐、教育、文化服务	2581.0	2571.7	2637.4	1896.0	2179.1	2845.5
医疗保健	1677.5	3703.1	338.3	809.3	940.6	894.3
衣物与鞋类	958.9	1028.9	1152.7	956.5	1031.9	840.2
家具、家庭器具、家庭杂费	1101.9	1145.7	1236.9	1230.9	1226.75	971.9
其他	4806.0	4521.5	4941.8	3369.2	4666.9	5379.4
总计	23142.2	22259.1	21942.8	18618.3	23724.55	25089.5

从 2040 年中国预估人均消费构成来看（见图 2—6），2040 年中

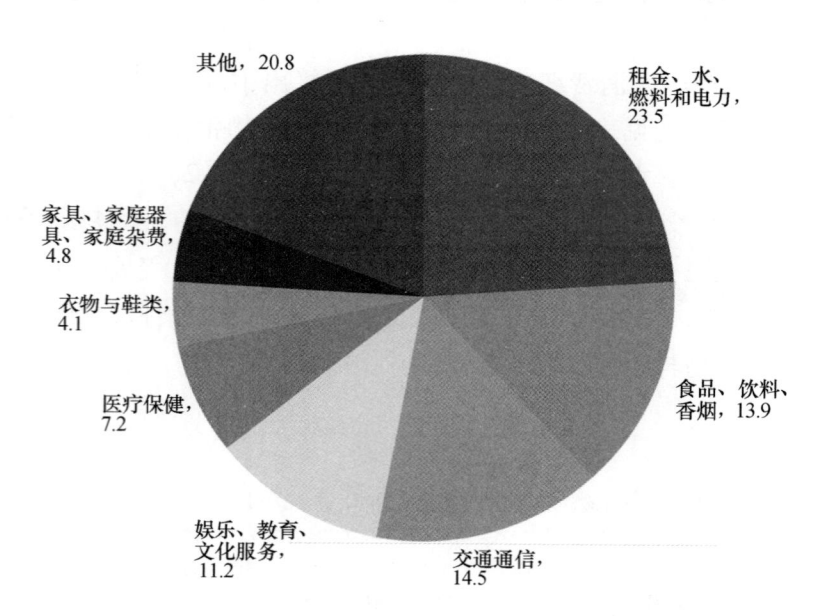

图 2—6　2040 年中国预估人均消费构成（单位：%）

① 中国 2040 年消费水平预测：0.4×日本＋0.3×美国＋0.1×法国＋0.1×德国＋0.1×英国

国人均消费各项支出占比依次为：(1) 租金、水、燃料和电力，23.5%；(2) 其他，20.8%；(3) 交通通信，14.5%；(4) 食品、饮料、香烟，13.9%；(5) 娱乐、教育、文化服务，11.2%；(6) 医疗保健，7.2%；(7) 家具、家庭器具、家庭杂费，4.8%；(8) 衣物与鞋类，4.1%。

（四）消费趋势分析

消费趋势分析主要采用两种方式：一种是比较中国2017年消费水平与2040年预估消费水平；另一种是比较中国2017年消费水平与2010年日本消费水平（见表2—15）。两种比较的结果除交通信息与医疗保健排名发生变化外，其他类的排名基本一致，交通通信与医疗保健领域可能是中国未来消费与所对标发达国家已有消费的最大差异。

表2—15　　中国2017年消费水平与2040年预估消费水平差距[①]　　单位：美元

消费细分领域	中国（2040E）	中国（2017年）	差值
租金、水、燃料和电力	5438.4	608.4	4830.0
交通通信	3217.7	370.2	2847.5
食品、饮料、香烟	3360.8	796.1	2564.7
娱乐、教育、文化服务	2581.0	309.0	2272.0
医疗保健	1677.5	215.0	1462.5
家具、家庭器具、家庭杂费	1101.9	166.1	935.8
衣物与鞋类	958.9	183.4	775.5
其他	4806.0	66.2	4739.8

① 中国2017年消费数据来自国家统计局。其中，国家统计局中居住数据对比租金、水、燃料和电力数据（OECD），生活用品及服务数据（中国）对比家具、家庭器具、家庭杂费（OECD），其他消费数据分类相同。

170　2040年经济社会发展愿景研究

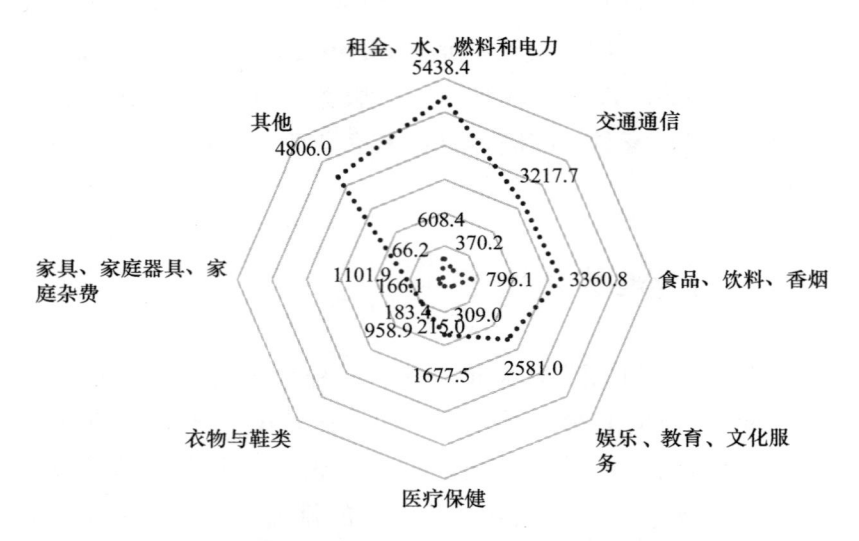

图2—7　中国2017年消费水平与2040年预估消费水平差距（单位：美元）

1. 中国2017年消费水平与2040年预估消费水平对比

从图（2—7）可以发现，中国消费未来可拓展空间排序如下：（1）租金、水、燃料和电力，4830.0美元；（2）其他，4739.8美元；（3）交通通信，2847.5美元；（4）食品、饮料、香烟，2564.7美元；（5）娱乐、教育、文化服务，2272.0美元；（6）医疗保健，1462.5美元；（7）家具、家庭器具、家庭杂费，935.8美元；（8）衣物与鞋类，775.5美元。

2. 中国2017年消费水平与日本2010年消费水平对比

由于2017年中国人均收入与日本2010年类似，且日本人口、消费偏好、国情文化相比西方发达国家与中国更为类似，按照中国分类，比较中国2017年消费水平与日本2010年消费水平的差距（见表2—16、图2—8）。

第二章　2040年中国居民消费水平及结构预测分析　　171

表2—16　　　　中国2017年消费水平与日本2010年差距①　　　单位：美元

消费细分领域	日本（2010年）	中国（2017年）	差值
租金、水、燃料和电力	6573.7	608.4	5965.3
食品、饮料、香烟	4179.4	796.1	3383.3
交通通信	3405.1	309.0	3096.1
娱乐、教育、文化服务	2845.5	370.2	2475.3
家具、家庭器具、家庭杂费	971.9	166.1	805.8
医疗保健	894.3	215.0	679.3
衣物与鞋类	840.2	183.4	656.8
其他	5379.4	66.2	5313.2

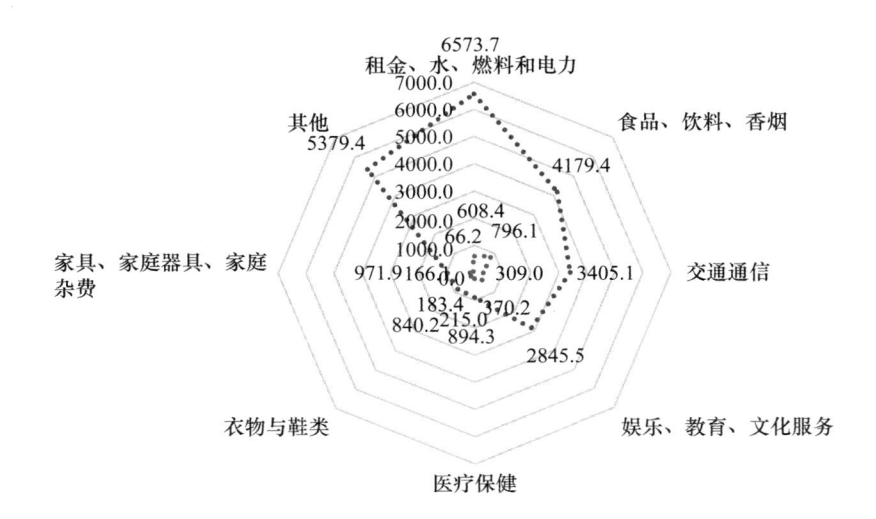

图2—8　中国2017年消费水平与日本2010年差距（单位：美元）

从图2—8可以发现，中国消费未来可拓展空间排序如下：（1）其

---

① 中国2017年消费数据来源国家统计局，日本2010年数据来自OECD数据库。其中，国家统计局中居住数据（中国）对比租金、水、燃料和电力数据（OECD），生活用品及服务数据（中国）对比家具、家庭器具、家庭杂费（OECD），其他消费数据分类相同。

他，5313.2美元；（2）租金、水、燃料和电力，5965.3美元；（3）食品、饮料、香烟，3383.3美元；（4）娱乐、教育、文化服务，2475.3美元；（5）交通通信，3096.1美元；（6）家具、家庭器具、家庭杂费，805.8美元；（7）医疗保健，679.3美元；（8）衣物与鞋类，656.8美元。

第三章

2040年科技发展愿景分析

一 中国科技创新发展现状

（一）中国科技创新的进展

与代表性世界科技强国相比，中国在科技创新的整体能力、科技投入、经济发展和市场需求的牵引力、科技人力资源等方面进步显著，且发展势头强劲。

1. 科技创新整体能力显著提升

随着中国科技的高速发展，知识创造能力和技术创新能力同步显著提升，重大创新成果出现集中涌现的趋势，在世界科技发展格局中占据越来越重要的地位。

（1）科学研究能力稳步提升

一是论文发表量全球领先。发表论文的数量可以反映出研究规模的大小。从绝对数来看，2018年，中国发表SCI论文44.5万篇，较2017年提升两个百分点，仅次于美国，位列全球第二。从相对数来看，中国SCI论文总量占世界份额从2009年的10.61%上升至2018年的21.59%，年平均增长率超过18%，远高于世界SCI论文总量的年均增长率。上述指标可以表明中国研究规模有明显增长。二是中国在世界上的学术影响力明显提升。材料科学、工程科学、化学三个学科的论文发表数位列世界第一。由数学、物理、天文、信息等学科组成的数理科学群虽然暂时不及美国，但是亮点纷呈，特别是在几何与代数交叉、人工智能、暗物质、量子信息、超导等方面取得了一系列突出成果。生命科学整体呈现高速发展，特别是药学、生物学、农业科学等宏观科学领域已接近世界前列，分子生物科学布局完成，发展迅速。

（2）技术创新能力不断增强

中国技术创新的能力、水平以及全社会广泛参与的程度大幅提升，同时也越来越重视对技术市场的占有，专利申请与授权数量逐年快速提升。2011年，中国凭借超过52万件的发明专利申请总数成为发明专利申请规模最大的国家。2018年，中国专利申请量为432.3万件，同比增长16.9%，其中，发明专利申请154.2万件，同比增长11.6%，占专利申请总量的35.67%。授予专利权数为244.7万件，同比增长33.3%。可以看出，一方面发明专利申请数和授权数均有大幅增长，另一方面随着发明专利申请占全部专利申请的比重有所提升，专利申请结构也得到优化。截至2018年年底，中国有效专利数为838.1万件，其中国内有效发明专利160.2万件，每万人发明专利拥有量为11.5件。从2013年起，中国《专利合作条例》（PCT）国际专利总量超过德国、法国和英国等，仅次于日本和美国，位列世界第三。据世界知识产权组织统计，2018年，中国发明人通过PCT途径提交的国际专利申请为53345件，比上年度增加9.1%，继续保持增长趋势；并且仅次于美国，位列全球第二。通常认为，三方专利申请量可以用来衡量一个国家或者地区的专利质量和科技实力。根据经济合作与发展组织（OECD）的统计，2016年，三方专利总数为5.6万件，其中有5.1万件产生于OECD成员国，占比为91.7%；欧盟28国三方专利数占比为24.7%，为1.4万件。日本、美国拥有的三方专利数占比之和为57.2%，分别为1.7万件和1.4万件。2016年，中国三方专利数为3890件，同比增长19.5%，占比为7%，位列全球第四。2018年《国民经济和社会发展统计公报》

显示,全年共签订各类技术合同41.2万项,成交金额突破1.7万亿元,比上年分别增长11.9%和31.8%;平均每项技术合同成交额429.5万元,同比增长17.6%;技术合同成交金额占全国GDP比重增加至1.97%,这表明中国技术交易规模继续稳步增长。

(3) 重大创新成果不断涌现

中国在干细胞、基因组、肿瘤早期诊断标志物、凝聚态物理、纳米科技、中微子、量子信息等前沿基础研究领域均取得系统性的原始创新进展,步入世界前列;在空天科技、高速铁路、深海探测、核能技术、移动通信和超级计算等战略高技术领域已经进入国际第一方阵。"天宫一号"目标飞行器、"天宫二号"空间实验器、"蛟龙号"载人深潜器、FAST望远镜"悟空号"卫星、墨子号量子科学实验卫星等重大科技成果的相继问世,标志着中国在一些重要领域跻身世界先进行列,甚至在某些前沿领域已经进入并行和领跑阶段,为中国成为一个有世界影响的科技大国储备了科技力量,奠定了重要基础。

(4) 企业创新主体作用日益凸显

中国企业作为技术创新主体的地位进一步增强,研究与开发投入和活动都持续显著增长,企业的全时当量研究人员占全国总数的比例超过50%,重点行业和战略性技术领域充分发挥集中力量办大事的体制优势,不断形成国际领先的创新能力,打造出以"高铁"等为代表的中国名片。此外,企业技术创新活跃程度也在持续提升,2017年,中国共有29.8万家企业从事创新活动,占比为39.8%;其中实现创新的企业为27.8万家,占比为37.1%;同时实现工艺创新、产品创新、营销创新、组织创新的企业达到5.9万家,占比为7.8%。有15.1万家规模以上工业企业开展了技术创新活动,占全部规模以上工业企业的40.5%。以华为、腾讯、阿里巴巴等为代表的一批高端创新型企业表现出较强的竞争力和市场活力,先后进入全球产业竞争的前列。另外,在"大众创业、万众创新"的指引下,各类创新资源集聚速度加快、调配灵活性提高、着力点增多,为国家创新体系的建设发挥着巨大作用。各类创新中介服务机构规模迅速扩大,截至2016年年底,全国共有4298家众创空间、3255家科技企业孵化器和300余家企业加速器纳入火炬计划,数量和规模均跃居世界首位。这些创新中介服务机构作为创新活动的重要载体,为培育科技型中小企业、促进科技成果转化、提升中国科技竞争力、发展经济新动能做出了重大贡献。

2. 科技投入稳步提升

近年来,中国政府和企业R&D投入逐年增长,科技投入规模和强度均有明显提升,现已接近代表性世界科技强国的水平。

(1) 全社会研发经费(R&D)投入、支出总量逐年增长

一是R&D经费投入规模增长明显。从中国R&D经费投入绝对数和相对数的变动趋势可以看出,全社会研发经费的投入规模从1999年的0.83%增长到2018年的2.18%,始终保持增长。2013年,中国全社会研发经费投入绝对规模仅次于美国,位列全球第二,同时,R&D研发强度首次突破2%,超过欧盟28国平均值。二是R&D经费投入强度不断提升。从国内来看,2018年,中国R&D经费投入强度为2.18%,比上年提高0.05个百分点,比2009年提高0.5个百分点。从国际来看,欧盟28国R&D经费投入强度平均为1.96%,而中国已高于这一水平,但与部分发达国家2.5%—4%的水平相比,还有差距。总体而言,中国研发经费投入满足中国经济社会发展的基本要求,也与所处阶段状况较为匹配,但整体上对科技研发的资金支持力度依然偏弱,还有很大的发展空间。

(2) 企业逐步成为中国R&D经费的主要来源

从来源构成看,有76.5%的R&D经费来源于企业,政府资金、国外资金和其他资金所占比重略有下降,企业主体地位和主导作用明显增强。从支出流向看,2017年,中国R&D经费中各类企业经费支出为13660.2亿元,占全部R&D经费的77.6%。2017年,在中国全部规模以上工业企业中,开展R&D活动的共10.2万个,拥有研发机构的共7.1万个,拥有研发人员404.5万人,占全国研发人员

总数的 65.1%。R&D 经费投入达到 12013 亿元，比上年增长 9.8%；R&D 经费投入强度为 1.06%，比上年提高了 0.12 个百分点。

3. 重大科技基础设施和条件平台建设不断优化

中国重大科技基础设施建设取得显著进展，进入更高水平的快速发展阶段。重点打造支撑重大科学发现和核心关键技术突破的国家科技重器。目前在建和正在运行的重大科技基础设施数量接近 50 个，范围覆盖了时间标准、导航、遥感、粒子物理与核物理、天文、地质、海洋、生态、生物资源、能源等诸多领域，如上海光源、500 米口径球面射电望远镜等，总体技术水平基本进入国际先进行列。国家重大科技基础设施在提升国家科技能力水平、凝聚世界一流科技研发群体、实施重大科学计划等方面发挥着日益重要的作用，逐渐成为重大科技创新的核心依托与关键抓手。

（二）中国科技创新面临的挑战

当前，中国科技创新发展进入关键阶段，新时代新使命新征程，要求我们必须保持清醒的头脑，应充分认识到，中国科技创新的整体水平与建设世界科技强国"三步走"战略的宏大目标和世界科技强国的发展现状之间还存在很大差距。针对自身的短板问题，深入挖掘创新潜力，持续提升科技水平，对加快建设创新型国家和世界科技强国都有重要意义。

1. 基础科学短板依然突出，原始创新能力不强

中国对基础研究支持力度不足，企业对基础研究的重视程度更是与发达国家存在明显差距。一是基础研究的投入比例较低。虽然中国基础研究经费的绝对规模近十年来呈现出逐步上升的趋势，但相对比例偏低，在一定程度上阻碍了中国基础研究的发展，不利于提升中国科技创新能力。横向对比来看，2016 年，美国、日本、俄

罗斯的基础研究经费分别为784.21亿美元、188.14亿美元和52.21亿美元，占比分别为16.9%、12.6%和14%。无论是基础研究经费总量，还是相对占比，美国均体现了明显的优势，而中国基础研究经费虽然在总量上超过日本和俄罗斯，但占GDP的比重明显偏低，甚至不足上述任何一个国家的一半。从内部结构来看，中国的现状也有所不同，在基础研究领域投入的R&D经费比例过低，对关键共性技术支持力度不足，这也是相对其他发达国家的主要弱势之一。因此，进一步提高基础研究经费比重、优化调整经费结构，是中国R&D经费面向2040年改革的大趋势。与此同时，中国基础研究投入来源结构不合理，集中表现在中国当前有超过90%的基础研究经费来源于政府，其他诸如企业、社会捐赠等来源占比很低，而世界发达国家来源于政府的基础研究经费一般不超过5%。中国的高校和科研院所是研发支出的主要部门，也是基础研究活动最活跃的部门，企业对基础研究的重视相对不足。2014年，中国企业的基础研究支出占总研发支出的比重低至1.6%，美国企业基础研究支出占比达到20%左右，日本和韩国分别达到40%和50%（见图3—1）。

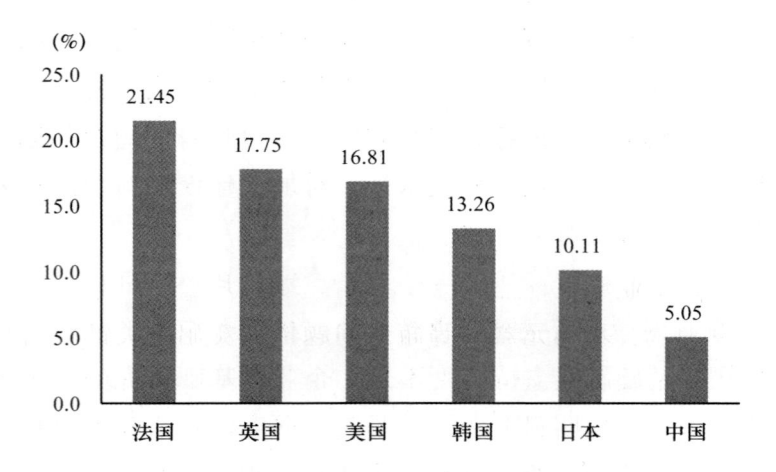

图3—1　2014年主要国家基础研究投入占研发投入的比重

资料来源：根据OECD数据库中基础研究投入和研发投入数据计算得到。

二是缺乏重大原创成果，在世界科学前沿领域的贡献和影响力略显弱势。由于中国科技创新源头供给不足，原始创新水平还不够高，因此关于关键科学问题的知识积累有所欠缺，从而难以产生重大科学发现来推动学科发展，也缺少原理性突破来引领产业变革。以生物医学领域为例，虽然近年来中国提出的青蒿素治疗疟疾和三氧化二砷治疗急性早幼粒细胞白血病对世界医学发展做出了杰出贡献，但相比欧美国家并不突出。在生物医药等基础研究至关重要的领域，中国企业仍在经历追仿国外产品的过程，对原创专利产品的重视不足。统计最近20年（1998—2017年）*Science*、*Nature*、*Cell*、*Lancet*、*JAMA*、*NEJM*六大生物医学领域权威期刊原始研究论文，美国通讯作者占到一半，而中国通讯作者的论文发表数仅占1.6%，排在第10位，远低于英国、法国、日本、德国和加拿大等发达国家。中国生物技术、医疗技术和制药领域三方专利数量均排世界第18名左右，美国、欧盟和日本位居前3名；全球新药专利发明人中，50%来自北美，33.3%来自欧洲国家，亚洲国家占7%，中国仅占亚洲国家的2.8%（大陆为1.9%）。另外，如果用全球1%高被引论文来衡量贡献率的话，中国在跨学科科学、空间科学、地球科学、物理学、临床医学、环境生态学、分子生物学与基因组学、免疫学、微生物学等学科领域的学科贡献率远低于美国等科技强国，在一定程度上折射出中国在多个前沿学科重点发展方向上创新能力的不足。

三是关键技术仍然受制于人。中国基础技术较弱、基础工艺落后的短板没有得到根本解决，仍然会长期限制关键技术的突破和发展，例如，工业母机、基础软硬件、高端芯片、基础材料、基本算法、开发平台、基础元器件等瓶颈问题依然突出，关键设备仍过度依赖进口。2018年，"中兴事件"暴露了中国核心技术被扼住喉咙的窘境。除了芯片技术以外，中国在高档数控机床、集成电路与专用设备、海洋工程装备及高技术船舶、航空航天装备、汽车、农机装备、高性能医疗器械等多个领域同国际先进水平的明显差距也未能得到有效缓解。中国工程院罗锡文院士指出："中国的农机产品中，仅有10%的国产整机技术水平可以达到发达国家在20世纪90年代水平，多数国产机仅相当于发达国家70年代水平。70%以上的先进农产品加工成套设备依赖进口。"[①] 在医疗领域，重要的知识积累和原创成果都在国外，中国的占有率很低。中国95%的医疗设备被国外垄断，国产医学影像设备的大部分元器件依赖进口，与世界先进水平有10—20年的差距；最早的传统医学成像设备（CT、核磁共振）专利比美国晚20年，专利数量仅为美国的1/10。重粒子癌放疗设备、全球高端电子显微镜等关键设备基本由日本、德国和美国垄断。

2. 科技前沿领域前瞻性布局不足，科技聚焦产业发展瓶颈和国家重大需求不够

当前，中国科技力量在面向国家重大需求、面向世界科技前沿、面向经济主战场等方面的布局略显不足。率先提出先导性研究方向、应对产业变革、引领技术潮流的能力较弱，仍需进一步加强。

一是技术研发未能与产业发展瓶颈和国家重大需求有效衔接。科技并没能充分服务于经济社会发展和广大人民群众，例如，粮食安全、交通出行、生态环境、人居环境和医疗健康等方面的诸多压力仍然存在，尚未得到有效缓解。目前中国农产品深加工技术和装备整体落后于发达国家10—80年；质量安全控制和农业资源环境等领域更是与发达国家存在巨大差距；城市交通领域科技创新积累不足，使中国的交通运输业难以突破瓶颈，实现跨越式创新发展。解决民众反映强烈的城市交通严重拥堵、路网结构不合理、交通换乘效率和服务水平偏低、交通行业能源消耗巨大等问题的科技支撑不足。

二是科技成果转化能力不强。科技成果转化效率不高，科技成果未能对产业发展形成有力支撑，对经济发展的促进作用不足。如

---

① 罗锡文：《对我国农业机械化科技创新的思考》，《农机科技推广》2019年第2期。

在现代医学和新药领域，科技成果与市场的衔接仍较迟缓。中国人才、资源等创新资源分散、封闭，缺乏科学整合和配置，造成投入产出低效；企业创新主体地位不突出，与高校、科研院所等之间缺乏协同创新机制和合作平台，大大降低了整个创新体系效率，成为中国经济发展过程中的弱点。

3. 国家创新体系不够完善，创新主体未能形成合力

作为国家创新体系的重要组成部分，政府、高校、科研院所和企业等各个主体至今仍在各自为战，没有形成高效协调的合作模式和整体格局。产学研合作尚未确立企业的核心地位和研发优势，高校和科研院所主要以发论文、申报专利和申请课题为主，进行的科研活动既难以高度聚焦国家的重大战略需求，也没有面向企业和市场的需求。目前，国家科技计划管理部门更多关注向高校和科研院所等创新主体投入资金，在统筹资源和协调科研院所和企业的关系上，没有充分发挥作用。以卫生健康领域为例，中国的生物医学领域科技创新主要通过五大科技计划投入，科技投入分散、缺位问题突出，并且科技管理机构不从事科研工作，仅依靠外部临时专家难以承担长期跟踪国际科技前沿等工作，不利于创新团队的形成和重大创新成果的产生，在面对重大和突发事件时也无法充分协调、调动全国力量进行集中攻关。在2003年非典疫情暴发时这一短板暴露无遗，这也是当时中国未能最先确认出SARS病毒的重要原因。此外，中国科技服务体系和平台尚不健全，缺乏专业的技术扩散机构，使得先进适用技术难以在广大企业，特别是中小企业中得到广泛应用。

4. 人才发展体制机制还不完善，顶尖人才和团队比较缺乏

一是科技人力资源强度明显弱于发达国家。中国是人才大国而非人才强国。每万人劳动力中从事R&D活动人员数最高的是韩国，为135人；日本和法国分别为105人和99人，德国为84人；而中国

仅有20人（见表3—1）。根据《2017年全球人才竞争力指数报告》，2015—2016年中国人才竞争力排名第48位，2017年下滑至第54位，没有对全球优秀人才产生持续而足够的吸引力。

表3—1　　　　　　中国R&D人员数与部分国家的比较

国家	年份	R&D人员（万人年）	万名就业人员R&D人员数（人年/万人）	R&D研究人员（万人年）	万名就业人员R&D研究人员数（人年/万人）
中国	2014	371.1	48.0	152.4	19.7
韩国	2014	43.1	168.3	34.5	134.9
日本	2014	89.5	137.2	68.3	104.7
法国	2014	42.2	154.9	26.9	98.8
英国	2014	38.8	126.3	27.4	89.0
加拿大	2013	22.7	125.6	15.9	88.2
美国	2012			126.5	87.4
荷兰	2014	12.3	140.9	7.6	86.4
德国	2014	60.1	140.7	36.0	84.2
西班牙	2014	20.0	111.1	12.2	68.0
俄罗斯	2014	82.9	115.9	44.5	62.2
波兰	2014	10.4	66.4	7.9	50.0
意大利	2014	24.6	101.2	12.0	49.3
土耳其	2014	11.5	44.5	9.0	34.6

资料来源：OECD, *Main Science and Technology Indicators*, January 2016。

二是中国人才在全球范围内的竞争力水平没有显著优势，缺乏高水平创新人才特别是科技领军人才，青年人才难以脱颖而出。中国拥有24万余名研发人员，其中仅有5.2%为高层次科技领军人才，目前仅有1位自然科学类诺贝尔奖获得者，而美国、日本、英国、德国、法国、瑞典等主要发达国家拥有90%以上的诺贝尔奖获得者。根据科睿唯安发布的2017年高被引学者名单，美国学者人数最多，达到1644人；英国学者有344人，位居第二；中国仅有249人，居于第三。计算机领域，美国计算机协会资深会员（ACM Fellow）代表全球最高水平，其1107位资深会员中，仅有50多位科学家为华人，中国科学家更少。在卫生健康领域，杰出科学家人数也远少于英美两国。美国和英国的医学科学院与国家科学院和国家工程院地位相近，其医学院士人数约为全部院士的1/3。而中国生命科学与医药卫生领域的院士仅占中国科学院和工程院所有院士的14%—18%。此外，优秀青年人才的不断流失也使得中国缺乏科技人才的情况日益严重。2017年，北京大学、清华大学、中国科学院大学分别有30.9%、28.2%和29.0%的本科毕业生选择出国（境）留学，其中大多为同年级中较为优秀的学生。

三是科技人才激励机制尚未健全，创新积极性和创造主动性不足。美国历来重视对科学家的激励和支持，建立了系统性的政策体系和机制，包括联邦政府授予的"青年科学家总统奖"，美国国立卫生院、能源部、军队和私立基金等均设立了多种全链条支撑基金项目，覆盖范围从高中生到博士后，国立卫生院还建立了长周期资助杰出研究人员的人才项目。目前中国对优秀科学家虽然也有各类人才计划，但尚未形成全谱系、涵盖职业生涯不同阶段的支持体系。另外，目前中国人才激励计划开始显现不利影响，包括计划之间定位重叠，部分人员获取重复资助；资助渠道和经费有限，人才计划资助成为众人争取的稀缺资源；人才计划的资助和关注更倾向海外人才，对国内人才有明显的挤压效应；在部分地区和单位中，人才项目只是"头衔""待遇"的代名词，不利于营造健康有序的学术环境。

5. 科技管理体制有待深化，尚不适应未来科技发展需求

当前中国在建设科技强国的过程中还面临着一些根本而广泛的体制机制障碍，例如，科技管理体制还不完善、宏观统筹管理薄弱、资源分配不合理。科研管理模式尚未完全脱离行政事业单位管理窠臼，科研活动决策自主权在一定程度上受到行政化干预。不合理的

科研经费管理方式不仅浪费科研人员的时间和精力，还会打击科研人员的积极性和创造性；不合理的科技评价制度、激励制度等使得大量科研人员为获得晋升、项目经费，将大量精力用在发表论文上，难以潜心做科研。

一是缺乏长期稳定的科技投入机制。发达国家的科研投入机制是将稳定性支持和竞争性项目相结合，以确保研究项目的顺利推进，而中国对科研活动的支持方式则是以竞争性项目为主。以农业领域为例，发达国家农业科研机构的研究经费有超过70%为稳定来源，而中国不仅多数为竞争性科研课题，并且这类科研项目周期较短，平均资助周期仅为3年左右，与农业科研规律和农业产业要求不相符合。在卫生健康领域，欧美国家对国家级研究机构的资助以稳定性支持为主，以服务国家需求，开展长周期研究攻关；而中国的卫生健康领域项目的资助周期也仅为3—5年，难以满足卫生健康研究长周期、高风险、链条长等特点，且容易使科研人员产生急功近利情绪，造成科技资源的重复、分散和碎片化。

二是科研支撑保障体系有待完善。为提升国家竞争力、在新一轮国际科技创新竞争中抢占主导权，中国围绕关键技术、顶尖人才等出台政策，强化部署国家实验室，作为从事高层次科研项目的重要基地。目前，美国、英国、德国、瑞士等发达国家均已先后成立多个国家实验室，如美国能源部的17个国家实验室，英国的卡文迪许实验室，德国的亥姆霍兹17个研究中心等，均成为各自国家抢占全球创新制高点的关键载体。而中国生物技术领域尚无国家实验室，缺乏引领性、大格局的战略性创新平台。另外，发达国家高度重视科研支撑条件建设，通过公办、民办或民办公助等多种形式，在科技文献和科学数据、实验动物、细胞和毒菌种、动植物种质生物资源等的收集、保藏和共享方面建立一系列平台，并借助资源优势，制定世界生物技术研发规则，建立技术和标准壁垒。中国仍缺少国家生物数据存储、管理与共享平台，只能到他国数据库上传数据，在竞争中丧失话语权。例如，中国缺少类似美国Jackson Lab这样大规模、品种齐全的实验动物供应和管理平台以及 ATCC 这样的细胞株和细胞系保存库，减缓了中国科研成果的产出速度，也浪费了中国科研人员的时间精力和资金投入。

6. 科学文化建设不足，全社会鼓励创新、包容创新的机制和环境有待优化

科技作为第一生产力，对经济发展和社会进步都有巨大而广泛的影响，培养创新精神、鼓励创新文化、健全创新制度、保护创新人才则是激发科技巨大潜能不可或缺的重要因素。然而，中国当前科学技术领域存在一定的"学阀"现象，社会缺乏宽容失败、尊敬创新的文化氛围，这些都抑制了创新思想的迸发和交流，不利于激发创新行为。加上目前扩张导向型的地方政府往往在生产制造环节给予太多的投资优惠政策，而对企业技术创新引导和支持不足，且部分地方政府更多地将市场资源向房地产、基础设施等行业倾斜，再加上要素市场扭曲和高级要素还未市场化，以及国民收入的行业差距等都使得资源配置难以聚集到技术创新上，甚至对创新形成逆向激励。

二 预测依据

为了把握科技发展动向，明确将来需要面临和解决的科学技术问题，提前布局基础科学研究，为政府决策提供直接支撑，国内外多个机构对未来经济社会发展愿景进行了预测，本研究以日本科学技术厅、中国科学院和中国科协的主要研究成果为对象进行分析。

（一）日本第 11 次科技预测调查

为了把握未来 30 年内的长期技术发展动向，为日本科学技术发

展政策的制定提供参考依据，日本科学技术厅自 1971 年开始进行五年一次的技术预测调查。2018 年 9 月 25 日，日本科技政策研究所（NISTEP）公布了第 11 次科技预测调查结果，重点描绘了 2040 年的经济社会发展蓝图。

首先，愿景研讨会就未来社会的目标方向进行了讨论，提出了包括人文（Humanity）、包容（Inclusive）、可持续（Sustainability）和求知（Curiosity）四个关键词在内的 50 个未来社会的构想。以此形成价值观基础，描绘出未来社会蓝图，为科学技术发展指明方向。

其次，在愿景方案的基础上，进一步探讨了未来社会蓝图实现的配套方案和相适应的科学技术系统，对科学技术进行预见。

（1）通过智能机器人、人工智能等尖端技术提高生活质量；

（2）通过量化五感、美的意识、价值观、幸福度等人类感觉，直观显示和提升国民的满意度；

（3）通过对数据的灵活应用以应对个体化、多样化社会带来的挑战；

（4）通过共享和意识改革来提高食物、能源等资源的利用效率；

（5）通过搭建 ICT 系平台来实现跨越时空的交流，丰富共同体的多样性。

（二）中国科学院《中国至 2050 年重要领域科技发展路线图》

2007 年夏季，中国科学院在一些重要领域内启动科技发展路线图战略研究，旨在通过对世界发展大势的前瞻思考，更加科学地统筹谋划中国及中国科学院科技发展战略。

这一研究基于中国现代化建设，同时前瞻思考人类文明进步走向和世界科技发展大势对科技的新要求。该研究团队包含国内 300 多名高水平权威科学家，历时一年，对 2050 年的能源、环境、信息科技、矿产资源、空间、信息、先进材料、生物质资源、纳米、先进制造、人口健康、重大交叉前沿、国家与公共安全等 18 个重要领域进行战略研究，描绘中国面向 2050 年的科技发展蓝图，最终形成《创新 2050：科学技术与中国的未来》系列研究报告。

（三）中国科协"2049 年的中国：科技与社会愿景展望"

中国科协于 2012 年启动"2049 年的中国：科技与社会愿景展望"项目系列研究，对 2049 年中国科技发展可能达到的程度进行预测，重点描述了科技重要领域未来关键技术和颠覆性技术的发展趋势，向社会公众描绘科技发展为社会生活带来的美好情景。

"2049 年的中国：科技与社会愿景展望"研究通过情景模拟这一基本分析方法，结合经济社会发展的基本趋势，分析科学技术引领和改变生产生活的实现路径，揭示科技发展对经济社会发展的重大影响。《"2049 年的中国：科技与社会愿景展望"系列丛书》内容包括历史与现状分析、科技发展分析、科技应用分析和解读未来等五个部分，通过中国机械工程学会、中国可持续发展研究会、中国可再生能源研究会、中国人工智能学会、中国药学会、中华预防医学会、中国城市科学研究会 7 家学会分别对未来工厂、未来能源技术、未来农业、未来生物技术与医药、未来城市和未来智慧生活等领域的关键技术进行了预测，并以情景模拟的方式，展现了关键技术对社会生活产生的影响。

三 预测方法

通常，国内外科技愿景预测中使用的方法可分为定性方法和定量方法两大类，其中德尔菲法、技术路线图法、情景分析法、科学计量法、标杆分析法等方法较为常见。以下对这些方法进行简单介绍。

（一）德尔菲法

德尔菲法，又名专家调查法，这一方法的基本流程是采用匿名的方式，对需要预测的问题向专家征询意见，通过多轮重复最终使专家意见趋于一致。这种方法汇集了多位专家的观点并经过多次统计反馈，因此具有较好的代表性和可靠性。除科技预测外，德尔菲法逐步被用到人口预测、军事预测、医疗保健预测等方面，此外，也经常在评价、决策和管理沟通等活动中见到德尔菲法。德尔菲法是日本科学技术预测使用的主要调查方法。

德尔菲法通过组织多维专家参与预测，可以充分吸收各领域的观点，积累丰富的经验；同时，匿名性保证了专家提出观点的独立性。而多轮反馈修改的机制使得结论逐步集中。整个方法使得资源充分利用，增强了预测的统一性和可靠性。

（二）技术路线图法

技术路线图起源于20世纪80年代末期，主要特点是通过在图示中增加时间维度，来反映时间序列上的技术变化，以及技术和其之上的产品、项目、市场之间的关系。技术路线图最早出现于美国摩托罗拉公司内部，最初目的也只是做好充分的路径准备以适应未来变化。早期的技术路线图有新兴技术路线图和产品技术路线图两种，20世纪90年代以来，技术路线图被广泛应用于半导体产业，随着这种方法的应用范围逐渐增大，其有效性渐渐被认可，这一方法也开始延伸至生命科学、化学、生物等领域。

（三）情景分析法

情景分析法，也称前景描述法或脚本法，是一种定性方法。该方法是在假定某种趋势或者现象会持续到未来的基础上，对预测对象可能的情况或结果做出预测。

根据情景分析法的思路，未来发展充满不确定性，其趋势和随趋势变化的预测结果也会多种多样。这就要求决策者不仅要了解内部环境，对各因素的内在关联和协调机制有所把握，还需要发挥决策者的主观想象力，增强其主观愿望在预测分析中的作用，为了进一步提高预测结果的准确程度，也可以将定量分析与定性分析相结合。情景分析法作为未来预测的一种常见方法，不仅出现在一些发达国家未来发展政策的制定过程中，也出现在全球石油市场的销售前景分析过程中，美国建筑能源的使用规划也曾采用这一方法。

（四）科学计量法

科学计量法是通过数学方法对科学活动的投入（人员投入、经费投入）、产出（论文数量、发明专利数量、高被引数量）和过程（信息传播、网络搭建）进行定量分析，从中找出科学活动规律的一种统计方法。其优点在于能够既经济又快捷地预测出结果，能够重复操作，权威性和信誉度较好。但缺点也是较为明显的，即该方法获得的预测结果较为片面，其过程往往需要专业性分析人员和大型文献检索系统，难度较大。

（五）标杆分析法

标杆分析法，又称为基准化分析法，就是将研究对象与研究对象的标杆进行比较，从而提出行动方法。标杆分析法本质是一种对照方法，通过对照分析自身和其他组织将外部对象的表现作为自身的内部发展目标并将外界的最佳做法移植到自身行为。实施标杆分析法的对象必须不断对竞争对手的优势和做法等进行评价来发现优势和不足。

四 中国 2040 年科技发展愿景

科技发展处在一个持续的工业化和现代化加速时期。未来 20 年不是在旧框架、旧技术、旧模式下的延续发展，而是有新技术、新动力不断注入这个传统的经济社会构架。因此，2040 年科技发展将会呈现出深刻的变革。

1. 科学研究本身出现重大突破

伴随先进观测技术手段的不断发展，人类对客观世界和主观世界的认识将逐渐丰富和完善。关于宇宙的起源与演化、人类的由来与进化、暗物质与暗能量、微观生物结构、奇异物理现象等认知越发清晰，这将带领人类对客观世界的认知步入一个新的阶段。人类在前沿基础研究领域的突破将会颠覆人类的科学思想，进而催生新的科学理论。科学研究本身将出现整体化、趋势化、综合化的研究发展发现，一些新的综合性科学，乃至新的科学体系开始出现。

2. 颠覆性科学技术密集涌现

科学研究的深化导致一批新的技术不断突破，信息网络、生物科技、清洁能源、新材料与先进制造技术、量子计算机与量子通信、干细胞与再生医学、合成生物和"人造叶绿体"、纳米科技和量子点技术、石墨烯材料等将展现出丰富的应用前景。这些颠覆性技术将不断创造新产品、新需求、新业态，整个国家技术体系也进入新的构建时期。

3. 科技创新呈现多元深度融合

学科与学科之间、科学与技术之间、自然科学与人文社会科学之间呈现交叉、渗透、融合。一些"融合的"或"复合的"技术，如机器人与人工智能、手机与人工智能、图像传感器与精密制导武器、半导体材料与太阳能电池、3D技术与基因编辑技术等新技术交叉渗透，会取得突破性进展与应用。同时，人—机—物三元融合加快，物理世界、数字世界、生物世界的界限越发模糊。

4. 科学研发组织与模式创新变革

智能制造技术、网络通信技术、大型国家实验室科研基础设施的开放共享将会提供更精密的研发工具，以及前所未有的功能强大的创新平台。共享式、协同化、网络化、集群化的科研创新活动不断涌现，众智、众包、众筹等创新平台和创新实验室模式日益增多，这些新型科研机构和组织使得创新门槛迅速降低，也将带来人类科研和创新活动理念及组织模式的深刻变革。

5. 信息科学技术全方位改变人类生活

无线传输、无线充电等新一代信息技术将带领人类社会由人与人、人与物、物与物的关系模式步入万物互联的"互联网+"模式。人类生产生活活动实现全面数据化与网络化，云计算等深度算法在数据的大规模生产应用中发挥重要作用。高效安全的信息网络环境在人类的交流、教育、交通、通信、医疗、物流和金融等各种工作和生活需求中，将会作出全方位及时智能响应，推动人类生产方式、商业模式、生活方式、学习和思维方式等发生深刻变革。

第 四 章

2040年社会发展愿景分析

经济社会的发展，最终目标是为了人民，是为了实现人的全面发展、社会全面进步、民生的持续改善和人民福祉的不断提升。党的十九大报告提出了新的"两步走"发展战略，2020年到2035年基本实现现代化，2035年到2050年全面建成富强民主文明和谐美丽的社会主义现代化强国。根据该战略目标，到2040年，中国已实现现代化，进入建设社会主义现代化强国阶段，社会结构、社会形态、利益格局和人们的行为方式、生活方式、社会心理都将发生深刻变化。

一 中国将整体进入高级城市型社会，城镇化格局日趋合理

随着工业化的发展，农业人口向城市集聚，是历史发展的必然趋势，也是现代化的重要标志。当前，中国仍处于农业社会向工业社会、乡村社会向城市社会、传统社会向现代社会转型的历史进程之中。

新中国成立以来，中国城市化经历了70年的曲折发展过程，且发展速度缓慢，直到1980年，城市化率仍然低于20%。中国城市化进程大体上可以分为两个发展阶段：

第一阶段是 1949 年到 1978 年。这一时期，在传统计划经济体制下，人财、物产、供销完全由国家计划进行资源配置管理，城市的建立与发展由政府决策。受各种不利于城市化的方针、政策影响，城市基础设施建设滞后。另外，受严格的户籍制度影响，城市化发展缓慢，城市化水平很低，城市化率由 1950 年的 11.8% 增至 1978 年的 17.9%，年均增速约 1%。

第二阶段是 1979 年至今。由于改革开放和经济社会的快速发展，城市化得到了空前的发展，中国城市化水平不断提高。2011 年，中国城市化率首次超过 50%，中国城镇人口的比重超过 50%，这标志着中国的城市化已处于中期阶段。2019 年，中国的城镇化率（常住人口城镇化率）达到 60.60%。

一般来说，以人口城镇化率来对城市型社会进行阶段划分：城镇化率在 51%—60%，为初级城市型社会；城镇化率在 61%—75%，为中级城市型社会；城镇化率在 76%—90%，为高级城市型社会；城镇化率大于 90%，为完全城市型社会。目前，中国正处于乡村社会向城市社会转型时期，正由初级城市型社会向中级城市型社会转变。与世界主要发达国家相比，中国的城市化道路还很漫长（见图 4—1）。

党的十八大提出，要加快推进新型城镇化建设。新型城镇化，是以人为本的城镇化。推进人口城镇化，重点任务是使进入城镇的农业转移人口能够享受到与城镇居民同等的基本公共服务，真正融入城市。农业转移人口的市民化，实质上是基本公共服务迈向均等化的过程。2017 年，中国户籍人口城镇化率仅为 42.35%，全国人户分离人口（指的是居住地和户口登记地不在同一个乡镇街道且离开户口登记地半年以上的人口）为 2.91 亿人。大量进入城镇的农业转移人口市民化程度较低，严重影响城镇化质量和社会和谐发展。

为了促进有能力在城镇稳定就业和生活的农业转移人口举家进城落户，2016 年 9 月 30 日，国务院办公厅印发并实施《推动 1 亿非户籍人口在城市落户方案》（以下简称《落户方案》）。该方案

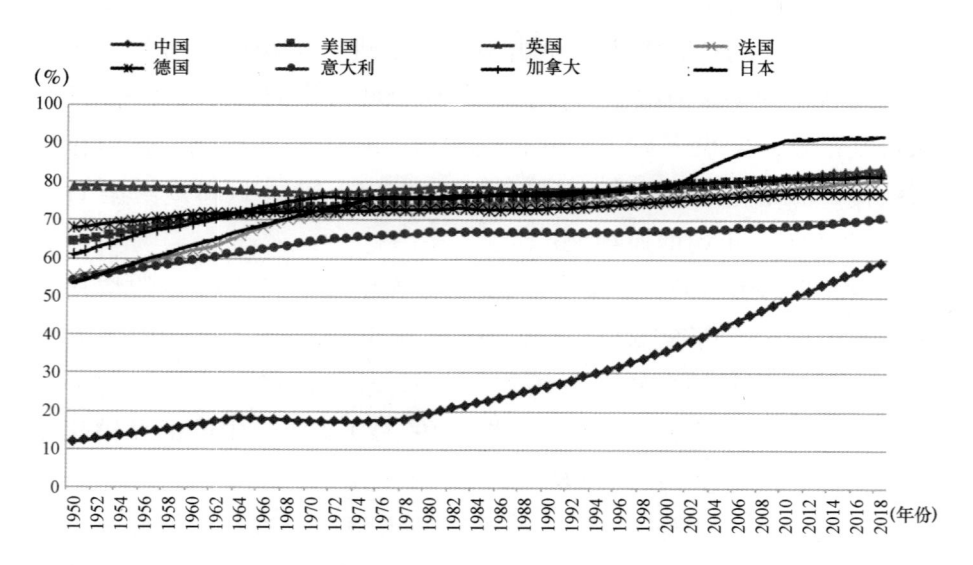

图4—1 世界主要国家城市化率比较

资料来源：联合国，wind。

提出，要以人的城镇化为核心，紧紧围绕推动1亿非户籍人口在城市落户目标，深化户籍制度改革，加快完善财政、土地、社保等配套政策，为促进经济持续健康发展提供持久强劲动力，为维护社会公平正义与和谐稳定奠定坚实基础。

2018年10月，国家发展改革委牵头对《落户方案》落实情况开展督察，结果显示推动1亿非户籍人口在城市落户取得明显进展。2019年，中国户籍人口城镇化率为44.38%，比上年年末提高1.01个百分点，全国人户分离人口为2.80亿人，较2017年减少1100万人。近年来，户籍人口城镇化率年均提高约1个百分点。

2020年4月9日，中共中央、国务院印发《关于构建更加完善的要素市场化配置体制机制的意见》，提出要"引导劳动力要素合理畅通有序流动"，"深化户籍制度改革……放开放宽除个别超大城市外的城市落户限制，试行以经常居住地登记户口制度。建立城镇教育、就业创业、医疗卫生等基本公共服务与常住人口挂钩机制，推动公共资源按常住人口规模配置"。同一天，国家发展和改革委员会发布了《2020年新型城镇化建设和城乡融合发展重点任务》（以下简称《重点任务》）对城镇化、土地制度、户籍制度进行了较详细的阐述，如督促城区常住人口300万以下的城市全面取消落户限制、推动城区常住人口300万以上的城市基本取消重点人群落户限制以及促进农业转移人口等非户籍人口在城市便捷落户，等等。

按照世界城市化发展进程的规律及特点（见图4—1），结合近年来中国城镇化发展进程，可以推断中国的城市化仍将以较高的速度增长，城市人口的比重将进一步提高。如果以平均每年增加1个百分点的速度增长，2030年中国城镇化率将达到70%。参考发达国家城镇化率在达到70%以后，增速普遍呈现放缓趋势，因此，2030年后中国将进入城镇化缓慢推进阶段，假如每年以0.5个百分点的速度增长，到2040年，中国常住人口城镇化率将达到75%，整体进入高级城市型社会[1][2]。

《重点任务》特别提及，将推进以县城为重要载体的新型城镇化建设；促进大中小城市和小城镇协调发展，提升城市治理水平，推进城乡融合发展，实现1亿非户籍人口在城市落户目标和国家新型城镇化规划圆满收官。为了实现市民化与城镇化同步推进，就必须提高农业转移人口的市民化程度，让2.8亿农民工在城市安居乐业，真正融入城市。但是，根据当前实际情况来看，农民工很难被大中城市接纳，大多数农民工回县城或县级市买房是目前广泛出现的一

---

[1] 国家卫计委副主任王培安在"第三届新型城镇化与流动人口社会融合论坛"提到，预计到2030年中国常住人口城镇化率将达到70%左右，户籍人口城镇化率达到60%左右。

[2] 魏后凯等采用经验曲线法、经济模型法和联合国城乡人口比增长率法对中国城镇化趋势进行预测，综合考虑三种方法的预测结果，到2020年，中国城镇化率将达到60%左右，根据城市型社会的阶段划分标准，届时中国将进入中级城市型社会；2030年中国的城镇化率将达到68%，预计到2033年前后达到70%，这意味着中国城镇化快速推进的空间还有20年左右的时间，之后中国将进入城镇化缓慢推进的后期阶段；2040年中国的城镇化率预计达到75%左右，将进入高级城市型社会；2050年中国的城镇化率将超过80%，达到81%左右，总体完成城镇化的任务。相应地，到2020年，中国将新增城镇人口1.26亿，2030年新增城镇人口2.41亿，2050年新增城镇人口3.5亿左右。

种趋势。因此，推进以县城为重要载体的新型城镇化建设就具有非常重要的意义，未来的资源、资金的流向应适当向中小城市倾斜。因此，未来中国将形成以城市群为主体、大中小城市、小城镇协调发展的城市格局。如果按照每年增加1个百分点的速度增长，到2040年，中国户籍人口城镇化率将达到约65%。

二 中国人口老龄化速度较快，且趋势不可逆转

衡量老龄化趋势的一个重要指标就是65岁及以上人口比重。国际上一个通用的标准是，当65岁及以上的人口占比达到了7%，就是老龄化社会（aging society）；当65岁及以上人口比重达到了14%，就是老龄社会（aged society）；当该指标达到21%，就是超老龄社会（Hyper-aged society）。以此标准判断，自2000年中国65岁及以上的人口比例达到7%起，中国已步入老龄化社会。2019年，中国老年人口进一步增长，达到17603万人，65岁及以上老年人口占比升至12.6%。从变化趋势来看，2000—2010年中国65岁及以上的人口占比年均增加0.19个百分点，2011—2019年年均增加0.39个百分点，老龄化速度越来越快。如果延续这个速度，2023年前后中国65岁及以上人口占比将超过14%，达到老龄社会的标准；到2040年中国65岁及以上人口占比将达到20.79%，接近超老龄社会标准（65岁以上人口占比21%）（见图4—2、图4—3）。

老龄化程度不断加深，究其原因，一方面是由于总和生育率下降，人口出生率低于替代率；另一方面是由于预期寿命增加带来的死亡率下降。这决定了未来很长一段时间中国的老龄化趋势不可逆转，只能通过实施人口政策、社会保障措施、健康医疗政策、养老产业政策等来缓解老龄化加快带来的影响。

虽然中国自2016年1月起开始实施全面两孩政策，2016年出生

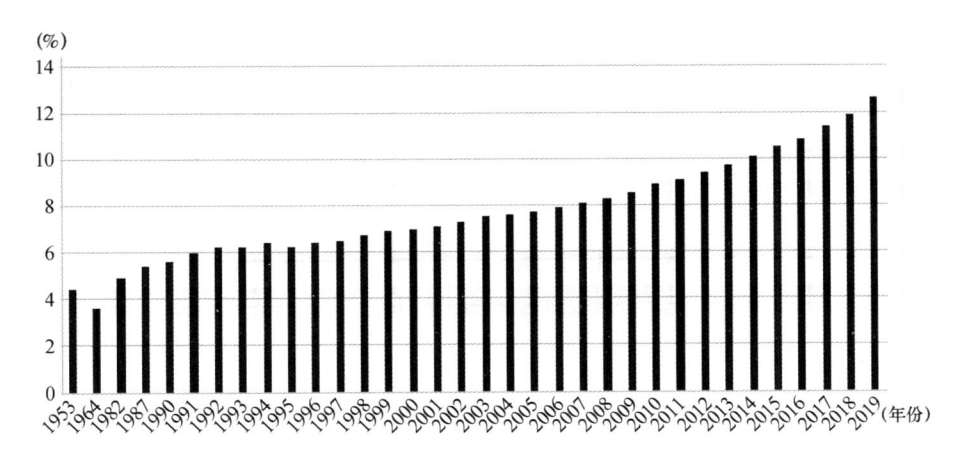

图 4—2　中国 65 岁及以上人口占比情况

资料来源：历年《中国统计年鉴》。

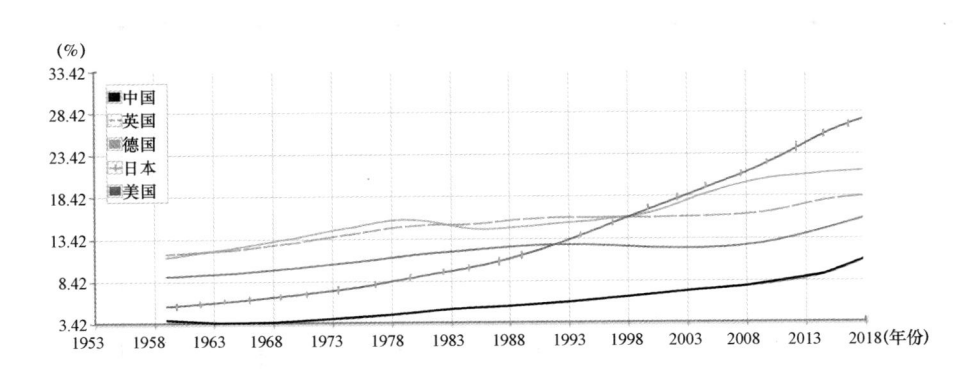

图 4—3　老年人（65 岁及以上）占总人口比重趋势

资料来源：联合国，Wind 数据库。

人口为 1786 万人，达到了 2000 年来的最高水平，但是 2017 年出生人口下降至 1723 万人；2018 年出生人口为 1523 万人，比 2017 年减少 200 万人。根据国家统计局发布的数据，2019 年出生人口为 1465 万人，出生人口继续下降。全面两孩政策实行后，中国的新出生人口并未如预期般增长。因此，政策的实施效果也有待观察和评估。

随着中国经济社会的发展，生育模式、生育状况发生了一些新的变化，需要进一步加强人口监测，掌握人口生育模式、生育规律，在女性劳动保护、税收、婴幼儿照护等方面，构建生育友好、家庭友好的政策支持体系。

三 城乡居民收入差距显著缩小，就业结构持续优化

城乡居民收入比是指城镇居民人均可支配收入与农村居民人均纯收入之比。该指标是常用来衡量农村居民收入与城镇居民收入差距程度和变化趋势的指标之一，也是纳入中国全面建成小康社会统计监测指标体系的重要指标之一。目前，中国开启全面建设社会主义现代化国家新征程。如果城乡居民收入差距过大，会对经济发展和社会稳定造成危害，也会对中国开启全面建设社会主义现代化国家新征程造成影响。

改革开放40多年来，中国经济经历高速增长，随之带来了城乡居民可支配收入大幅上升。全国城镇居民人均年可支配收入从1978年的343元提高到2017年的36396元；同期农村居民人均年纯收入由134元增加到13432元。由于农村居民收入增长速度明显慢于城镇居民，导致城乡居民收入差距呈现出波浪式扩大的态势（见图4—4）。1978—2009年，全国城乡居民收入比（以农村居民收入为1，下同）由1978年的2.57∶1扩大到2009年的3.33∶1，其间经历了"两降、两升"的过程，其中，1983年为近40年中国城乡收入差距最低点，收入比为1.82∶1；2007年和2009年城乡居民收入差距达到最大，收入比均为3.33∶1。从2010年起，城乡居民收入比出现连续4年缩小的趋势，到2015年为2.95∶1。2016年起，由于不再统计农村居民人均纯收入，改为统计农村居民人均可支配收入，中国城乡居民人均可支配收入比降至2019年的

2.64∶1。

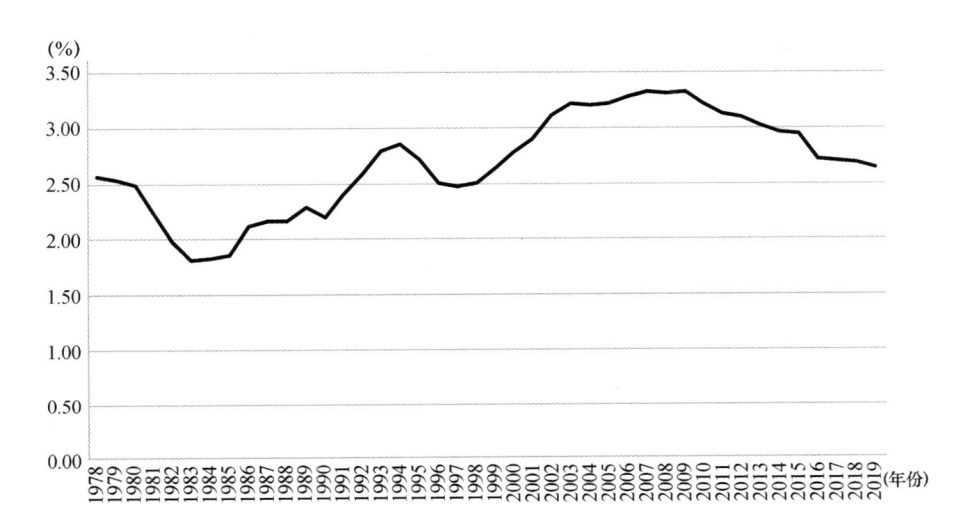

图4—4 中国城乡收入比情况

注：1978—2012年城乡收入比由"城镇居民人均可支配收入/农村居民人均纯收入"计算得来，2016年起由于不再统计"农村居民人均纯收入"，改为统计"农村居民可支配收入"，统计口径改变，因此，2016年起城乡居民收入比由"城镇居民人均可支配收入/农村居民人均可支配收入"计算得来。

资料来源：历年《中国统计年鉴》。

城乡收入差距大的根源在于就业结构与产值结构的扭曲，2019年农业就业人口占比为26.56%，农业增加值占GDP的7.1%。目前，发达国家以美国为例，城乡收入倍差在1.1—1.2，农业就业人口比重与农业产值比重大致相当，均为1%左右。因此，要缩小城乡收入差距，必须改变这种扭曲的结构。因此，农业就业人口还需要继续向第二产业、第三产业转移，最后达到农业产值与农业就业人口相匹配的状态。

根据近年来城乡差距缩小的进程，如果维持这个态势，到2040年城乡居民收入倍差大致可以降至目前世界平均水平1.6。

四 中等收入群体比例明显提高，橄榄形社会结构初步形成

2017年年底召开的中央经济工作会议，在总结党的十八大以来中国经济发展取得的历史性成就和发生的历史性变革时，给出了一个令世界瞩目的判断——"形成了世界上人口最多的中等收入群体"。这是中央首次明确中国形成了世界上最大规模的中等收入群体。

目前，社会各界对中等收入群体的定义没有统一标准。按照世界银行的标准，中等收入标准为成年人每天收入在10—100美元，也即年收入为3650—36500美元。按照美元与人民币1∶7的保守汇率计算，世界银行中等收入标准为2.5万—25万元人民币。根据国家统计局最新发布数据显示，2019年全国居民人均可支配收入中位数为26523元。将全国居民收入划分为五个收入层级，低收入层人均可支配收入约为7400元，中等偏下收入层人均可支配收入超过15000元，中等收入层人均可支配收入超25000元，中等偏上收入层人均可支配收入超39000元，高收入层人均可支配收入超76000元。显然，中等偏上收入层和高收入层合计40%的人口落入了世界银行中等收入群体的标准。假如高收入层内部超过25万元以上的群体扩大到10%，所剩下10%的人口加上中高收入层的20%人口，合计中国中等收入群体的规模也达到30%；另外，如果还考虑中等收入层中2.5万元以上的人口约为10%，那么中国中等收入群体的规模将达到40%。

欧美等发达国家已形成橄榄形社会结构，中等收入群体的比重达到60%以上。橄榄形社会，也叫作纺锤形社会，或叫作"中等收入层"，或以中等收入群体为主体的社会。所谓橄榄形社会结构，顾名思义如同橄榄——"两头小，中间大"的似球状体，它所表明的

是社会阶层结构中极富极穷的"两极"很小而中间阶层相当庞大。这样的社会结构被认为是一种比较理想的现代社会结构。

根据中国社会科学院社会学研究所2015年开展的全国社会状况综合调查（CSS2015）结果显示，中等收入群体所占比重为37.4%。如果按照每年流动1个百分点推算，到2040年中国中等收入群体比重将达到62%（实际上每年流动1%是非常艰巨的任务，如果按目前每年流动0.7个百分点推算，到2040年中国中等收入群体比重将达到55%）。

从社会阶层结构来说，橄榄形社会的形成说明中等收入群体成为社会中坚力量，这种社会结构有利于社会稳定和"共同富裕"目标的实现。为了使中等收入群体的规模不断扩大，就要保持经济长期稳定增长，带动居民收入提高，通过深化收入分配制度改革、改进财政税收制度等政策手段，使居民收入差距进一步缩小。

五 服务型政府基本建成，公共服务支出大幅增加

党的十九届四中全会作出《中共中央关于坚持和完善中国特色社会主义制度推进国家治理体系和治理能力现代化若干重大问题的决定》（以下简称《决定》）。《决定》明确提出坚持和完善中国特色社会主义制度、推进国家治理体系和治理能力现代化总目标，总目标将按三个时间点阶段目标（2021年、2035年、2050年）分步实现。《决定》提出，在中国共产党成立100周年之际，"在各方面制度更加成熟更加定型上取得明显成效"，"到二〇三五年，各方面制度更加完善，基本实现国家治理体系和治理能力现代化"，"到新中国成立一百年时，全面实现国家治理体系和治理能力现代化，使中国特色社会主义制度更加巩固、优越性充分展现"。

按照中国现代化治理的总目标，到2040年中国覆盖城乡人口的

民生保障制度更加完善。基本建设完成国家基本公共服务制度体系，人民群众基本生活由普惠性、基础性、兜底性民生建设来保障；人民多层次、多样化、个性化需求得到满足，并且要更多更公平地惠及全体人民；健全更充分更高质量的就业促进机制；构建服务全民终身学习的教育体系；逐步完善覆盖全民社会保障体系；全民健康制度保障基本建成；建立解决相对贫困、帮助低收入的长效机制。

到2040年，中国将跨入高收入国家行列，中产阶级成为社会的主体，城乡居民生活水平大幅提高、收入差距进一步缩小，人们对生活的要求不断提升，不再满足于解除生活后顾之忧或者基本保障，而是需要通过社会保障制度安排来合理分配社会财富，确保全体公民的生活质量和维护公民的自由、平等与尊严。因此，要实现人民群众公平公正享受公共服务，需要推进政府职能转变，向公共服务型政府转变，不断提高公共服务支出在公共支出中的比例，加快转移支付的结构性调整等。

从世界经济和财政发展史来看，随着各国经济发展、政府活动扩张，公共支出结构也将发生变化，变化的一般趋势是从维持性支出扩展到经济性服务支出，然后再进一步扩展到社会型服务领域。与之相对应，维持性支出比例逐渐下降，经济性服务支出比重逐渐上升，然后前两者均逐渐下降，社会性服务支出比重提高。

对于社会性公共服务支出，发达国家普遍经历了物质财富普遍匮乏和最低限度的公共服务供给阶段，然后是物质财富快速增长但公共服务供给水平相对提高缓慢的阶段，"二战"以后，进入社会经济成熟期的发达国家才逐渐能够把相对丰裕的公共服务更均衡地分配到社会各个领域，形成政府财政支出中社会性公共服务支出占据主体的基本格局。目前，发达国家公共服务支出占财政总支出的比重约为60%，以美国为例，1968年以前，在政府支出中，用于教育、就业、医疗卫生、社会保障、收入保障等社会性公共服务支出的比重基本处于35%以下，1971年超过40%，1974年超过50%，1995年超过60%，2002年后超过65%。

发达国家政府支出的增加与经济增长基本保持同步,公共支出占GDP的比重长期保持相对稳定,发达国家公共支出占GDP的比重情况如图4—5所示。具体来看,美国公共支出占GDP的比重自1973年以来一直稳定在20%左右,英国政府公共支出占比从1973年以来基本稳定在30%—40%,德国政府公共支出占比从20世纪90年代以后一直在30%左右波动,日本的政府公共支出占比相对其他发达国家低一些,最近十年来基本稳定在18%左右。

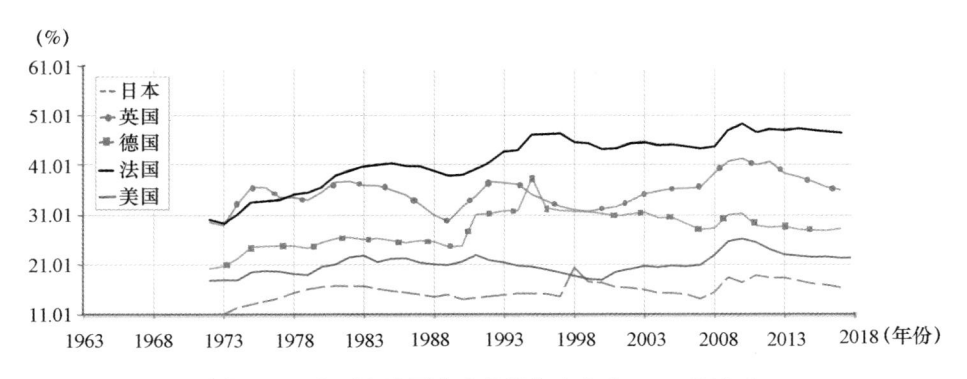

图4—5 主要发达国家公共服务支出占GDP的比重

资料来源:联合国,wind。

中国公共支出占GDP的比重由2002年的18.12%增至2019年的24.11%,如图4—6所示。与图4—5中的主要发达国家相比,中国公共支出水平差距不大。政府用于三项基本公共服务的支出占GDP的比重从2002年的4.7%稳步增至2019年的8.2%。而OECD国家社会性公共服务支出占GDP的比重平均约为20.7%。由此可见,中国社会性公共服务支出增长还具有较大空间。

从发达国家社会性服务支出的结构来看,社会保障支出是社会性公共支出的主要部分,例如,英国社会保障支出占社会性公共支出的比重约为51%,美国社会保障占社会性公共支出的比重基本处于35%—40%。发达国家的教育支出基本保持稳定,平均约占GDP的6%,鼓励公营和私营教育机构共同发展。医疗卫生支出占GDP

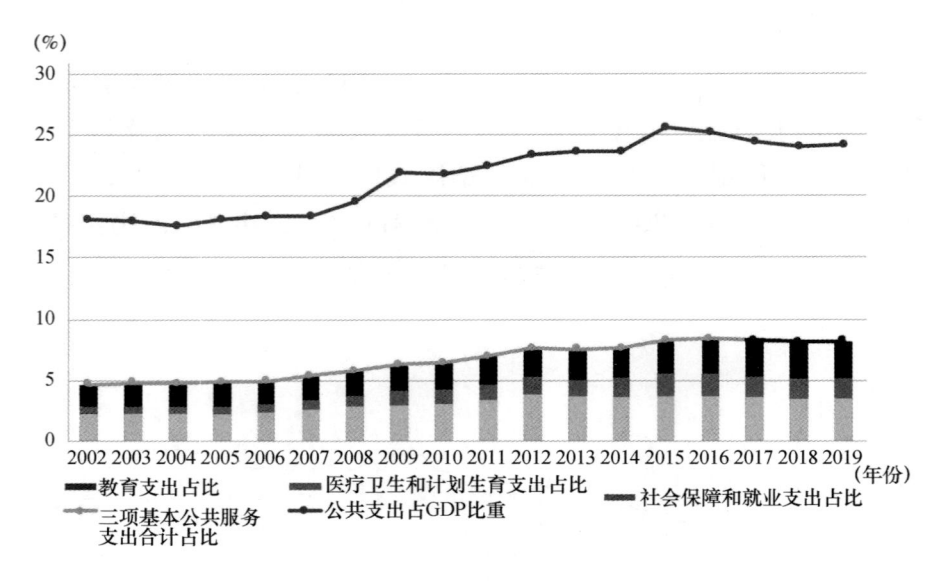

图 4—6 三项基本公共服务支出占 GDP 的比重

资料来源：2002—2007 年数据来源于历年《中国财政统计年鉴》；2008—2019 年数据来源于历年《中国统计年鉴》。

的比重约为 10%，国家承担国民大部分医疗支出。

近年来，中国公共支出结构正在发生变化，渐渐地向社会性服务支出倾斜。用于三项基本公共服务（包括教育、医疗卫生和计划生育、社会保障和就业）的公共支出占财政总支出的比重稳中有升，由 2002 年的 26% 增至 2019 年的 34%，如图 4—7 所示。以 2019 年为例，教育支出在中国公共支出中的占比最高，约为 15%，教育支出占 GDP 的比重约为 3.5%；其次是社会保障支出，占公共支出的比重约为 12%，约占 GDP 的 3%；医疗卫生支出占比最小，约占公共支出的 7%，占 GDP 的 1.7%。与发达国家相比，差距十分明显，未来政府仍然需要继续加大对社会保障、教育、医疗等社会性公共服务的投入力度。

从目前的趋势来看，三项基本公共服务支出占公共支出的比重增幅较缓，2002—2019 年年均增幅约为 1.5%。到 2040 年，要基本

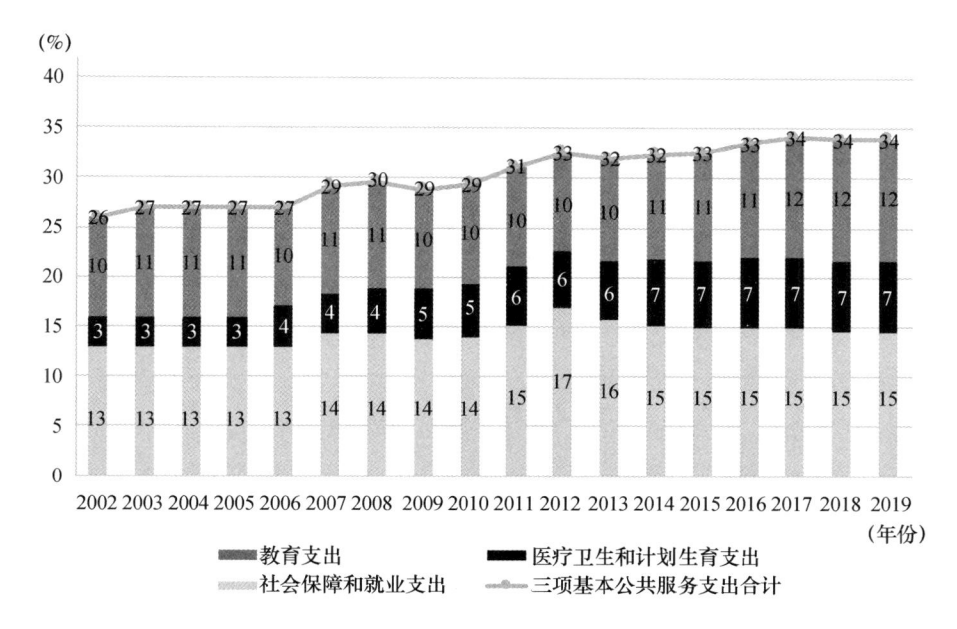

图 4—7　三项基本公共服务支出占财政总支出的比重

资料来源：2002—2007 年数据来源于历年《中国财政统计年鉴》；2008—2019 年数据来源于历年《中国统计年鉴》。

实现国家治理体系和治理能力现代化，就必须继续大力推进政府职能转变，明确公共服务在政府职能中的主导地位和核心地位，增加公共支出中用于基本公共服务支出的比例。如果按照 2020—2030 年每年增加 2 个百分点、2030—2040 年每年增加 2.5 个百分点的速度增长，到 2040 年，中国基本公共服务支出占公共支出的比重将达到约 55%。

第 五 章

2040年人口发展愿景分析

人口问题始终是人类社会共同面对的基础性、全局性和战略性问题。当前,中国人口发展的内在动力与外部条件均发生明显变化,人口发展进入了关键的转折期。准确把握人口规模、结构、分布格局等未来变化趋势以及由此带来的积极效应与风险挑战,对实现中国人口长期均衡发展以及充分发挥人口对经济社会发展的能动效用具有重大现实意义。

一 中国人口发展现状及主要挑战

(一)人口总量保持平稳增长,人口增速明显下降

改革开放至今,中国人口总量保持平稳增长,由1978年的9.6亿人增至2018年的近14亿人,仍旧是世界人口第一大国家。但与此同时,中国人口增速呈现明显下降趋势,已从20世纪70年代的1.9%降至近十年的0.5%左右,2018年更是跌至0.38%,低于同期世界人口平均增长率1.11%(见图5—1)。

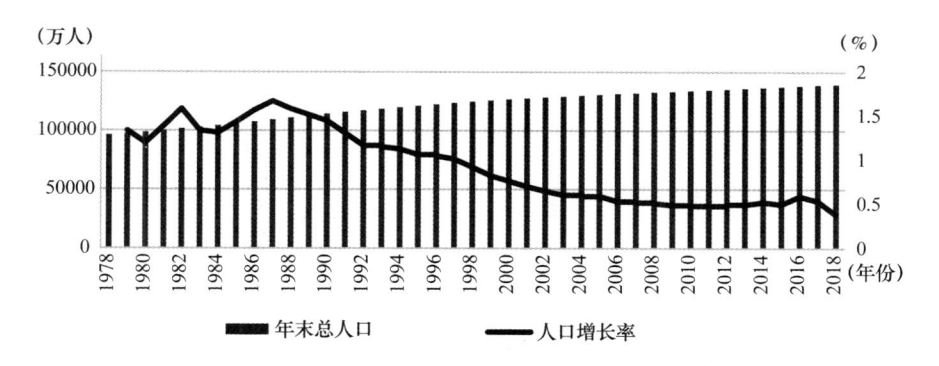

图 5—1 1978—2018 年中国人口变动情况

资料来源：历年《中国统计年鉴》。

（二）总和生育率持续处于较低水平，接近国际公认的"低生育率陷阱"

随着经济社会的迅速发展，全球越来越多的国家（地区）步入低生育水平行列。中国总和生育率自 20 世纪 90 年代初就降至人口代际更替平衡（约 2.1）以下，并在较低水平上持续至今。尽管受奥运会、生肖偏好和生育政策调整的影响，中国总和生育率在 2008 年（奥运年）、2012 年（龙年）和 2016 年（全面两孩政策）超过了 1.7；2014 年受"单独两孩"政策影响，生育水平与政策实施前一年相比有明显提高。但 2006—2016 年总和生育率基本围绕 1.65 上下波动，不仅没有达到人口代际更替平衡水平，更是接近了国际公认的"低生育率陷阱"[①]，2015 年甚至低至 1.41。与此同时，国家人口计生委《2017 年全国生育状况抽样调查数据》显示，中国 2006 年和 2011 年的生育峰值年龄均为 23 岁，而 2016 年则提高到 26 岁；2006 年，中国育龄妇女初育年龄平均值为 24.3 岁，而 2016 年已经升

---

① "低生育率陷阱"是指总和生育率降到 1.5 以下后，低生育率会自我强化，很难恢复甚至不可逆（Lutz, 2005; Skirbekk, 2006）。

至 26.9 岁，生育推迟导致累计年龄别生育率下降[①]（见图 5—2）。

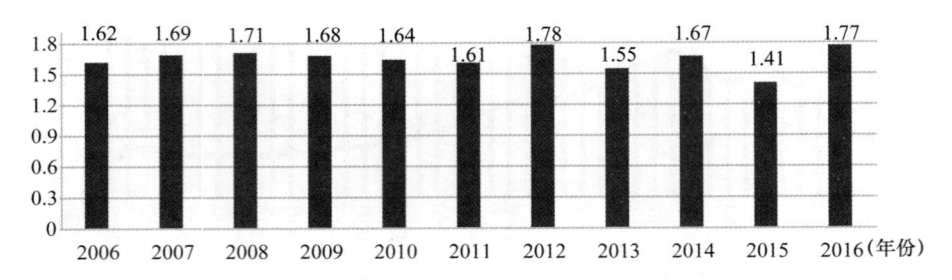

图 5—2　2006—2016 年中国总和生育率

资料来源：《2017 年全国生育状况抽样调查》。

（三）人口老龄化程度持续加深，劳动年龄人口数量及比重连续七年双降

中国自 2000 年进入老龄化社会以来，受持续低迷的生育率以及死亡率下降、平均预期寿命延长等因素影响，社会人口老龄化程度不断提高。依照国家统计局 2017 年公开发布的数据显示，当年中国 60 周岁及以上人口超过 2.4 万亿，超过总人口的 17%，其中 65 周岁及以上人口接近 1.6 万亿，超过总人口的 11%，中国已变为全球老龄人口规模最大、老龄化发展速度最快的国家。生育率持续走低以及人口老龄化趋势加剧不可避免地导致中国劳动年龄人口的规模和比重的不断下降，劳动人口结构也将趋于老龄化发展。根据国家统计局数据，中国 15—59 岁劳动年龄人口增量自 2012 年起由正转负，总量与比重自此从逐年增加进入持续减少阶段，2018 年全国劳动年龄人口总量降至 89729 万人，占比为 64.3%，全国就业人员总量首次出现下降，劳动力供给总量减少（见表 5—1）。

[①] 贺丹、张许颖、庄亚儿、王志理、杨胜慧：《2006—2016 年中国生育状况报告——基于 2017 年全国生育状况抽样调查数据分析》，《人口研究》2018 年第 6 期。

表5—1　　　　　　　中国人口分年龄构成　　　　　单位：%

年份	0—14岁	15—64岁	65岁及以上
2017	16.8	71.8	11.4
2016	16.7	72.5	10.8
2015	16.5	73	10.5
2014	16.5	73.4	10.1
2013	16.4	73.9	9.7
2012	16.5	74.1	9.4
2011	16.5	74.4	9.1
2010	16.6	74.5	8.9
2009	18.5	73	8.5
2008	19	72.7	8.3
2007	19.4	72.5	8.1
2006	19.8	72.3	7.9
2005	20.3	72	7.7
2004	21.5	70.9	7.6
2003	22.1	70.4	7.5
2002	22.4	70.3	7.3
2001	22.5	70.4	7.1
2000	22.9	70.1	7
1995	26.6	67.2	6.2
1990	27.7	66.7	5.6

资料来源：国家统计局。

（四）人口健康水平与素质能力稳步提升，已超过全球平均水平

健康资本和教育资本是建立人口质量优势的两大关键支撑（刘

家强等，2018）①。一方面，随着经济发展水平快速提高和医疗卫生条件显著改善，中国人口健康水平稳步提高，婴儿死亡率和平均预期寿命两项最具综合性和代表性的健康指标上，中国上升速度均超过同期世界平均水平。根据联合国发布的《世界人口展望》，1950—2015 年，中国婴儿死亡率由 195.0‰ 下降到 18.0‰，下降 177 个千分点，高于世界平均水平（由 152.0‰ 下降到 40.0‰，下降 112 个千分点），进入低婴儿死亡率国家行列。国家卫计委卫生发展研究中心研究表明，1950—1970 年中国人均寿命经历爆发式增长，并在此后 40 年中继续保持稳步提升，平均寿命增长幅度（31.84 岁）远高于同期日本（15.09 岁）和美国（5.66 岁）等发达国家，2015 年已增长至 76.34 岁，远高于《世界人口展望 2019》公布的全球人口平均预期寿命 72.6 岁。另一方面，随着科教兴国、人才强国等战略的深入实施，中国国民文化素质稳步提升。1982—2017 年，中国 6 岁及以上人口平均受教育年限由 5.2 年增至 9.3 年，增幅将近 80%；中国劳动力人口的平均受教育年限上升，从 8 年增加到 10.5 年，此外，新增劳动力人口的受教育年限已超过 13 年②。

（五）城镇化快速推进，人口流动规模趋于平稳

人口迁徙流动是人口发展的重要方面。改革开放以后中国经历了以由乡村向城镇、由欠发达地区向发达地区迁徙为主要特征的大规模人口流动浪潮。受农村土地制度变革、市场经济实施与户籍管理制度松动等一系列制度变革，中国进入城市化快速发展轨道③，大量人口由农村流向城市，2018 年中国城镇人口占比已经接近 60%。与此同时，随着中国人口城镇化率于 2011 年历史性地跨

---

① 刘家强、刘昌宇、唐代盛：《论 21 世纪中国人口发展与人口研究》，《人口研究》2018 年第 1 期。

② 尹德挺、石万里、张锋：《改革开放四十年中国人口素质的时代变迁》，《人口与计划生育》2018 年第 11 期。

③ 陈友华：《中国人口发展：现状、趋势与思考》，《人口与社会》2019 年第 4 期。

越 50% 的门槛，中国城镇化进程进入中后期阶段，以乡村向城镇、内陆向沿海为主要流向的流动人口增速开始放缓[①]。国家统计局数据显示，2000—2010 年中国流动人口规模迅速增长，2010 年之后虽然规模仍保持增长但增速明显下降，2014 年流动人口规模达到顶峰后，由改革开放后的持续增长转为缓慢下降，2018 年已降至 2.41 亿人，流动规模趋于平稳（见图 5—3）。

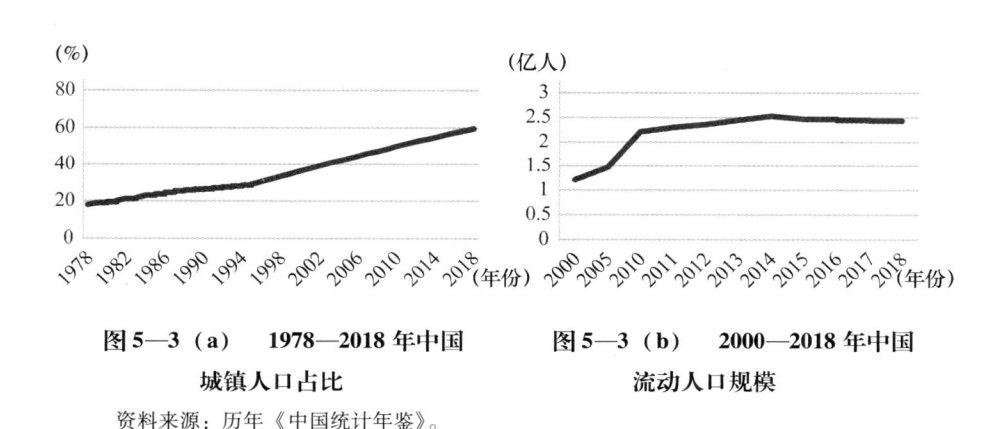

图 5—3（a） 1978—2018 年中国城镇人口占比

图 5—3（b） 2000—2018 年中国流动人口规模

资料来源：历年《中国统计年鉴》。

综上所述，随着中国人口发展进入深度转型期，人口健康水平与素质能力明显提高、城市化快速推进。但与此同时，人口增长接近尾声、持续低生育水平、老龄化程度不断加剧等也是中国人口发展面临的客观事实，蕴含着一定的潜在风险与挑战：

第一，"少子化"与"老龄化"同步提速，养老负担日益加剧。

一方面，由于越来越多的育龄妇女不着急生、不愿意生，中国生育水平存在下行压力，"少子化"现象越发突出；另一方面，中国老年人口数量及比重不断上升，老龄化程度持续加剧。"少子化"与"老龄化"的同步提速导致中国总人口中少儿比例大幅下降的同时老年人比例不断上升，老年人口抚养压力不断凸显，成为当前中国人

[①] 朱宇、林李月、柯文前：《国内人口迁移流动的演变趋势：国际经验及其对中国的启示》，《人口研究》2016 年第 5 期。

口发展面临的一个突出问题。截至 2017 年，中国老年抚养比为 15.9，即约 1 名老年人需有约 6 名劳动年龄人口负责，按照此数量比推算，到 2060 年中国每 1.6 个劳动年龄人口就需抚养 1 个老年人口，日益加剧的养老负担不仅对中国传统家庭和亲属结构带来了巨大冲击，也对国家医疗、社会保障体系以及经济社会发展带来沉重压力和严峻挑战（见图 5—4）。

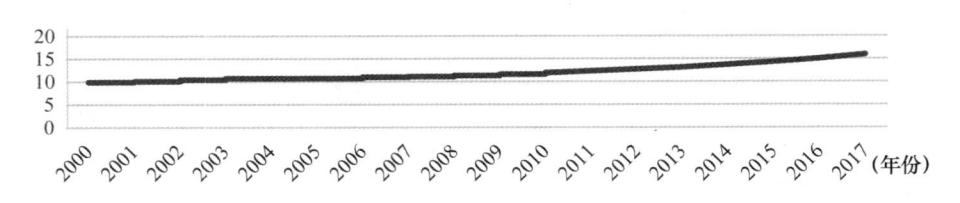

图 5—4　2000—2017 年中国老年抚养比

资料来源：《2017 年全国生育状况抽样调查》。

第二，传统人口红利逐步减弱，劳动力结构性短缺和老龄化日益显现。

劳动年龄人口规模与结构影响劳动力供给及其对经济社会发展产生的红利效应。改革开放至今，中国经济保持近四十年的高速增长，其中庞大且年轻的劳动力带来的红利效应贡献巨大。然而，随着民工荒（2004 年）、劳动年龄人口占比见顶（2010 年）等标志性事件发生，劳动年龄人口减少而导致的劳动力结构性短缺与劳动力老龄化等问题在中国开始出现，并将愈演愈烈，对经济社会发展产生深远影响。一方面，劳动力供给量减少和老龄化发展，中国人口红利峰顶已不复存在，中国劳动力低成本优势逐步丧失，长期享有的劳动密集型产业比较优势和国际竞争力不断削弱；另一方面，中国加快转变经济发展方式与新一轮科技革命和产业变革在当前历史时期下齐头并进，对于中国劳动力队伍无论是数量还是质量都提出了新的需求，而当前以高技能型人才相对稀缺等为特征的劳动力供给结构性短缺问题将一定程度上制约中国劳动力在新时代下释放其对经济社会发展应有的积极效应。

第三，人口综合素质仍有待提高，尚不足以有效对冲劳动力供给下行压力。

有效对冲劳动力数量和占比下行压力、保持人口变动对经济增长的积极效能，依靠包括劳动年龄人口在内的整个人口素质的全面提升。然而，尽管改革开放至今，中国人口的健康水平与素质能力明显提高，但与全球领先水平相比仍有一定差距。根据联合国开发计划署发布的《2019年人类发展报告》披露的人类发展指数（HDI）指标状况，中国在参加评选的189个国家与地区中仅排名第85位。联合国统计数据显示，2017年中国人均受教育年限为13.8年，落后于美日德英法五国平均水平2.7年，与排名第一的英国（17.4年）更是相差了3.6年。此外，全员劳动生产率是综合反映劳动力熟练程度、生产技术水平、分工水平、管理组织方式、生产规模等经济活动情况的重要指标，但2018年中国全员劳动生产率远低于美日德英法，不到这五国平均水平的1/5，与最高的美国相比更是差出一个数量级，换句话说，中国单个就业人员GDP产出量仅相当于美国的14%。

第四，人口发展不平衡不充分问题凸显，易于激发更大的社会矛盾。

长期以来，中国人口发展的主要矛盾体现在人口过快增长对经济社会发展的压力，然而随着中国人口发展的内在动力和外部条件发生重要转折性变化，中国人口安全与发展中的不平衡不充分问题日益突出。聚居在欠发达、生态脆弱和部分边疆地区与发达地区在人口预期寿命、受教育年限、人均收入、孕产妇死亡率、婴幼儿死亡率等人口发展指标上均存在巨大差距，公共服务资源配置不合理导致城乡之间、区域之间在医疗、教育等方面存在明显落差，人民日益增长的计划生育、生殖健康、家庭发展服务需求还未得到充分满足，贫困人口、弱势群体、边缘人群还没有得到有效的保障等。上述种种人口发展不平衡不充分问题相互交织，可能导致社会阶层固化和贫困的代际传递，并引致更大的社会矛盾（见图5—5）。

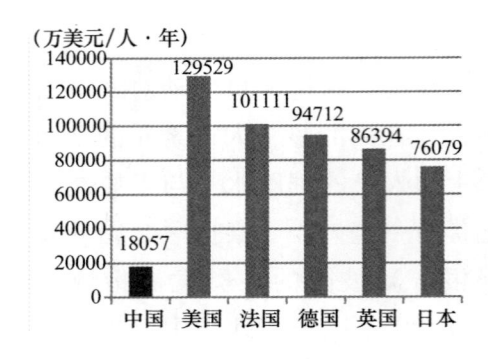

图 5—5（a） 2018 年中国与对标国家全员劳动生产率

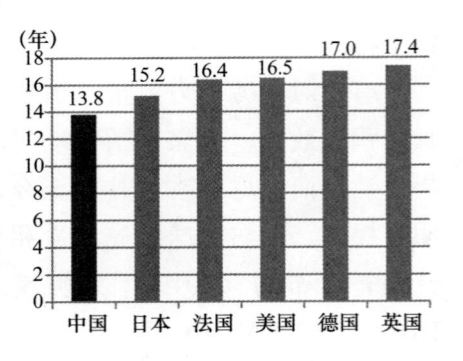

图 5—5（b） 2017 年世界主要国家平均受教育年限

第五，人口信息动态监测和预测系统尚不健全，国家人口发展战略尚不明晰。

完善的人口基础信息库、健全的人口动态监测体系以及常态化的人口预测预报机制等是对人口发展趋势进行准确研判的基础条件，也是制定人口发展战略的重要参考。尽管中国通过人口普查、抽样调查、专项调查数据和政府部门在卫生计生、公安、民政、教育等人口服务管理中获取了海量业务数据，但中国人口数据质量以及数据共享开发程度与发达国家相比仍存在较大的差距，同时人口预测预报的国家制度也尚未建立，不仅严重制约了研究者对人口发展趋势判断的准确性和人口预测的精度，也无法满足政府宏观决策和公共服务规划的需求[①]。与此同时，人口发展是关系到国家长远发展和民族未来的战略性问题，必须从经济社会全局高度和国家长期发展层面对人口工作形成清晰把握。20 世纪 70 年代中国确立了计划生育基本国策，2015 年提出实施全面两孩政策，但面对当前不断变化的内在动力与外部条件，中国应实施何种战略来确保人口发展安全阈值目前仍在探索之中。

---

① 贺丹：《加强战略研究 迎接新时代人口发展挑战》，《人口研究》2018 年第 2 期；张许颖：《破解人口数据难题 构建人口发展战略研究基础数据新平台》，《人口研究》2018 年第 2 期。

二 人口发展预测的研究综述

科学研判人口未来发展形势,不仅是学术研究的重要课题,也是涉及人类发展的基本命题。无论是宏观国家层面制定人口战略及政策,还是微观层面专家学者的自主研究,都围绕人口发展趋势开展了颇多有益探索。本书主要从国内外官方机构或权威智库发布的相关研究报告以及学术界专家学者们的自主研究两方面,来对目前关于中国人口发展预测的已有成果进行整理综述,以期为开展面向2040年中国人口发展预测提供方法和依据参考。

(一)国内外官方机构或权威智库发布的相关报告

国际方面,联合国特别是人口司在将近七十年的人口预测工作中,形成了较为严谨的数据评估流程、分析预测方法和推广应用标准[1],为从全球视角下了解中国人口发展现状及未来趋势提供了重要参考信息,主要包括:(1)《世界人口展望》(*World Population Prospects*,WPP)报告。该报告联合国人口司每隔两年发布一版,自1951年起至2019年已经发布了26版。该系列报告提供了关于全球人口数量、人口增速、人口结构、生育水平、人均预期寿命等人口基本情况及长期趋势预测结果,使得全球相关国家和地区能够从世界视角、国际比较、长期趋势等多个角度来全面认识本国或地区人口现状以及预见未来发展趋势,为寻求可持续发展道路提供有益支撑。(2)《人类发展报告》(*Human Development Report*)及人类发展指数(HDI)。《人类发展报告》由联合国开发计划署发布,不仅关注人类发展的主要问题,各个国家和地区的人

---

[1] 王志理:《世界人口增速放缓 人类进入低增长时代——〈世界人口展望2019〉研讨会在京召开》,《人口与健康》2019年第7期。

类发展指数（HDI）也会在报告中进行重点披露，最新版本为《2019年人类发展报告》。人类发展指数作为一个综合性标准，从寿命、受教育程度和生活质量三个方面来评估人类长期发展水平。其中，寿命的评估标准是预期寿命数值，受教育程度通过成年人预期受教育年限和学龄儿童获取知识的途径来进行评估，生活质量由人均国民总收入来衡量。通过《人类发展报告》，我们可以从世界视角、国际比较、长期趋势获取关于中国人口寿命、受教育程度和生活质量以及总体人类发展指数的现状及未来趋势。（3）《世界城镇化展望》（*World Urbanization Prospects*）报告。该报告由联合国人口司自1988年起发布，每两年更新一次，主要评估和预测世界各国的城市和农村人口以及主要城市人口集聚情况，是从国际视角获取关于中国城市化水平、人口流动聚集现状及未来趋势的重要信息来源。

国内对人口预测开展较多研究的官方机构或权威智库包括中国人口与发展研究中心等多家政府机构以及复旦大学人口与发展政策研究中心、中国人民大学人口与发展研究中心、中国社会科学院人口与劳动经济研究所等多家高校、科研院所等。其中，中国人口与发展研究中心负责对中国人口未来发展趋势进行预测估计，主要选择队列要素预测方法，运用通用人口预测软件（PADIS-INT），在人口普查、抽样调查数据的基础上进行修正整合，并将政策因素的影响考虑在内，对基年数据准确预测，并编写了《中国人口展望（2018）》一书[①]。复旦大学人口与发展政策研究中心牵头，借鉴联合国《世界人口展望》的呈现形式，构建了专门数据平台——中国人口展望（China Population Prospects，CPP），聚焦上海、放眼全国，用于监测和评价中国人口发展状况。该平台一方面提供对未来人口走势的精细化预测，定期发布人口动态数据与分析报告，支持政府宏观决策和相关政策项目的评估需求；另一方面致力于更新现有人

---

① 贺丹：《我国人口长期变动的趋势和挑战》，《人口与计划生育》2018年第4期。

口预测方法与技术，打造权威的当代人口历史数据库，为学界提供开放性和前瞻性的优质学术资源。此外，国家相关部委发布的《国家人口发展规划（2016—2030 年）》《"十三五"卫生与健康规划》《"健康中国 2030"规划纲要》以及中国经济社会"十三五"规划等相关规划纲要也对中国人口未来发展的关键性指标进行了预测和指引。

（二）专家学者的自主研究

围绕中国人口未来发展趋势，学术界特别是国内学者开展了颇多有益探索。胡鞍钢（2017）[①] 基于国家统计局提供的历史数据和联合国的长期预测，对中国人口发展的长期趋势进行了分析和判断，认为 2010—2050 年中国人口发展将呈现以下三大特点：一是劳动年龄人口比例持续下降，"人口红利"下降；二是继续享有"人力资源红利"和"人才红利"；三是进入严重少子化与老龄化、高龄化加速阶段，老年人口负担越来越大，成为中国人口发展的最大挑战。赵玉峰和杨宜勇（2019）[②] 综合比对多种人口预测数据，发现中国中长期人口发展趋势呈现如下特征：人口总量下降拐点将在未来十年内出现、出生人口规模将波动下降、劳动年龄人口缩减先缓慢后加剧并伴之年龄结构老化、老年人口迅速增长且高龄老年人比重上升等。王广州和王军（2019）[③] 基于中国历年人口普查和各种抽样调查数据，综合采用总和生育率间接估计方法、队列要素人口预测方法和孩次递进人口预测方法，对中国当前人口状况及未来发展趋势进行分析。预测结果表明，在保持现有人口政策长期不变的情况

[①] 胡鞍钢：《中国人口长期发展（1950—2050 年）》，《国情报告（第十八卷·2015 年）》，清华大学国情研究中心，2017 年。

[②] 赵玉峰、杨宜勇：《我国中长期人口发展趋势及潜在风险》，《宏观经济管理》2019 年第 8 期。

[③] 王广州、王军：《中国人口发展的新形势与新变化研究》，《社会发展研究》2019 年第 1 期。

下，中国总人口峰值将在 14.2 亿人及以内，达到或超过 14.3 亿人的可能性很小，总人口负增长起始年份估计在 2026—2027 年前后。晏月平和王楠（2019）[1] 主要基于联合国人口司发布的《世界人口展望 2015》，研究分析了中国人口转变的进程、趋势与问题，指出中国人口转变进程到 2030 年前后基本完成第一阶段，此后进入以低出生率、低死亡率和零自然增长率（或负自然增长率）为特征的"后人口转变"期，也称"第二次人口转变"。王广州（2019）[2] 基于人口普查和 1% 人口抽样调查数据，采用人口年龄结构间接估计方法估计了人口年龄结构变化与老龄化发展趋势，指出低生育水平和出生人口规模减小态势必然造成老年人口比例持续处于高位，预计 65 岁及以上老年人口将由目前的 1.8 亿人左右增加到 2059 年的 4 亿人左右峰值。

三 面向 2040 年中国人口发展预测的方法说明

人口是影响经济增长、社会发展的长期变量，需要从更加长远的视角，也要从世界视角，认识中国人口国情及发展趋势，未雨绸缪，作出战略性的决策和灵活性的调整[3]。本书拟面向 2040 年对中国人口规模、结构、分布格局等发展趋势进行预测，主要预测方法及数据依据包括：

一是借鉴使用联合国人口司发布的《世界人口展望》及中国人口与发展研究中心编写的《中国人口展望（2018）》报告中披露的数据，对中国人口发展变动情况的预测结果。考虑到联合国特别是人口司在将近 70 年人口预测工作中形成了较为严谨的数据评估流

---

[1] 晏月平、王楠：《中国人口转变的进程、趋势与问题》，《东岳论丛》2019 年第 1 期。

[2] 王广州：《新中国 70 年：人口年龄结构变化与老龄化发展趋势》，《中国人口科学》2019 年第 3 期。

[3] 胡鞍钢：《中国人口长期发展（1950—2050 年）》，《国情报告（第十八卷·2015 年）》，清华大学国情研究中心，2017 年。

程、分析预测方法和推广应用标准，并且提供了包括世界范围、国际比较、长期趋势等多个视角下中国人口发展现状及未来趋势的重要信息，因此是本书面向 2040 年开展中国人口发展预测较为权威、客观和全面的参考依据。中国人口与发展研究中心是长期服务于中国人口与计划生育事业发展的重要研究机构，自 2006 年以来以 PADIS 决策模型为基础，经过十余年研发与应用，形成了 PADIS 人口宏观与微观相结合模型体系，实现了 1000 万人口个案信息仿真应用，研发了具有自主知识产权基于网络的国际通用人口预测软件 PADIS – INT 和人口发展综合决策支持平台 PADIS +，在调整完善生育政策目标人群测算、出生人口变动预测中发挥了重要作用，因而基于此编写出版的《中国人口展望（2018）》对中国开展人口发展趋势预测具有重要的参考意义。

二是基于国家统计局等提供的中国人口发展历史数据，根据国内外官方机构、权威智库以及专家学者们对未来变动趋势的判断，同时结合中国人口的自身发展特征以及将要面对的内外部影响因素，对 2040 年人口发展变动情况进行趋势外推。尽管联合国人口司、中国人口与发展研究中心等国内外机构以及学术界专家学者在对 2040 年中国人口规模、结构等具体预测数值上存在一些差别，但对总体趋势与规律的判断基本一致，为本书基于人口历史统计数据进行趋势外推提供了重要依据。此外，国家人口发展规划、卫生与健康规划以及经济社会规划等中国相关规划纲要也对中国人口未来发展的关键性指标进行了预测和指引，也是本书进行未来预测的有益参考。

四 2040 年中国人口发展预测结果

根据上述预测方法以及数据来源，同时充分考虑人口的自身发展规律及其内外影响因素，本书预测了 2040 年中国人口规模、结构、分布格局等变化趋势。

（一）人口总数于2030年前后达到峰值后进入负增长阶段，人口增长势能明显减弱

综合联合国人口司、中国人口与发展研究中心等权威研究机构以及多位专家学者对中国人口发展趋势的预测，中国未来进入人口负增长阶段已是必然趋势，其中2030年前后将成为人口增长"由正转负"的峰值拐点。根据《国家人口发展规划（2016—2030年）》，预计2016—2030年，中国人口总数将继续保持低速增长，并于2030年前后达到峰值14.5亿人。中国人口与发展研究中心编写的《中国人口展望（2018）》利用PADIS–INT方案的人口预测结果显示：中国总人口将在2030年前达到峰值14.4亿人左右，此后进入稳定的负增长阶段，2035年降至14.3亿人，2050年跌至14亿人以下，到2060年不超过13亿人，预计到2100年，保持在10亿人左右。2024年印度总人口将超过中国，成为世界上人口最多的国家。联合国发布的《世界人口展望2019》按照"中方案"，预计中国人口总量的拐点为2031年，峰值人口为14.6亿人，2050年将跌至14.0亿人。按照《世界人口展望2019》的发展趋势简单推算，2040年中国将面对人口总数峰值后的持续下降趋势，2031—2050年每年约减少316万人，估计2040年中国人口总数将降至约14.3亿人。

（二）老龄化程度持续加深，劳动力短缺及劳动力结构老龄化趋势更加明显

考虑到当前中国出生率持续走低、人均预期寿命不断提升等因素，众多研究预测未来较长时间内，中国老年人口规模将继续扩大，老龄化速度将进一步提升，并将迈入超高老龄社会（65岁以上人口占比超过20%）。中国人口与发展研究中心编写的《中国人口展望（2018）》预测指出，2033年前后中国老年人口数量将超过3亿人，到2050年左右老年人口将会再增加1亿人并超过4亿人，中国老年

人口的数量峰值为4.4亿人，预计在2058年出现；老年人口占总人口的比重也不断上升，分别约为21.0%、29.3%、33.7%。根据《世界人口展望2017》预测结果，21世纪前半叶中国老年人口规模以及老年人口比重都将以较快速度持续攀升，并分别于2053年和2056年前后攀升至规模（4.85亿）和比重（36.5%）的顶峰。其中，2040年前后60岁及以上老年人口数量将接近4.3亿人，占比将突破30%，65岁以上老年人口将接近全国总人口数的1/4，中国进入超高老龄社会。老龄化程度持续加深将对中国劳动年龄人口规模及结构产生影响。2040年前，中国15—59岁劳动年龄人口规模及其在总人口中的比重都将处于持续下降阶段，总量将由2017年的9.3亿人降至2040年的7.9亿人，在总人口中的占比也将由66.9%减少至60.0%。与此同时，劳动力年龄结构老龄化发展。其中，45—59岁劳动人口比重将持续上升，2040年前后将达到40%的最高峰；44岁及以下劳动力规模将不断下降，尤其是25—44岁的中青年劳动力规模和比重降幅明显，并在未来持续较长时间，预计2040年中国25—44岁劳动人口数量和比重将分别减少至3.2亿人和22.6%（见表5—2）。

表5—2　　　　　　　　分年龄段中国人口规模预测　　　　　　单位：千人

	2020年	2025年	2030年	2035年	2040年	2045年	2050年
15岁以下	248745	239490	221682	206211	197476	193569	190703
15—19岁	78543	81949	85287	80299	72791	67565	64892
20—24岁	80328	78080	81498	84841	79871	72384	67172
25—29岁	100682	79814	77590	81014	84365	79418	71955
30—34岁	129023	100111	79335	77136	80567	83926	79006
35—39岁	101501	128328	99567	78893	76721	80160	83527
40—44岁	95390	100824	127550	98974	78427	76288	79734
45—49岁	117589	94541	99989	126572	98241	77864	75768
50—54岁	122616	116034	93367	98829	125199	97226	77097
55—59岁	99816	119969	113697	91609	97094	123159	95742
60—64岁	76684	96000	115718	109952	88810	94358	119969
64岁以上	173631	203697	245902	299180	337911	348444	358892

资料来源：《世界人口展望2017》（World Population Prospects 2017）。

(三) 生育率处于较低水平，实现"1.8"的总和生育目标面临较大压力

为了遏制生育率进一步下降、增强人口可持续发展潜力，2013年中国实施了单独两孩政策，紧接着在2015年又实施了全面两孩政策，新生儿出生率出现短暂回升，但随后又很快回落，远远低于人们的期望水平，这就较为充分地表明：中国育龄人群的生育观念已经发生根本性变化，谨慎作出生育决定才会进行生育行为，中国生育率水平已进入了超低阶段[①]。实际上，众多研究均表明随着累积生育势能释放殆尽以及生育行为选择变化、女性初婚初育年龄推迟等诸多因素影响，中国生育水平将继续回落并在未来较长时间内保持低生育率水平。在中国人口与发展研究中心编写的《中国人口展望（2018）》报告中显示，中国新出生人口将经历快速下降后进入平缓下降阶段，2034年前后到达谷底，出生人口在2035—2047年出现小幅回升，此后至21世纪末则呈平缓的波动性下降趋势。与此同时，考虑到适度生育是维持人口良性发展的重要前提，2007年发布的《国家人口发展战略研究报告》指出过高或过低的生育率都不利于人口与经济社会的协调发展，未来30年（约至2037年）中国总体生育率应保持在1.8%左右；2017年国务院印发的《"十三五"卫生与健康规划》提出"到2020年中国总和生育率要从目前的1.5—1.6回升至1.8左右"。由此可见，总和生育率由较低水平逐步提高并维持在1.8的适度区间将是2040年中国重要的人口发展目标。然而，考虑到中国持续较长时间处于低生育水平，且世界长期低生育率的发达国家尚未回升到更替水平的先例，因此2040年中国实现"1.8"的总和生育目标将面临较大压力。

---

① 陈友华：《中国人口发展：现状、趋势与思考》，《人口与社会》2019年第4期。

（四）人口健康水平与素质能力稳步提升，加快人口大国向人力资源强国转变

考虑到中国医疗卫生水平不断提升、国民教育体系持续完善、基本公共服务均衡化水平显著提高等积极因素，面向 2014 年中国人口健康水平以及平均受教育年限将进一步提升。中国"十三五"规划对于国民道德素质、科学文化素质、健康素质提升目标给出了主要约束性指标：人均预期寿命 2020 年提高至 77.34 岁，2030 年 79.0 岁；劳动年龄人口平均受教育年限 2020 年提高至 10.8 年。同时，根据《"健康中国 2030"规划纲要》，中国人均预期寿命将在 2030 年达到 79 岁，此后平均每 5 年增长 1 岁，预计 2040 年中国人均预期寿命将接近 80 岁。与此同时，按照 2012—2017 年的年均增速，预计 2040 年中国 6 岁及以上人口平均受教育年限将超过 10 年，劳动年龄人口平均受教育年限将接近 15 年，进一步缩小与世界主要发达国家的差距，有力推动中国由人口大国迈入人力资源强国和人才强国行列。

（五）城市化水平继续提高，人口主要向大城市群集聚

尽管改革开放以来，中国城镇化水平明显提高，但与全球发达国家相比仍具有差距，表明中国城市化水平仍有提升空间。但朱宇等（2016）[1]、陈友华（2019）[2] 等均研究指出，中国城镇化率超过 50% 的转折点后进入中后期阶段，以乡村向城镇、内陆向沿海为主要流向的流动人口增速开始放缓，即中国城镇化水平仍旧不断提高，但是增速将逐步放慢。高春亮、魏后凯（2013）[3] 综合运用多种预

---

[1] 朱宇、林李月、柯文前：《国内人口迁移流动的演变趋势：国际经验及其对中国的启示》，《人口研究》2016 年第 5 期。
[2] 陈友华：《中国人口发展：现状、趋势与思考》，《人口与社会》2019 年第 4 期。
[3] 高春亮、魏后凯：《中国城镇化趋势预测研究》，《当代经济科学》2013 年第 4 期。

测方法，研究发现 2011—2050 年中国城镇化增速趋缓，年均提高 0.973 个百分点，2020 年、2030 年、2040 年和 2050 年城镇化率分别为 60.34%、68.38%、75.37% 和 81.63%。与此同时，美国、日本等发达国家人口流动经验和城镇化历程显示，随着城市化不断推进，人口将随着产业发展持续向大都市圈集聚。陈友华（2019）[①]等研究指出，流动人口和迁移人口的规模随着社会变迁与制度变革短期内将会平稳增长，乡城迁移流动人口与城城迁移流动人口规模变化不同，由中小城市向大城市迁移的人口数量将会不断上升，而乡城迁移流动人口规模可能下降。中国指数研究院的研究报告指出，2040 年京津冀、长三角、珠三角、中原和成渝都市圈人口规模合计将达 4.5 亿人，占全国人口的 1/3；恒大研究院的任泽平团队预测，19 大城市群将以 1/4 的土地集聚 74% 的人口。实际上，城市群已日益成为中国新型城镇化的主体形态，并以此逐步打造大中小城市和小城镇协调发展的城镇格局。由此可见，2040 年中国人口向城市群流动的趋势将更加凸显，并随着中国区域协调发展战略不断深入，严格控制超大城市和特大城市人口规模、有序引导人口向中小城市集聚的人口适度聚集的局面逐步形成。

五 2040 年人口发展愿景

人口问题始终是人类社会共同面对的基础性、全局性和战略性问题，因此人口趋势性变化将对经济社会发展产生深刻影响。本书基于对中国人口未来趋势的预测分析，勾勒出 2040 年中国人口发展的六大愿景：

一是人口总数增至峰值后进入逐渐趋于平缓的负增长阶段。《国家人口发展规划（2016—2030 年）》指出，2020—2030 年中国总人

---

① 陈友华：《中国人口发展：现状、趋势与思考》，《人口与社会》2019 年第 4 期。

口数将继续增长并于2030年前后达到峰值，此后进入持续负增长时期。为防止中国人口在峰值之后可能出现的大幅下跌造成对经济社会发展的负面作用，中国将充分发挥政策效应，平缓人口总量变动态势，逐步积累有利于发展的人口总量势能。

二是生育率逐步提升并稳定在适度水平。中国总和生育率自20世纪90年代初起就降至人口代际更替平衡以下。考虑到当前生育行为选择变化等诸多因素，中国低生育水平将可能持续较长时间。适度生育是维持人口良性发展的重要前提，因此面对2040年生育下行压力，中国将持续健全生育政策调控机制和相应的服务保障措施，逐步引导生育水平提高并维持在适度区间。

三是应对人口老龄化问题的制度框架和政策体系逐步健全。中国在2000年就已进入老龄化社会，自此以后，中国人口老龄化程度不断提升，中国老龄化水平将在2050年达到顶峰。由此可见，老龄化已成为2040年中国不可规避的一个现实问题，而随之产生的老年人养老、医疗、长期照料、精神赡养等问题将对中国人口安全以及经济社会发展带来了巨大挑战。基于此，加快构建以社会保障、养老服务、健康支持、宜居环境为核心的制度框架，完善以人口政策、人才开发、就业促进、社会参与为支撑的政策体系成为2040年中国积极应对人口老龄化问题的重要举措。

四是人口健康水平以及素质能力的稳步提升持续增强人口资源优势。中国医疗卫生条件逐步提升与改善，从而人口健康水平和人均预期寿命也会不断上升，预计2040年中国人均预期寿命将达到80岁以上，居于世界靠前位置。与此同时，中国人口平均受教育年限稳步提高，特别是新增劳动力素质提升明显，预计2040年劳动年龄人口平均受教育年限将接近世界发达国家平均水平，低水平的劳动力数量优势将向高水平的知识型人才优势转变。不断提升的人口健康水平以及素质能力将为中国经济发展质量变革、效率变革、动力变革提供有力的人力资本支撑。

五是人口有序流动和合理集聚推动人口区域均衡发展。随着体制机制改革不断深化和相关政策措施健全完善，城乡和区域之间人口合理有序流动以及优先开发和重点开发区域人口适度聚集的局面逐步形成，人口分布与区域发展、主体功能布局、产业集聚等协调程度不断提升。

六是国家人口发展战略充分明晰，人口信息动态监测和预测系统基本建立。人口发展是关系到国家长远发展和民族未来的战略性问题，必须从经济社会全局高度和国家长期发展层面对人口工作形成清晰把握。20世纪70年代中国确立了计划生育基本国策，2015年提出实施全面两孩政策，那么面向2040年及以后中国应实施何种生育政策来确保人口数量安全阈值将不断清晰。此外，中国人口基础信息采集和统计工作将显著加强，国家人口基础信息库基本建立；人口动态监测和评估体系不断健全，常态化的人口预测预报机制基本形成。

第 六 章

2040年生态环境发展愿景分析

党的十九大提出要在2035年基本实现社会主义现代化,其中一个重要内容是"生态环境根本好转,美丽中国目标基本实现"。在过去十余年中,特别是党的十八大以来,中国已建立起一个比较完整的生态环境保护制度体系,出台了一系列重大政策措施,生态文明建设已被包括在中国特色社会主义"五位一体"总体布局当中,绿色发展理念也成为指导发展的核心理念。基于生态环境与经济发展之间关系的演化趋势,结合未来经济结构变化、技术水平改善等诸因素,可对2040年中国的生态环境愿景做出如下判断。

一 中国生态环境发展现状、突出问题与面临的挑战

(一)党的十八大以来中国在生态环境领域取得的成就为2035年"美丽中国"目标的实现奠定了良好的基础

党的十八大以来,中国的绿色发展取得了举世瞩目的成效。绿色发展模式的逐步形成则集中反映了绿色发展在实践领域的成就,

主要体现在生产部门环境技术的提高、产业结构的优化、能源使用效率的提高、生态环境质量的改善。

一是生产部门的环境技术不断提高。随着党的十八大以来国家对环保的空前重视,生产企业普遍增加了环保投入,进行了相关技术、设施和工艺的改造,环保技术不断发展和提升。2012—2015年中国重点行业的污染物排放量和排放强度降幅明显,其中,工业部门平均化学需氧量排放强度下降了37%,平均二氧化硫排放强度下降超过40%。笔者的估算表明,2012—2015年技术效应减少了794万吨工业二氧化硫排放。

二是产业结构不断优化。从中国的三大产业结构占比情况来看,2012年农业、工业和服务业占GDP的比重分别为9.4%、45.3%和45.3%,到2016年,该比重变为8.6%、39.9%和51.6%。工业部门产出占GDP的比重下降超5%,服务业占GDP的比重上涨超过5%。上述数据表明自2012年以来,中国产业结构的优化程度。工业占比下降有利于减少污染物的排放,2012—2015年工业部门的结构升级使二氧化硫排放量下降了33万吨。中国产业结构升级促进经济增长与资源损耗和污染物排放尽快脱钩。

三是资源使用效率明显提高,环境效率指标下降。2012—2017年,中国主要资源消耗量与GDP的比值不断降低。具体表现为,中国能源消耗量与万元GDP、耗水量与万元GDP的比值均出现较大的下降幅度,前者累计下降幅度超20%,后者累计下降幅度为40%。同期每万元工业增加值与耗水量的比值也不断下降,累计下降幅度接近40%,近年来,中国加大治理环境污染的投资力度与投资金额,投入治理污染的资本不断上升并取得了一定的成效,数据显示中国的主要污染物排放量在2012—2016年呈现明显下降趋势。与此同时,中国的经济仍以6%—7%的速度在增长,因而单位GDP的主要污染物排放量必然明显下降,即相应的环境效率明显改善。此外,碳排放效率改善也非常明显,万元GDP二氧化碳排放量在2010—

2016年也累计下降25%[1]。

四是生态环境质量不断改善。中国生态环境水平与质量不断提升。从2012年开始，中国沙化土地面积年均减少0.2万平方千米，森林面积年均增加1.6亿亩[2]；同时，耕地总面积和耕地质量逐年提升。根据《2017年中国生态环境状况公报》显示，中国重点城市和大气污染重点治理地区的空气质量自2012年以来均得到明显改善；全国地表水与优良水质断面比例持续提高，2017年Ⅰ—Ⅲ类水体比例接近68%，36个重点城市建成区的黑臭水体已基本消除，2017年劣Ⅴ类水体比例为8.3%。同时，中国生活垃圾的处理水平也在不断提升，其中全国城市生活垃圾无害化处理率超97%，全国行政村中农村生活垃圾处理比例超过70%。此外，相关部门有效遏制了非法进口的国外垃圾，2017年中国固体垃圾废弃物的进口量同比下降9.2%。

（二）实现2035年"美丽中国"目标需要克服的困难和挑战

尽管近年来中国的绿色发展成效显著，但在中国持续推进绿色发展的同时仍然面临一系列严峻的挑战，诸多困难需要不断克服。严重阻碍人民生产、生活的污染问题较为突出，需要在短期内尽快得到有效的解决；调整产业结构、升级生产技术、转变生产方式和建立健全体制机制等问题，需要在中长期内逐步解决。

1. 生态环境形势依然严峻

根据国家生态环保部门的调查结果显示，中国荒漠化和沙化土地面积接近国土总面积的50%[3]；现有土壤（水力和风力）侵蚀总

---

[1] 笔者根据历年《中国应对气候变化的政策与行动年度报告》刊载数据计算。
[2] 《2018年国务院政府工作报告》。
[3] 数据来自第五次全国荒漠化和沙化监测结果。

面积超过国土总面积的 30%[①]；森林覆盖率只有 21.63%[②]，自然湿地面积也在逐年缩小[③]。根据《2017 年中国生态环境状况公报》的数据显示，在全国地级市中存在环境质量超标的城市超过 70%，全国地级及以上城市 338 个，其中 239 个城市环境空气质量超标；全国超过 36% 的地级市出现酸雨现象。中国七大流域中已有五个出现污染，其中黄河、松花江、淮河和辽河流域为轻度污染，海河流域为中度污染；中国共有 54 个重要湖泊，50% 以上的重点湖泊的水质低于Ⅲ类；在地下水质的评级中，66% 的地下水被评为较差甚至极差。总体而言，全国土壤环境状况亦较类似，总体土壤点位超标率超 16%，耕地土壤点位超标率接近 20%，工矿业废弃地土壤问题最为严重。与此同时，中国城镇化进程不断加快，石油、煤炭、天然气等矿产资源的需求量急剧提升，由于煤炭仍是中国的主要使用能源，对化石能源需求的上升会给生态环境带来巨大负荷。

2. 生态环保技术亟待提升

目前，中国基础性、关键性的生态环保技术水平有限，十分需要进一步提升。根据《"十三五"节能环保产业发展规划》，当前中国生态环保技术主要存在以下问题：首先，缺乏基础性、开拓性、颠覆性技术创新，自主创新能力较弱，部分关键设备和核心零部件长期依赖进口，能量系统优化、垃圾渗滤液处理、高盐工业废水处理等难点技术有待提升，高端技术装备供给能力有限。而且，绿色科技人才集中在北京、上海等大城市，绿色科技顶尖人才也较为缺乏。其次，生态环保技术研发的市场程度低。一方面，高校和科研机构研发的绿色生产技术仍只是停留在实验室阶段，尚未进入商业化进程。另一方面，部分企业在资金充足的情况下缺乏绿色技术研发人员；绝大部分企业环保资金有限，盲目扩大环保投资影响企业

[①] 数据来自第一次全国水利普查成果。
[②] 第八次全国森林资源清查（2009—2013 年）结果。
[③] 数据来自两次全国湿地资源调查结果。

正常生产经营，市场中经常出现部分落后低端技术装备挤压中高端技术装备的现象。最后，相关生态环保技术在实际应用中遇到诸多问题。比如，工业污水处理材料与设备落后、技术水平低、处理工艺运行不稳定、自动化和精细化管理程度低、治理成本偏高等。

3. 产业结构需要继续优化升级

当前中国的产业结构处于不断优化升级的进程中，但是仍存在一系列问题。工业部门内部的结构升级较为缓慢。具体表现在，由工业内部结构变化导致二氧化硫排放的减少仅仅相当于2012年工业二氧化硫排放总量的2%。并且，中国大多数省份仍处于以重化工业为主的工业化中后期阶段，这种产业结构制约着绿色发展，在短期内转变粗放式发展模式较为困难。2016年，第二产业在GDP中的比重超过45%的有陕西、青海、安徽等12个省份，这些省份存在较大的生产性污染排放压力。中、西部省份产业结构调整的压力更大，污染治理问题更加突出，面临的财政压力更大，治理任务重且缺乏专项治理资金，接续产业发展也不到位。

4. 绿色生活方式有待形成

尽管中央提出深入贯彻发展生态文明理念，但与生态文明建设和绿色发展的要求相比，中国居民的生活方式还存在一些问题。相当多人口还不具备绿色文明的知识与技能，尚未养成节能节水、自带购物袋、垃圾分类等环保习惯。由于绿色产品价格存在信息不对称等因素，中国居民在自由市场上购买绿色产品的积极性还较低。根据公安部统计数据显示，新能源汽车在中国仍未实现真正普及，截至2017年年底，全国新能源汽车保有量仅占汽车总量的0.7%，只有153万辆。当然，中国居民的生活方式与环保基础设施的不完善也存在很大的关系。比如，不少上班族由于交通基础设施不够完善、发达，不得不自驾耗油车出行。

5. 体制机制及政策问题

良好的体制机制是将绿色发展理念转化为绿色发展行动的关键。绿色发展理念虽然已经强调了很多年，但仍有不少地方政府对这一理念认识不足，仅当作一句口号，而没有认真贯彻落实。一些企业也将绿色发展当作负担而不是机遇，不愿进行相关的投资和技术、设备升级改造。公众也往往缺乏热情和积极性，不能很好地参与绿色发展。造成上述问题的原因就是当前的绿色发展体制机制还不够健全，设计还不到位。一方面，绿色发展的管理体制还需要进一步完善。例如，虽然国家生态环境部垂直管理地方环保部门，但在很多方面仍难以真正行使环境监督职权。另一方面，也要不断优化绿色发展的政策体系。在中国，部分有关绿色发展的行政手段尚未得到应有的发挥。虽然国家已经建立了生态文明建设考核目标体系和绿色发展指标体系，但这些指标体系还未完全有效发挥对地方政府的引导作用。此外，环境经济手段比较欠缺，需要进行丰富与完善。最后，还需要进一步完善生态环保法规，特别是亟待建立严格的执法机制。

二　预测依据

（一）生态环境形势预测研究回顾

在有关生态环境形势预测研究中，常用的方法多种多样，既有相对简单的回归分析、灰色预测方法，也有比较复杂的方法如神经网络、系统动力学方法。梁一鸣（2019）[1]通过比较各种方法发现，各种方法都有其优势与不足，例如，回归分析易于操作但精度不理想，新型算法精度较高但难以实施且预测范围狭窄。

---

[1] 梁一鸣：《环境预测模型的应用评述》，《价值工程》2019 年第 23 期。

传统方法在生态环境预测中仍是重要的方法。刘仁兵等（2009）[①] 采用无偏灰色模型并结合 2000—2006 年中国历年环境保护基本概况数据，对 2007—2012 年中国整体的水环境状况进行了预测，其结果表明废水排放、化学需氧量、氨氮排放等将随着经济社会的不断发展而不断增加。杨壮（2017）[②] 建立了基于径向基网络的灰度理论预测模型来预测污水中化学需氧量的变化，且历史拟合结果表明该模型的精度较高，拟合结果与现实非常接近。

传统方法中，不同研究采用的分析思路又有所不同。一些研究根据一定范围内生态环境的自然特性构造预测模型，如孙晋雯等（2014）[③] 以秃尾河为例，通过建立二维非稳态水流水质模型，预测了不同污染条件下的污染混合带长度及对污染源下游水质的影响程度。徐文炘等（2016）[④] 根据不同阶段地下水的运动特点提出了广西、贵州和四川等地区碳酸盐岩型赤泥库地下水环境的预测模型。李睿（2015）[⑤] 采用灰色综合评估模型并结合矿山建设和开发中存在的地质环境背景、矿山开发规模、资源损毁、次生地质灾害及环境污染等主要环境地质问题，分析了矿山地质环境发展趋势。一些研究根据污染物成因进行预测分析，如徐小花（2013）[⑥] 通过对上海市浦东新区万祥镇水污染成因和近远期水体污染源的分析，评估预测了万祥镇近远期水环境质量，并提出了水环境污染控制方案和措施。还有些研究采取基于政策文本的估算方法，如何智

[①] 刘仁兵、袁治平、郭雪松：《基于无偏灰色模型的水环境预测研究》，《科学与管理》2009 年第 2 期。

[②] 杨壮：《基于 GM – RBF 神经网络的污水环境预测》，《第 28 届中国过程控制会议（CPCC 2017）暨纪念中国过程控制会议 30 周年摘要集》，中国自动化学会过程控制专业委员会，2017 年。

[③] 孙晋雯、逄勇、罗缙、王晓：《北方典型山区河道不同污染条件下水环境预测研究——以秃尾河为例》，《水资源与水工程学报》2014 年第 5 期。

[④] 徐文炘、李蔷、张静：《某碳酸盐岩型赤泥库地下水环境预测研究》，《矿产与地质》2016 年第 6 期。

[⑤] 李睿：《庆阳南部地区煤矿地质环境预测评估》，《中国煤炭地质》2015 年第 6 期。

[⑥] 徐小花：《上海市郊典型小城镇水环境预测及污染控制研究——以上海市浦东新区万祥镇为例》，《四川环境》2013 年第 1 期。

娟等（2015）① 结合相关政策、规划、区域污水处理设施与废污水排放量的可匹配性分析，发现引洮供水二期工程的实施将使 2030 年受水区 COD、氨氮入河量有所减少，有利于受水区地表水质的改善。

近年来也有不少研究采用较为复杂的方法预测生态环境形势。其中一些研究将多种方法综合应用来构建生态环境预测模型，如贺金龙等（2018）② 将主成分分析方法与灰色预测模型相结合建立了环境预测方法，其实证分析发现，未来 5 年北京的最主要污染物是有机污染物、道路交通干线噪声和二氧化硫。韦曙光（2014）③ 采用人工神经网络技术中的 BP、RBF 模型，对中国黄河河套灌区农田地下水文以及土壤的水盐变化进行了系统的预测。周智勇等（2018）④ 综合应用主成分分析方法、灰色预测模型和初等关联函数等方法构建矿山生态环境预测模型。还有一些研究则用到了大数据、云计算等最新方法，如白云飞等（2017）⑤ 则通过对互联网大数据、云计算、Web GIS 技术和水质预测模型等高新生态技术的综合利用，设计并构建了关于清潩河流域水环境预测预警平台。

（二）经济发展与环境污染脱钩的机制研究——环境库兹涅茨曲线

高质量发展既要求经济高质量发展，也要求高质量建设生态文明，因而环境保护与经济高质量发展是构成高质量发展的两个有机

---

① 何智娟、贾一飞、孟丽玮、李勇、张娜：《引洮供水二期工程受水区水环境预测研究》，《人民黄河》2015 年第 5 期。
② 贺金龙、吴晟、周海河、李英娜、吴兴蛟、李天龙、马颢瑄：《基于 GM（1，1）- PCA 的环境预测与分析研究》，《信息技术》2018 年第 1 期。
③ 韦曙光：《基于 ANN 技术的大型灌区节水改造后农田水环境预测研究》，《资源节约与环保》2014 年第 9 期。
④ 周智勇、肖玮、陈建宏、李欢：《基于 PCA 和 GM（1，1）的矿山生态环境预测模型》，《黄金科学技术》2018 年第 3 期。
⑤ 白云飞、谢超颖、余璐、张培锋：《清潩河流域水环境预测预警平台的设计与构建》，《中州大学学报》2017 年第 4 期。

联系的部分。经济发展与环境污染的脱钩在很大程度上体现了人们对理想经济发展模式的期望,是环境保护与经济发展融合的前提条件。围绕经济发展能否与环境污染脱钩以及如何脱钩,已经出现了十分丰富的研究文献。其中,最具代表性的理论假说是环境库兹涅茨曲线(Environmental Kuznets Curve,EKC)假说,支撑该假说的各种理论解释实质上就是描述经济发展与环境污染的脱钩机制。

EKC 假说源于 Grossman 和 Krueger(1991,1995,1996)[1]基于国别数据的实证研究,他们发现人均 GNP 与污染排放呈现倒"U"形曲线关系,而后这一曲线被称为 EKC。上述假说意味着在经济发展水平处于较低阶段时,污染排放将随着经济规模的扩张而不断上升;当经济发展水平越过某一阈值后,污染排放将随着经济规模的扩张而下降。EKC 假说的出现激起了经济学家对经济增长与生态环保二者联系的浓厚兴趣,随后出现了大量有关 EKC 的研究文献。相关研究者一方面通过采用不同层面的历史数据来检验假说的有效性和其适用范围,另一方面则试图揭示出假说背后的理论机制或影响因素。

由于选取的污染排放指标、研究对象的时空范围以及采用方法差异,因而不同学者在验证 EKC 假说时得到的结论有所不同。大部分研究者的实证分析结果都支持 EKC 假说(如 Panayotou,1997;Kang 等,2016;Fujii 等,2018;Barra 和 Zotti,2018)[2],但也有一

---

[1] Grossman, G. M., and A. B. Krueger, *Environmental Impacts of a North American Free Agreement*, NBER Working Paper, 3914. Grossman, 1991; G. and Krueger, A., "Economic Growth and the Environment", *The Quarterly Journal of Economics*, Vol. 110, No. 2, 1995; Grossman, G. and Krueger, A., "T he Inverted – U: What Does it Mean", *Environment and Development Economics*, No. 1, 1996.

[2] Barra, C., Zotti, R., "Investigating the non – linearity between national income and environmental pollution: international evidence of Kuznets curve", *Environmental Economics and Policy Studies*, Vol. 20, 2018; Fujii, H., Iwata, K., Chapman, A., Kagawa, S., Managi, S., "An analysis of urban environmental Kuznets curve of CO_2 emissions: Empirical analysis of 276 global metropolitan areas", *Applied Energy*, Vol. 228, 2018; Kang Yan – Qing, Tao Zhao, Ya – Yun Yang, "Environmental Kuznets curve for CO_2 emissions in China: A spatial panel data approach", *Ecological Indicators*, Vol. 63, 2016; Panayotou, T., "Demystifying the Environmental Kuznets Curve: Turning a Black Box into a Policy Tool", *Environment and Development Economics*, No. 2, 1997.

些研究则倾向于否定 EKC 的存在（如张晓，1999；Khanna 和 Plassmann，2004；彭水军等，2015；Katircioǧllu 和 Katircioǧllu，2018）[1]，还有一些研究者（如 Georgiev 和 Mihaylov，2015）[2] 发现 EKC 适用于某些污染物排放与经济增长的关系，而不适用于另一些污染物。

以往研究所涉及的 EKC 影响因素十分广泛，受到较多关注的因素主要有制度、贸易的影响、人们对高环境质量的需求、技术进步和经济结构变化。

一是制度因素。不少研究（如 Panayotou，1997；Dasgupt 等，2002）[3] 表明，环境政策的实施能够在经济发展处于较低水平时有效减缓环境退化，在经济发展处于较高水平时加速环境质量的改善，从而平滑 EKC，降低经济增长的环境成本。Lægreid 和 Povitkina（2018）[4] 的研究表明，清廉的政府和公众的参与有助于加速 EKC 拐点的到来。Katircioǧllu 和 Katircioǧllu（2018）[5] 认为由于城市化及其引致的能源消耗增加，土耳其的 EKC 不是倒"U"形。

二是贸易的影响。Copeland 和 Taylor（2004）[6] 提出，国家贸易

---

[1] Katircioǧllu, S. and Katircioǧllu, S., "Testing the role of urban development in the conventional Environmental Kuznets Curve: evidence from Turkey", *Applied Economics Letters*, No. 25, 2018; Khanna, N. and Plassmann, F., "The demand for environmental quality and the environmental Kuznets Curve hypothesis", *Ecological Economics*, No. 51, 2004；彭水军、张文城、孙传旺：《中国生产侧和消费侧碳排放量测算及影响因素研究》，《经济研究》2015 年第 1 期；张晓：《中国环境政策的总体评价》，《中国社会科学》1999 年第 3 期。

[2] Georgiev E. and E Mihaylov., "Economic growth and the environment: reassessing the environmental Kuznets Curve for air pollution emissions in OECD countries", *Letters in Spatial & Resource Sciences*, Vol. 8, No. 1, 2015.

[3] Dasgupt a, S., B. Laplant e, H. Wang, and D. Wheeler, "Confronting the Environmental Kuznets Curve", *Journal of Economic Perspectives*, Vol. 16, 2002; Panayotou, T., "Demystifying the Environmental Kuznet s Curve: Turning a Black Box into a Policy Tool", *Environment and Development Economics*, Vol. 2, 1997.

[4] Lægreid, O. M. and Povitkina, M., "Do Political Institutions Moderate the GDP - CO2 Relationship?", *Ecological Economics*, Vol. 145, 2018.

[5] Katircioǧllu, S. and Katircioǧllu, S., "Testing the role of urban development in the conventional Environmental Kuznets Curve: evidence from Turkey", *Applied Economics Letters*, Vol. 25, 2018.

[6] Copeland B R, Taylor M S., "Trade, Growth and the Environment", *Journal of Economic Literature*, Vol. 42, 2004.

和外国直接投资可能是污染产业从发达国家转移发展中国家，从而使发达国家的污染与经济增长呈现 EKC 关系。不少研究（如 Jafari 等，2017；Sapkota 和 Bastola，2017）[1] 从实证的角度讨论了上述理论假说。

三是人们对高环境质量的需求。许多学者（McConnell，1997；Neha，2002；Roca，2003）[2] 指出，随着人们收入的增加，人们对高环境质量的需求将随之不断上升，从而会要求政府采取行动改善环境质量，继而导致 EKC 的出现。不过，Khanna 和 Plassmann（2004）[3] 发现，美国居民对环境质量的要求并未随着收入的增加而上升，因而美国也没有出现 EKC。

四是技术进步和经济结构变化。许多研究者都发现，伴随经济水平提高而发生的技术进步和经济结构变化，会有效地降低经济规模对环境的负面影响，继而促进 EKC 的形成。二者对 EKC 的影响通常被称为技术效应和结构效应。最近 Eriksson（2018）[4] 将技术进步引入经济增长模型，发现新技术对污染投入的替代作用，会在长期内使污染排放在最优经济增长路径下逐渐下降。这一发现意味着，政府融合经济发展与环境保护的不懈努力是非常有必要的。Acemoglu 等（2012，2016）[5] 建立了一个分析气候变化的经济增长模型，

---

[1] Jafari, Y., Farhadi, M., Zimmermann, A., Yahoo, M., "Economic liberalization and the environmental kuznets curve: Some empirical evidence", *Journal of Economic Development*, Vol. 42, 2017. Sapkota, P., Bastola, U., "Foreign direct investment, income, and environmental pollution in developing countries: Panel data analysis of Latin America", *Energy Economics*, Vol. 64, 2017.

[2] McConnell, K. E., "Income and the demand for environmental quality", *Environment and Development Economics*, Vol. 2, 1997. Roca, J., "Do individual preferences explain the Environmental Kuznets Curve?", *Ecological Economics*, Vol. 45, 2003.

[3] Khanna, N. and Plassmann, F., "The demand for environmental quality and the environmental Kuznets Curve hypothesis", *Ecological Economics*, Vol. 51, 2004.

[4] Eriksson C., "Phasing out a polluting input in a growth model with directed technological change", *Economic Modelling*, Vol. 68, 2018.

[5] Acemoglu, Daron, Aghion, Philippe, Bursztyn, Leonardo, Hemous, David, "The environment and directed technical change", *American Economic Review*, Vol. 102, 2012. Acemoglu, Daron, Akcigit, Ufuk, Hanley, Douglas, Kerr, William, "Transition to clean technology", *Journal of Political Economics*, Vol. 124, 2016.

其理论分析表明，短暂的清洁技术创新鼓励政策也能带来长期的可持续增长。在过渡期后，清洁技术将会因为学习效应而变得更具竞争力，从而逐步取代非环保技术。还有一些学者研究了技术效应的深层影响因素，如教育水平（Balaguer 等，2018）[1]、企业的可持续发展能力（Lapinskienė 等，2017）[2] 等。同时，Neve 和 Hamaide（2017）[3] 对 EKC 假说的研究表明，GDP 中制造业比重以及制度对碳排放与收入之间的关系有重要影响。

EKC 假说的积极意义在于，它使人们看到了经济发展与环境保护从对立走向统一的希望，即经济发展到一定水平后，可以与环境保护相融合。对 EKC 假说影响因素的研究，则进一步揭示了经济发展与环境保护相融合的深层机制，使政府和公众明白，应当采取怎样的政策措施，从哪些途径积极促成经济发展与环境保护的融合。不过，EKC 假说仍存在着理论上的缺陷，如对环境承载能力的忽视，即 EKC 到达拐点前，环境承载力就有可能到了极限，从而导致环境系统的崩溃[4]。同时，有关 EKC 的实证研究也存在着方法、指标选取、对象范围等多方面的缺陷和局限性。

（三）发达国家经济—环境演化历史：以碳排放为例

1. 主要发达国家碳排放达峰及达峰后演化趋势

世界主要经济体的碳排放都呈现比较明显的跨越峰值的变化特征，但各主要经济体碳排放跨域峰值后的变化趋势有所不同（见图

---

[1] Balaguer, J. Email Author, Cantavella, M, "The role of education in the Environmental Kuznets Curve. Evidence from Australian data", *Energy Economics*, Vol. 70, 2018.

[2] Lapinskienė, G., Peleckis, K., Nedelko, Z., "Testing environmental Kuznets curve hypothesis: the role of enterprise's sustainability and other factors on GHG in European countries", *Journal of Business Economics and Management*, Vol. 18, No. 1, 2017.

[3] Neve M and B Hamaide., "Environmental Kuznets Curve with Adjusted Net Savings as a Trade - Off Between Environment and Development", *Australian Economic Papers*, Vol. 56, No. 1, 2017.

[4] Stokey., "Are There Limits to Growth?", *International Economic Review*, Vol. 39, No. 1, 1998.

6—1 和图6—2）。世界主要经济体同时也是主要碳排放国家。其中，美国是当前第二大碳排放国家。1960 年以来，美国的碳排放呈现缓慢上升的变化态势，2005 年达到历史峰值，2006—2007 年仍维持在高位；2008 年国际金融危机爆发后开始进入缓慢下降通道。作为第三大碳排放国家，日本的碳排放自 1990 年开始进入高位缓慢增长阶段，2007 年达到历史顶点；国际金融危机爆发后有一个明显下降过程（2008—2009 年），而后快速反弹并接近历史峰值（2013 年）；此后三年则持续下降。

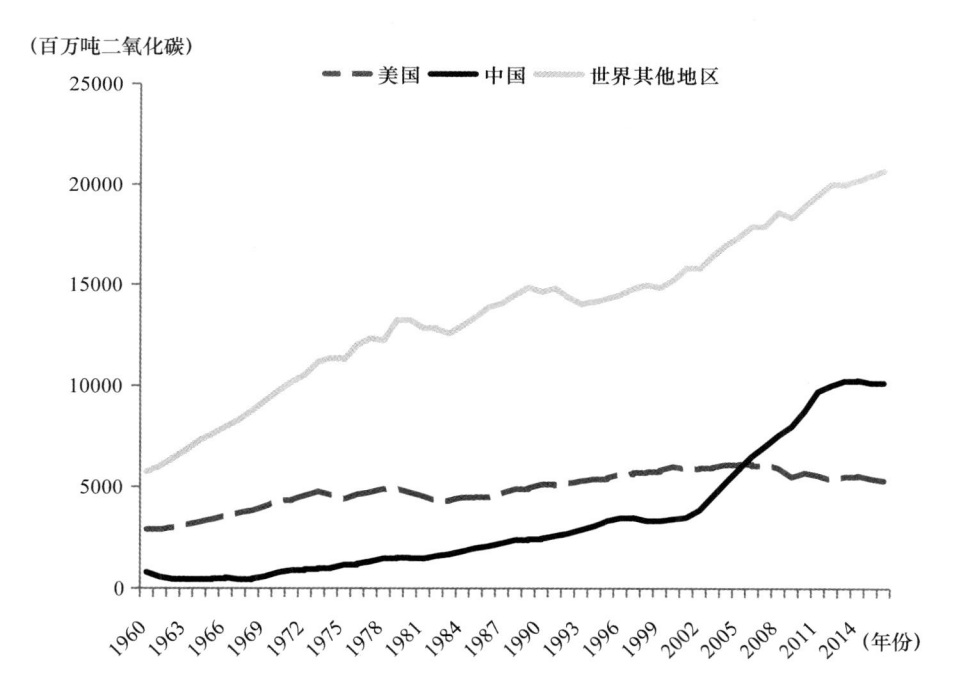

图6—1　1960—2016 年中国、美国及世界其他地区碳排放

资料来源：CDIAC 网站（http://www.globalcarbonatlas.org/cn/CO_2 – emissions）。

德国的碳排放量紧随日本，其碳排放于 1979 年（第二次能源危机爆发）达到历史峰值后，一直呈现下降的变化趋势。法国的碳排放变化特征与德国类似，在 1979 年达到峰值后，处于波动下降的变

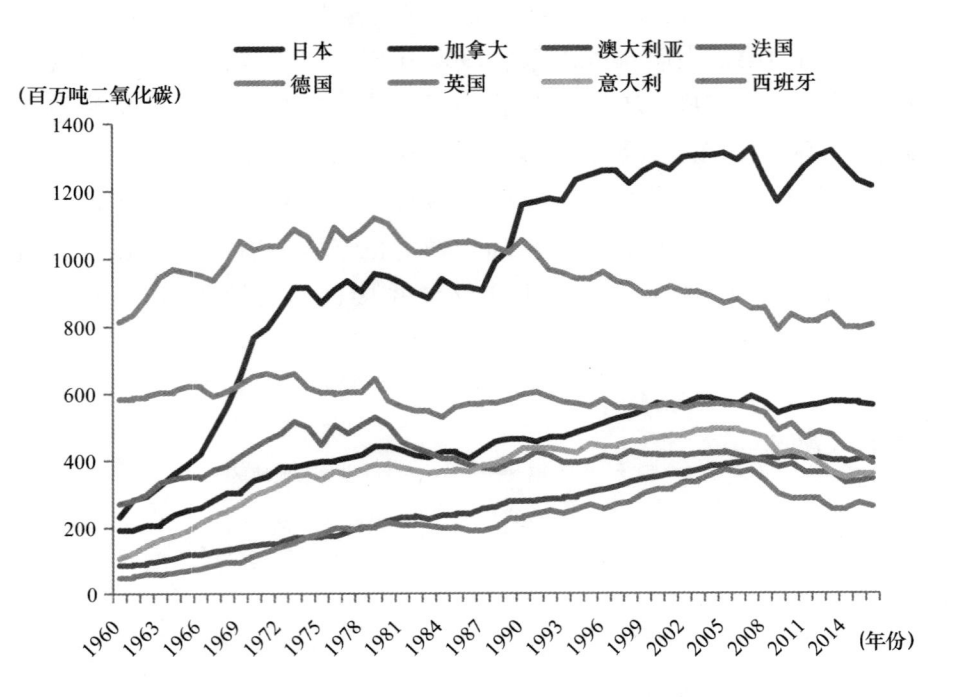

图 6—2　1960—2016 年除中国、美国外其余主要经济体的碳排放

资料来源：CDIAC 网站（http://www.globalcarbonatlas.org/cn/CO$_2$-emissions）。

化态势。英国的碳排放于 1971 年达到历史最高水平，随后在高位维持了 8 年，1980—1990 年（第三次能源危机）呈现"U"形反弹变化，然后开始缓慢波动下降。

加拿大的碳排放于 2007 年达到历史峰值后，一直稳定在其历史高位水平。澳大利亚的碳排放自 1960 年以来持续稳定上升，在 2009 年达到历史峰值，随后保持在历史高位但呈现缓慢下降趋势。意大利的碳排放于 2004 年达到历史峰值，随后呈现比较明显的下降态势。西班牙的碳排放于 2005 年抵达峰值，2006—2007 年仍维持在其历史高位，随后呈现比较明显的下降态势（见表 6—1）。

表 6—1　　　　　主要发达国家碳排放达峰年份及发展阶段特征

国家	年份	人均 GDPa（美元）	人均 GDPb（美元）	第二产业比重（％）	全要素生产率
美国	2005	39360	39301	21	0.91
日本	2007	40953	41332	33	0.67
加拿大	2007	32523	36829	31c	0.78
澳大利亚	2009	29049	27271	29c	0.68
法国	1979	19530	18339	39	0.91
德国	1979	22372	17145	42	0.64
英国	1971	12922	12024	48	0.51
意大利	2004	28233	24752	36	0.82
西班牙	2005	24007	21748	35	0.80

注：人均 GDP 按各国 2000 年价格计算，根据佩恩表 9.0（Feenstra 等，2015）[1] 所载各国 2011 年价格 GDP 和人口数据、世界银行网站公布的各国 GDP 平减指数计算；第二产业比重根据佩恩表 9.0；全要素生产率考虑了购买力平价，直接取自佩恩表 9.0。a：不考虑购买力平价的人均 GDP；b：考虑购买力平价的人均 GDP；c：工业增加值比重，源于中国统计局网站。

2. 主要发达国家碳排放达峰时所处的发展阶段

各主要发达国家达到碳排放峰值时所处的发展阶段也有比较明显的差异（见表 6—1）。英国、法国、德国的碳排放在 20 世纪 70 年代便已经达到峰值，而其他几个主要发达国家的碳排放峰值都延迟到了 2004—2009 年。英国，在人均 GDP 为 1.2 万美元左右，第二产业比重接近经济总量一半且生产率水平不是很高的时候，便率先达到了碳排放峰值。法国和德国则在人均 GDP 达到 2 万美元，第二产业比重约为 40％ 的时候跨越碳排放峰值。此时，法国具有很高的生

---

[1] Feenstra, Robert C., Robert Inklaar and Marcel P. Timmer, "The Next Generation of the Penn World Table", *American Economic Review*, Vol. 105, No. 10, 2015.

产率水平，德国的生产率也较高，但明显低于法国。

进入 21 世纪后碳排放达峰的几个主要发达国家，其碳排放达峰所处的发展阶段也有明显不同。其中，意大利、西班牙、加拿大和澳大利亚可归为一类，这几个国家在人均 GDP 达到 2.4 万—3.2 万美元、第二产业比重下降至 1/3 左右、生产率处于较高水平时，达到碳排放峰值。日本和美国则在人均 GDP 约为 4 万美元时才达到碳排放峰值，此时两国第二产业分别仅占经济总量的 3/1 和 5/1。

不过，几个主要发达国家在其碳排放达到峰值前，人均 GDP 就已经进入中低速平稳增长阶段（见图 6—3）；第二产业比重也已进入下降通道（见图 6—4）；而全要素生产率则已经达到较高水平（见图 6—5）。

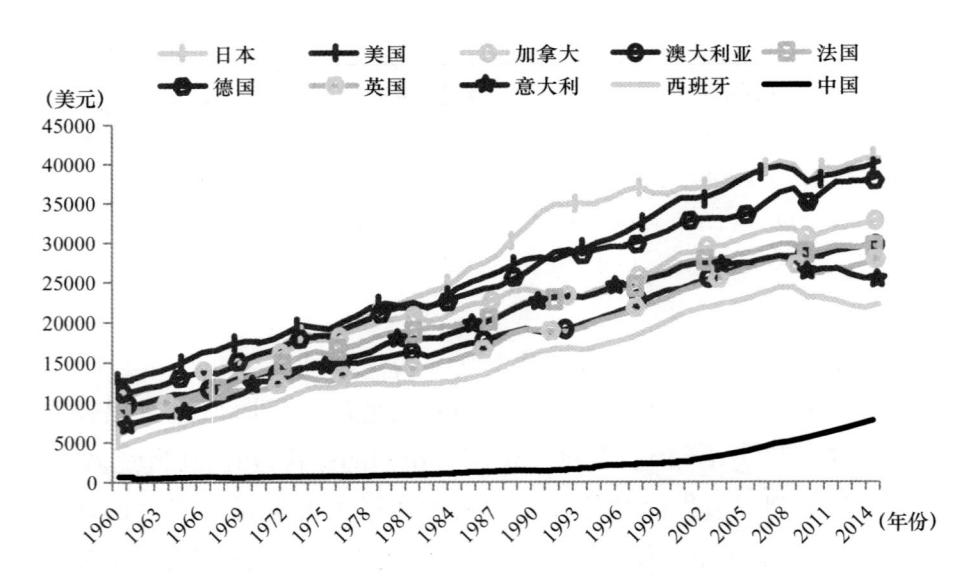

图 6—3　中国及主要发达国家人均 GDP（2000 年可比价格，不考虑购买力平价）

注：可比价人均 GDP 估算方法为 dGDP = GDPI / (GDP$_t$/GDP$_{t-1}$)，其中 dGDP 表示第 t 年的 GDP 平减指数，GDPI 表示第 t 年的 GDP 指数，GDP$_t$ 表示第 t 年的 GDP，GDP$_{t-1}$ 表示第 t－1 年的 GDP。

资料来源：根据佩恩表 9.0（www.ggdc.net/pwt）所载数据计算、绘制。

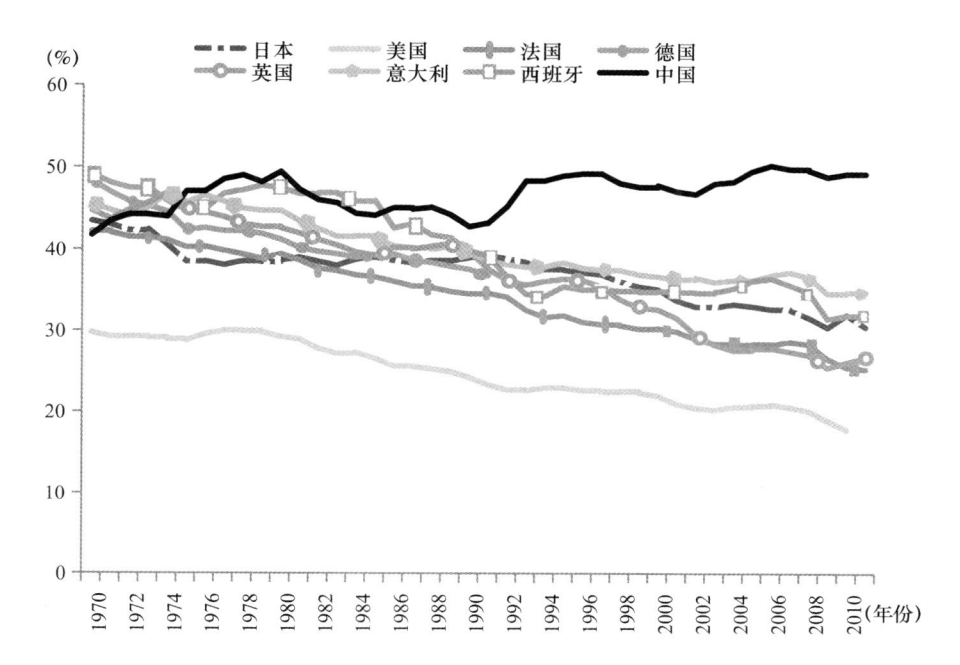

图6—4 中国及主要发达国家第二产业比重

资料来源：根据佩恩表9.0（www.ggdc.net/pwt）所载数据计算、绘制。

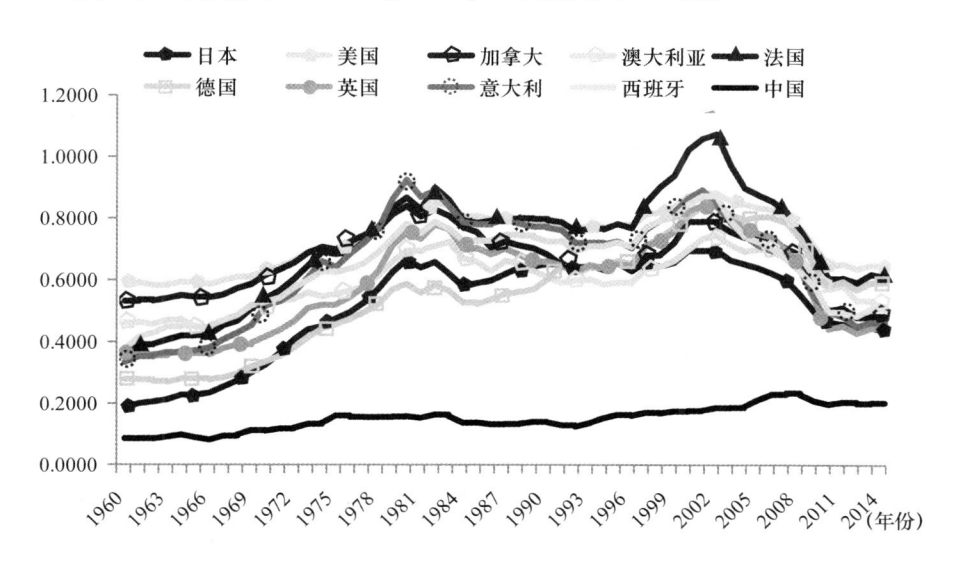

图6—5 中国及主要发达国家全要素生产率

资料来源：根据佩恩表9.0（www.ggdc.net/pwt）所载 TFP level at current PPPs（USA=1）数据计算、绘制。

三 预测方法

总的来看，目前有关生态环境形势的预测研究多从自然工程的角度和生态环境相关数据本身出发，在研究中较少考虑经济社会因素，对生态环境形势与经济社会发展之间的关系考虑也不太充分。但众所周知，生态环境的变化在很大程度上是由经济社会发展阶段、发展方式及其规模所决定的。从经济社会发展形势入手预测生态环境形势能够比较可靠地对生态环境形势作出分析，而且具有扎实的理论支撑，因而这样的分析具有更明确的政策参考价值。这也正是本研究采用的生态环境预测方法。

从中国经济与环境关系的历史演化，可以大致推断其未来的走势。如前所述，在有关经济与环境关系的理论假说中，环境库兹涅茨曲线假说具有十分广泛的影响。尽管这一理论假说还存在一定的局限性，但对于判断经济与环境关系的未来趋势，还是具有十分重要的参考价值。本部分以环境库兹涅茨曲线假说为出发点，选取具有代表性的污染排放指标，对全国、东部、中部、西部的经济—环境曲线关系予以拟合，并据此对中国2035年和2040年的生态环境愿景作出初步判断。

本部分所指的主要污染物包括碳排放、二氧化硫、工业废气、废水、化学需氧量、工业固体废弃物。考虑到数据限制，本部分选取的数据样本为1997—2016年中国省级相关污染数据和人均GDP①。基本计量模型如下：

$$E_{ir} = a_i + b_i \times y_r + c_i \times y_r^2 + d_i \times s_r^2 + \theta \quad (6-1)$$

其中，E_{ir}表示区域r的第i种污染物，y_r表示区域r的人均GDP，s_r表示第二产业比重，θ表示随机扰动项，a_i、b_i、c_i、d_i表示

---

① 工业固体废弃物、工业废气、碳排放的数据时段为1997—2015年，且西藏的碳排放数据缺失。

系数。

如表6—2所示,估计结果表明化学需氧量、工业固体废弃物、废水、工业废气、碳排放与人均GDP之间都表现出显著的倒"U"形曲线关系,且化学需氧量和废水受第二产业比重的影响显著。二氧化硫受人均GDP的影响不显著,但受第二产业比重的影响显著。

表6—2 主要污染物排放与人均GDP及第二产业比重的回归分析结果

自变量\因变量	二氧化硫	化学需氧量	工业固废	废水	工业废气	碳排放
人均GDP对数	−1.15289 (−0.38)	0.002149*** (6.34)	0.441906*** (5.33)	8.750473*** (8.55)	1.120548*** (7.69)	0.018008*** (12.39)
人均GDP对数的平方	−8.01E−6 (−0.30)	−1.98E−8*** (−6.62)	−4.88E−6*** (−6.26)	−0.00007*** (−7.25)	−0.00001*** (−7.59)	−1.5E−7*** (−11.08)
第二产业比重	637276.4*** (4.10)	−37.3561** (−2.13)	651.0793 (0.15)	−167184*** (−3.15)	−11903.3 (−1.61)	−1.82345 (−0.02)
R−square	0.9234	0.8642	0.7794	0.9231	0.8071	0.8956
N	620	620	589	620	589	570
备注	1997—2016年	1997—2016年	1997—2015年	1997—2016年	1997—2015年	1997—2015年西藏缺失

注:***、**、*表示显著性水平为1%、5%、10%。

四 预测结果

(一)主要污染排放物未来变化趋势的情景分析

在式(1)回归分析结果的基础上,结合宏观经济模型预测所得的中国人均GDP及第二产业比重未来变化,可对2017—2040年主要污染物排放做出预判(见图6—6)。

1. 趋势外推情景

按照历史趋势外推，2017—2040 年中国的人均 GDP 将不断上升，会对各种污染物排放产生规模效应。第二产业比重将不断下降，其带来的结构效应有助于污染排放的下降。与此同时，节能、节水以及脱硫等环保技术的普及率和水平将不断上升；根据国家发展规划，可再生能源的比重也将逐年攀升。上述技术进步产生的技术效应将成为污染减排的重要因素。

在结构效应和技术效应的主导下，二氧化硫、化学需氧量、工业固体废弃物、废水排放从 2017 年开始，都已进入持续缓慢下降阶段，其 2035 年的排放水平分别约相当于 2015 年的 54.6%、43.1%、95.8%、94.3%；2040 年的排放水平分别约相当于 2015 年的 50.3%、39.2%、92.2%、91.4%。

结构效应和技术效应对工业废气排放和碳排放的抑制作用也将在不久的将来超过经济增长带来的规模效应。工业废气排放在 2020 年将达到峰值水平，随后进入持续缓慢下降阶段，其 2035 年和 2040 年的排放水平分别约相当于 2015 年的 96.1% 和 92.7%。碳排放在 2024 年将达到峰值水平随后进入持续缓慢下降阶段，其 2035 年和 2040 年的排放水平分别约相当于 2015 年的 98.6% 和 95.8%。

本研究预计的中国碳排放峰值年份与以往一些研究差异不大。例如，渠慎宁和郭朝先（2010）[①] 推测：在保持经济社会稳速发展的同时实现碳排放强度合理下降的情况下，中国碳排放峰值将出现在 2020—2045 年的时间段内。又如，郭建科（2015）[②] 的研究结果发现：如果按中国以往碳强度衰减速率估计，则中国可能于 2027 年达到峰值；若中国能够达到英法两国的碳排放衰减速率，碳排放峰值则可能在 2021 年出现；若按照其他 G7 国家的历史水平，中国的碳排放

---

① 渠慎宁、郭朝先：《基于 STIRPAT 模型的中国碳排放峰值预测研究》，《中国人口·资源与环境》2010 年第 12 期。

② 郭建科：《G7 国家和中国碳排放演变及中国峰值预测》，《中外能源》2015 年第 2 期。

峰值则将出现在 2033 年（见图 6—6）。

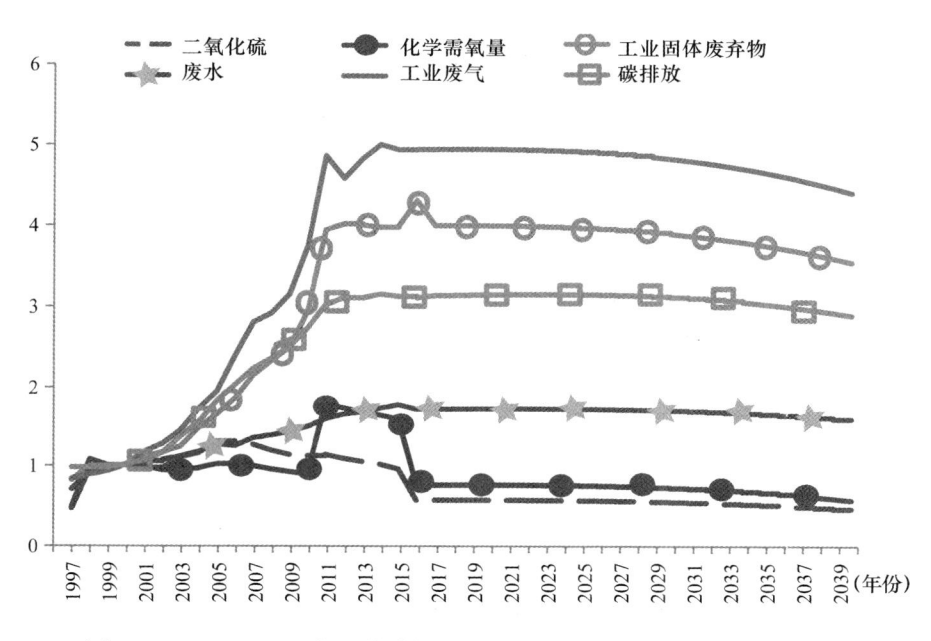

图 6—6　1997—2040 年趋势外推情景下主要污染物排放变化（2000 = 1）

2. 生态环保技术进步加速情景

在趋势外推情景中，工业固体废弃物、废水、工业废气排放将长期保持缓慢下降的趋势，可能达不到美丽中国目标的要求。为此，本书设定另一种情景，即相关的资源节约和环保水平能加速进步。

如若技术进步使得上述各污染物与人均 GDP 二次项的系数增加 1 倍，则工业固体废弃物、废水、工业废气排放的下降速度相对于趋势外推情景会显著加快。2035 年工业固体废弃物、废水、工业废气排放将分别相当于 2015 年水平的 83.2%、83.1%、83.8%。

如若技术进步使得上述各污染物与人均 GDP 二次项的系数增加 2 倍，则工业固体废弃物、废水、工业废气排放的下降速度相对于趋势外推情景会显著加快。2035 年工业固体废弃物、废水、工业废气排放将分别相当于 2015 年水平的 70.7%、71.8%、71.5%（见图 6—7）。

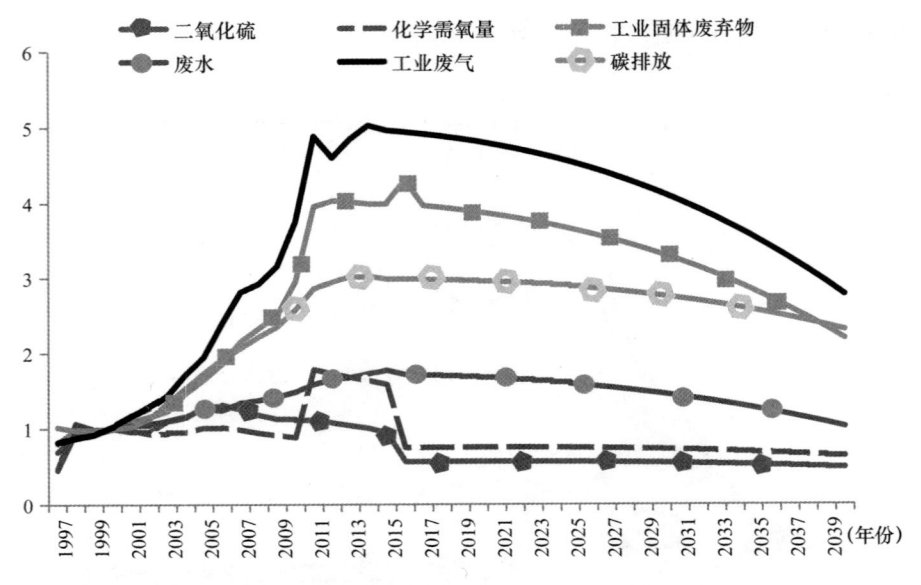

图6—7　1997—2040年加速技术进步情景下主要污染物排放变化（2000 = 1）

总的来看，随着中国经济进入新常态，如果产业结构调整能够按相关规划稳步推进，特别是资源节约和环保技术水平如果能持续改善，那么中国在2035年和2040年受到的环境约束将大幅下降。

（二）从主要发达国家碳排放历史变化看2040年中国的碳排放愿景

根据中国自身碳排放与人均GDP及第二产业比重的变化趋势推测，2024年中国的碳排放将达到峰值。彼时，中国的人均GDP达到1.4万美元（2000年价格），第二产业比重约为35%。比较可知，中国碳排放达峰时，人均GDP水平与英国碳排放达峰时比较接近但略高于后者；第二产业比重则与日本、意大利、西班牙碳排放达峰时接近。由此推断，2024年中国碳排放达峰存在较大可能性，且具有自身独特性。当然，如前所述，这在很大程度上取决于中国能否利用后发优势，不断提升自己的技术水平。

第七章

2040年信息发展愿景分析

根据康德拉季耶夫周期理论，全球经济大概50—60年经历一个循环，每一轮经济周期的启动都是以新技术突破为起点，而全球从1990年前后正式进入以信息技术为代表的第5轮康波的关键阶段（见图7—1）。从全球经济发展史来看，第1轮（1752—1845年，纺织、蒸汽机）和第2轮（1845—1892年，钢铁、铁路）康波的开启者是英国，而其后的第3轮（1892—1948年，电力、化学）、第4轮（1948—1991年，汽车、计算机）、第5轮（1991年至今，信息技术）的康波开启者都是美国。从康波受益者角度来看，美国紧紧抓住第二轮康波末梢，推动了铁路业的发展，并顺势开启了后续的康波周期；日本通过明治维新（1868年至20世纪初）从第2轮康波获益，成为亚洲第一个工业化国家，同时日本又从第4轮康波获益，"二战"结束十年后就进入经济高速增长阶段（1955—1972年），迎来了经济发展的三大景气（神武景气、岩户景气和伊弉诺景气）。但由于20世纪80年代美日之间日趋升级的贸易摩擦，日本在新技术领域受到美国的不断打压，在《广场协议》（1985年）签订后，日元快速大幅升值，日本产品的出口竞争力大幅度下降，日本也因此无力开启第5轮康波。从近代以来国家兴衰来看，紧抓康波技术变革，必将获得极大的国家收益，而如果能开启新一轮康波，则会顺势成为全球经济秩序和政治秩序的主导者。

从图7—1可以发现，中国缺席了全球第1、第2、第3轮康波，

图 7—1 康波开启者、受益者

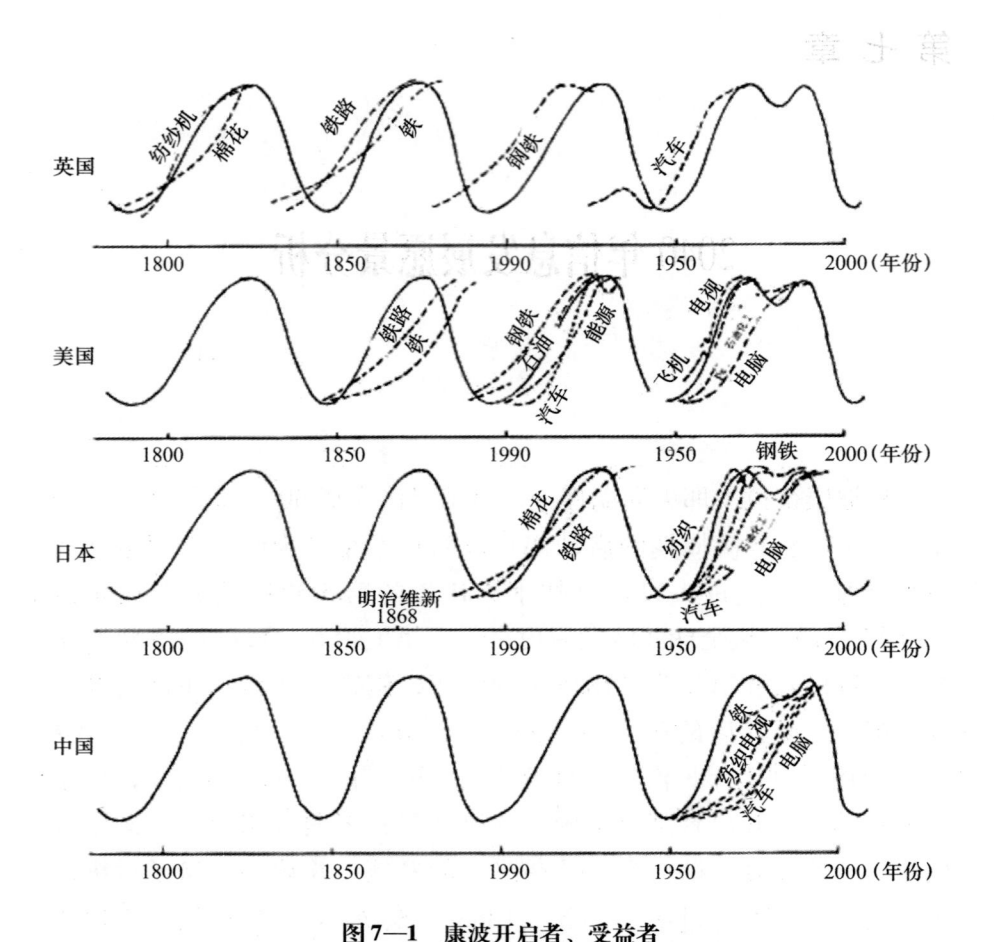

资料来源：Masaaki Hirooka：*Innovation Dynamism and Economic Growth*：*A Nonlinear Perspective*，Edward Elgar Publishing，2006。

错过了康波发展所带来的技术和经济机遇，让近代中国面对西方列强始终处于"落后就要挨打"的悲惨境地。晚清时期虽然也曾开展过洋务运动（1861—1894 年），本有可能抓住全球第 2 轮康波，但由于历史原因，终究错失了历史机遇。直到 1949 年新中国成立后，才开始进行有效的工业基础建设。改革开放 40 多年来，中国处于"干中学"的状态，同时进行"补旧课"和"学新课"，用 40 年走完了西方国家 200 多年走完的路，不仅发展了前 3 轮康波的代表性工业，而且积极抓住第4轮康波，形成了全球最齐备的工业体系和最完整的产业体系。更为重要的是，中国在第5轮康波周期中呈现出良好的发展态势，在数字经济、信息技术创新、新企业培养等方面取得了举世瞩目的成就。从时间节点来看，2020—2050年正好是第5轮康波的末梢和第6轮康波开启的关键阶段，从当前技术发展来看，第六轮康波的技术突破必然在新一代信息技术领域。本章从中国信息经济和信息技术的发展现状出发，结合政府文件、权威机构报告、全球知名未来学家的预测报告，以及国内外信息经济和信息技术领域重要学者的分析判断，提出面向2040年中国信息发展愿景预见。

一 发展现状和突出问题

（一）发展现状

1. 中国信息消费市场量级巨大，信息消费规模将长期攀升

（1）中国具有广阔的信息消费市场，消费潜力巨大可挖

随着信息技术快速融入经济社会各领域，信息消费已成为中国当前消费的热点与亮点，成为中国消费升级的典型特征之一。中国在消费方面具有天然的超大规模市场优势，因此，中国在信息消费方面也具有天然优势。2020年，中国人口规模突破14亿人，中等收入群体规模已经超过4亿人，居全球首位。中国电信行业发展的速度远超国际预测，2013年国际电信巨头爱立信预测认为"2019年中国4G用户数量仅为7亿户"[1]，而实际上2019年，中国4G用户规

---

[1] 央广网：《移动市场统计报告：未来6年国内4G用户数增加超7亿》，http://finance.cnr.cn/gundong/201312/t20131211_514372956.shtml2月11日。

模超过 12.6 亿户，用户渗透率超过 80%。根据 GSMA Intelligence 2019 年发布的报告预测，2025 年中国 5G 用户规模将超过 6 亿户[①]，本书认为这一数字仍可能低估了中国电信用户的实际增长速度。2020 年上半年中国 5G 用户数量已达 0.6 亿户左右，未来这一数字将继续高速增长。在 5G 商用步伐加快、居民消费持续升级、信息基建力度加大等利好因素叠加作用下，当前及未来一段较长时期中国信息消费领域将呈现创新活跃度高、业态迭代迅速、模式快速涌现、线上线下融合加深等特点，信息消费将保持高速增长，挖潜空间巨大。

（2）信息消费形式多元化趋势明显，消费结构不断得到优化

2019 年，中国人均 GDP 首次超过 1 万美元，虽然存在局部不均衡，但中国已进入中等收入国家行列。居民消费结构提档升级趋势显著，食品、衣着等生存型消费占比不断降低，交通通信、教育文娱、信息消费等发展型服务性消费占比逐年提升，其中现阶段以网络游戏、电子支付、通信服务、影视传媒等为主的信息消费上升势头明显，短视频等新应用在网民中的渗透率超过 70%。信息技术全面融入各项生产生活中，数字化、网络化、智能化不断创造新的发展生态，催生了智能零售、数字创意、直播带货等一大批新应用新模式，在信息消费促进政策和信息技术快速应用消费场景的双重支持下，中国信息消费形式更加丰富多元、消费领域横向纵向延展。2019 年，中国信息服务消费占居民最终消费支出的比重超过了 50%，对信息消费总体增长贡献超过六成。值得注意的是，2018 年中国消费市场出现了一个重要变化，信息服务方面的消费首次超过信息产品，可以视为中国信息消费蓬勃发展时代到来的前奏。随着新一代信息技术的技术奇点降临和产业生态的显现，中国信息消费服务领域必将迎来更大的发展空间。

（3）信息消费规模持续壮大，产业拉动作用不断增强

随着人工智能、区块链等新一代信息技术的快速发展和创新应

[①] 参考消息网：《GSMA：2025 年，中国 5G 用户数将全球居首》，http://www.cankaoxiaoxi.com/finance/20191111/2395014.shtml。

用，信息消费潜力被更大范围激活，新产品、新服务、新应用加速涌现，信息消费需求将呈现激增态势。从规模上看，2018年中国信息消费规模约为5万亿元，同比增长超过11%，2019年约为5.5万亿元。信息消费在拉内需、稳增长、促就业、惠民生等方面发挥了重要作用，以网络零售为例，2019年的消费规模已超过10万亿元，连续7年位居全球第一。根据工业和信息化部、国家发改委相关文件要求，2020年中国信息消费规模将达到6万亿元，信息技术在消费领域的带动作用将显著提高，拉动相关领域产出达到15万亿元[①]。在新冠肺炎疫情期间，公众对新型信息消费的认可程度不断增强，信息消费更是持续攀升。

2. 新一代信息技术快速成长，产业规模持续扩大

（1）"云大物移智"技术发展日益成熟，推动工业技术与信息技术实现高度融合

云计算、大数据、物联网、移动互联网、智慧城市等（"云大物移智"）是信息系统集成行业在当前和未来较长一段时期的主要业务范畴，代表着信息化发展的主流。近年来"云大物移智"技术不断成熟，应用场景日益广泛，相关产业规模也不断攀升。根据相关报告显示，2019年中国云计算、大数据、物联网、移动互联网、智慧城市的产业规模分别达到4300亿元、6200亿元、1.2万亿元、12万亿元、10万亿元。经济社会发展形态从工业经济转向智能经济将是一个长期的过程，"云大物移智"是实现这一过程的重要引擎和基础架构，也是推动数字经济和实体经济深度融合、实现经济社会高质量发展的重要技术驱动。

（2）新一代人工智能健康有序发展，头雁效应不断激发

近年来，中国高度重视人工智能的技术进步与产业发展，人工智能已上升为国家战略。在差异化和区域化的竞争态势推动下，涌

---

① 中国政府网：《工业和信息化部 发展改革委关于印发〈扩大和升级信息消费三年行动计划（2018—2020年）〉的通知》，http：//www.gov.cn/gongbao/content/2019/content_5355478.htm。

现出一大批新兴的人工智能企业。在技术进步和市场需求的引领下，新一代人工智能产业步入快速发展轨道，交通、医疗、金融、安防等多领域多元化的应用场景推动中国人工智能产业整体呈现蓬勃发展的良好态势。根据《新一代人工智能发展规划》要求：2020年，中国人工智能总体技术和应用发展水平要同处于全球先进水平，新一代人工智能核心产业产值要达到1500亿元，带动相关产业规模超过1万亿元。[①]。人工智能是一项战略性技术，对各行各业具有深刻的带动和影响作用，具有溢出极强的"头雁"效应，如智能交通、智能医疗、智能家居、智能物流、智能电网等领域都在发生颠覆性的变革。

（3）区块链产业保持较快增速，与实体经济融合不断加深

区块链被认为是"最有潜力触发第五轮颠覆性革命浪潮"的核心技术，具备不可篡改、价值唯一性、智能合约等特征，并且具有巨大的发展潜力、应用潜能和市场价值，其日益受到全球各主要国家的重视。自诞生伊始，区块链就出现爆发式增长，迅速渗透进入金融、物流、法律、民政等多个领域，融入演化速度非常快。从整体来看，虽然中国出现了一批以教育、交易等垂直领域区块链为主题的企业，但区块链产业发展水平仍不高。数据显示，截至2018年12月，以区块链业务为主营业务的企业数量约为670家，产业规模在10亿元左右。[②]需要指出的是，中国很早就开始布局区块链技术和产业的发展，2016年"区块链"就作为战略性前沿技术被写入"十三五"国家信息化规划。同时，中国也高度重视区块链技术创新，中国占全球新增区块链专利的比重逐年升高，从2014年的

---

① 中国政府网：《国务院关于印发新一代人工智能发展规划的通知》，http://www.gov.cn/zhengce/content/2017-07/20/content_5211996.htm。

② 赛迪区块链研究院：《2018—2019中国区块链年度发展报告》，https://mp.weixin.qq.com/s?__biz=MzI3NDk2MjQyNw==&mid=2247484426&idx=1&sn=cf6b168e8f5939e7eb80fa58c5b1bcb8&chksm=eb0d469edc7acf88ff2d551d55bec6f9818c0aa9a8111dd1d44ac7d2b5878ed6b88cee95db52&scene=21#wechat_redirect。

33.33%上涨到2018年的82.1%[①]，在技术、产业、人才、政策等多重有利条件支持下，中国正加速实现区块链与实体经济的结合，推动区块链技术和应用突破现实瓶颈束缚。伴随中央政治局就区块链技术发展现状和趋势的第十八次集体学习，加之华为、阿里巴巴、腾讯等科技巨头的入局，中国区块链产业将迎来新一轮快速增长期。

3. 中国经济基础设施智能化趋势日益凸显，智能经济时代初现雏形

（1）相关支持政策密集出台，智能硬件产业迎来爆发期

新一代信息技术迅速发展和广泛应用，以人工智能、5G通信、区块链、量子计算等为代表的智能化技术趋向成熟，人工智能技术的快速发展推动全球快速进入"智能时代"。近几年来，全球智能手机出货量已经呈现下降趋势。在智能手机增长出现疲软的背景下，智能硬件的浪潮再次兴起。智能硬件是通过软硬件结合的方式，对传统设备进行改造，进而让其拥有智能化功能的终端产品，是智能时代的代表性产品。为了促进智能硬件产业发展，中国已密集出台《智能硬件产业创新发展专项行动（2016—2018年）》《中国智能网联汽车产业发展总体推进方案》《关于促进机器人产业健康发展的通知》等多项政策，未来十年将是智能硬件终端行业发展黄金期。相关报告显示，2018年中国智能硬件产业规模为5000亿元[②]。智能硬件终端的发展正在逐渐打破产品边界，由内而外推动功能融合、数据融合、生态融合。

（2）新型信息基础设施体系加速形成，"新基建"助力经济社会动态循环系统

随着新一代通信技术、VR/AR、无人驾驶、物联网等新技术新

[①] 人民网：《推动区块链与实体经济深度融合》，http：//finance. people. com. cn/n1/2019/1027/c1004 - 31422105. html。

[②] 新华网：《明年我国智能硬件产业规模将达5000亿元》，http：//www. xinhuanet. com/politics/2017 - 05/08/c_129594350. htm。

应用的快速发展，新一轮全球信息基础设施建设的浪潮已经开启，新一代信息技术基础设施——"新基建"正助力形成新的社会运行操作系统，一个适应数字经济与实体经济融合发展需要的新型基础设施体系正处于建设中。新型基础设施智能化包括网络基础设施、平台基础设施以及传统物理基础设施的数字化发展。其一，信息基础设施发展迅猛。2020年，中国5G网络用户数破亿，加之新基建浪潮推动，信息基础设施正加速向泛在化、智能化、平台化、个性化方向升级，构建高速、智能、泛在、安全、绿色的新一代信息网络成为当前和未来一段时期网络建设的重要任务，2025年中国智能网络将初具规模。据华为2019年发布的报告预测，2025年全球智能技术将渗透到每个人、每个家庭、每个组织，经济社会智能化水平显著提升，预计全球58%的人口享有5G网络，14%的家庭拥有"机器人管家"，每万名制造业员工与103个机器人共同工作，90%的人口被覆盖智能个人终端助理，97%的大企业采用AI，企业数据利用率达86%，云技术的应用使用率达85%，全球年存储数据量高达180ZB。[1] 其二，平台基础设施趋向"云边融合"。当前，中国云计算产业已经具备一定规模，产值为4300亿元左右[2]。同时，边缘计算产业处于迅猛发展阶段，并有望与云计算融合成为主要平台基础设施。其三，传统物理基础设施逐渐向数字化转变。根据中国信息化百人会发布的报告显示，中国新增机器联网率仍然较低，大概只有10%实现网络连接，基础设施智能化升级空间巨大[3]。

（3）万物互联关键配套技术快速发展，智能经济新业态成长迅速

截至2019年，人工智能已经连续三年被写入国务院政府工作报

---

[1] 华为官网：《华为全球产业展望 GIV@2025 白皮书》，https://www.huawei.com/minisite/giv/Files/whitepaper_cn_2019.pdf。

[2] 工业和信息化部官网：《工业和信息化部关于印发〈云计算发展三年行动计划（2017—2019年）〉的通知》，https://www.miit.gov.cn/jgsj/xxjsfzs/zlgh/art/2020/art_fb1e14b54f234fc7b4f52c062b9d3d08.html。

[3] 中国信息化百人会：《2017 中国数字经济发展报告》，https://www.163.com/tech/article/DDT8FJBV00097U7R.html。

告，并在报告中首提"智能+"，充分体现了国家对智能经济时代到来的预判。当前，人工智能、区块链、可信计算、边缘计算、云计算、物联网等关键性技术集群呈现"核聚变"式爆发的态势，为智能经济的发展提供了技术条件和产业基础。智能经济是数字经济发展的高级阶段，是由"数据+算力+算法"定义的智能化决策、智能化运行的新经济形态。中国蓬勃发展的数字经济为智能经济的到来提供了良好的基础，根据相关报告显示，2018年中国数字经济规模已经达到31.3万亿元，占GDP的比重达34.8%[①]。互联网经济时代主要改变的是人们的消费方式，而智能经济时代则主要冲击人们的生产方式。在智能经济时代，智能终端的应用将远远超过手机范畴，应用和服务的形态将发生相应的变化，人们将会以更加自然的方式和机器、工具进行交流。

（二）突出问题

1. 信息消费领域目前存在的突出问题

信息消费领域目前存在以下突出问题：一是企业信息消费服务尚未崛起。随着移动互联网的成熟和完善，数字内容消费呈现指数级增长，个人信息消费服务（C端）已经具备庞大的规模，但是服务于企业（B端）的信息消费服务目前仍未崛起，尤其是制造类企业。二是信息消费安全领域发展滞后。近年来，中国信息消费安全取得了明显进度，但在个人信息保护、网络支付安全等方面的问题仍较为突出。中消协曾做过一项调查显示，56.6%的消费者对于互联网个人信息保护现状表示非常不满意和不满意[②]。根据相关调查报告显示，2019年网络诈骗查获案件人均损失接近25000元[③]。三是

[①] 中国网络空间研究院：《中国互联网发展报告2019》，电子工业出版社2019年版。
[②] 中国法院网：《中消协：三分之二消费者个人信息被泄露》，https：//www.chinacourt.org/article/detail/2015/03/id/1567001.shtml。
[③] 360互联网安全中心：《2019年网络诈骗趋势研究报告》，http：//zt.360.cn/1101061855.php?dtid=1101062366&did=61041212。

信息消费领域的创新程度整体不高。当前信息消费仍是以文化娱乐为主，而人工智能、可穿戴设备、数字家庭产品、无人机等新兴领域的信息消费则相对较少，新型信息产品消费亟待提高。信息消费有效供给创新不足导致内需潜力仍未充分释放，丰富各类信息服务应用和满足多层次、个性化的消费需求是当前信息消费行业发展的主要瓶颈。四是信息消费类型单一。目前，中国居民的信息消费主要集中在生活、娱乐、学习等领域，公共服务、垂直行业等领域的消费规模依然较小。五是农村信息消费市场发展相对滞后。截至2020年3月，中国农村网民数量达到2.55亿人，占全国网民总数的28.2%。虽然中国农村网民数量庞大，但受到收入水平、基础设施、消费观念等因素的制约，中国农村信息消费市场整体规模不大，且消费内容单一。

2. 新一代信息产业发展目前存在的突出问题

新一代信息技术产业发展目前存在以下突出问题：一是安全和风险难题。随着新一代信息技术的创新迭代，数字空间与现实世界的融合进一步加深，各类技术应用的加速落地以及快速走向市场化，给人们的生产生活带来了诸多便捷。但新一代信息技术本身存在诸多不确定性，同时相关技术安全性和风险性的研究不足，与之对应的则是数字空间安全风险在不断累积和升级，国家和社会面临着复杂而严峻的安全威胁挑战。例如，区块链技术本身存在一些安全风险，应用过程中可能会引发一定的产业和社会安全风险，但目前对区块链技术的安全风险评估及治理相对滞后。二是统一标准的制定和建设问题。尽管中国在新一代信息技术标准制定方面已经取得了一定的进展，但与发达国家相比，中国仍存在标准发展及竞争战略不完善、标准发展滞后于技术发展、标准的国际话语权较弱、缺乏与国家重大战略对接的标准发展战略等问题。三是技术生态圈发展问题。新一代信息技术涵盖人工智能、大数据、区块链、云计算等多种技术集合和体系，各项技术的成熟程度和应用程度不同，且不同技术生态圈之间缺乏连接和兼容。同时，在新一代信息技术的各大细分领域内部也存在着连接和兼容问题。四是传统企业对新一代信息技术的接受存在一定困难。如何向传统企业推广和普及新技术，让传统企业敢于尝试新技术也是一个难点。例如，新一代信息技术的应用强调对数据资源的挖掘和使用，而传统制造类企业对信息技术的认知主要是业务流程相关方面，因此，如何让传统企业真正接受新一代信息技术需要一个思维转换过程。

3. 经济智能化发展目前存在的突出问题

经济智能化发展目前存在以下突出问题：一是新一代人工智能相关技术在经济中尚未得到充分应用。由于人工智能技术还处于摸索阶段，加上滞后于技术发展的生产模式和思维模式，企业忽视了对大量数据进行精细化处理，导致人工智能在经济中充分应用还有很长一段路要走。二是经济下行压力较大。人工智能技术应用还处于一个探索阶段，当前中国经济下行压力过大导致企业对人工智能技术投入的信心有所下降，导致人工智能与实体经济的融合缺乏动力。三是数据质量不高。新一代人工智能的发展离不开数据的支撑，只有积累高质量的数据和更优化的计算机算法，才能推进人工智能的发展，实现人工智能技术与企业需求的精准匹配，人工智能才能更好地推动经济发展。但中国现有数据很难支撑人工智能发展的需求，主要是在数据质量提升、数据流通共享等方面仍存在较大困难。四是智能化安全问题。在中国经济智能化转型过程中，越来越多的设备、系统、生产和服务过程暴露在工业互联网或者物联网上，其中涉及大量重要的企业数据和用户信息及其与外部安全可控连接问题，且针对经济智能化风险的评估和应对研究相对较少。

二　预测依据

面向 2040 年中国信息发展预测依据：

（一）国务院及部委发布的文件

主要参考的政府文件：

1. 国务院

《"十三五"国家信息化规划》《中国制造2025》《促进大数据发展行动纲要》《关于积极推进"互联网+"行动的指导意见》《新一代人工智能发展规划》。

2. 工业和信息化部

《扩大和升级信息消费三年行动计划（2018—2020年）》《云计算发展三年行动计划（2017—2019年）》《工业互联网APP培育工程实施方案（2018—2020年）》《工业电子商务发展三年行动计划（2018—2020年）》。

（二）权威咨询机构发布的报告

主要参考的权威咨询机构报告：

（1）麦肯锡全球研究院2016年发布的2025年七大颠覆性信息技术的发展报告：①移动互联网。由于移动互联网在金融、医疗、教育等领域的大规模应用，预计到2025年，移动互联网的市场规模达到3.7万亿—10.8万亿美元。②知识工作自动化。知识型工作自动化技术是泛指那种可执行知识工作任务的技术，已经在航天、机械、电子等复杂产品的研发和设计中广泛应用。预计到2025年，知识工作自动化的市场规模达到5.2万亿—6.7万亿美元，相当于增加了1.1亿—1.4亿个全职劳动力。③物联网。物联网在医疗保健和制造业领域迅速推进，预计到2025年，物联网的市场规模达到2.7万亿—6.2万亿美元。④云技术。近几年，云技术已经广泛应用于多学科、多领域、多层次，预计到2025年，云技术的市场规模达到1.7万亿—6.2万亿美元。⑤先进机器人。伴随新一代人工智能的蓬勃发展，机器人产业也迎来爆发期，预计到2025年，先进机器人的市场规模达到1.7万亿—4.5万亿美元。⑥智能驾驶。智能驾驶是人工智能与汽车产业深度融合的产物，是人工智能落地实践的首发领域，预计到2025年，智能驾驶的市场规模每年新增0.2万亿—1.9万亿美元。⑦3D打印。随着技术不断成熟，3D打印的应用程度不断走向深化，预计到2025年，3D打印的市场规模达到2300亿—5500亿美元。

（2）埃森哲2017年发布的人工智能报告指出：以2035年中国经济规模作为基准情境，人工智能作为一种新的生产要素，有力推动员工更高效率工作，将推动中国劳动生产率提高27%，并有望将促进中国经济总增加值提升7万亿美元左右。①

（3）全球最大电子行业媒体集团Aspencore 2017年发布的报告显示，数据安全、算法、人工智能等电子信息技术将会极大提高员工工作效率，成为未来几年的市场热点②。

（4）BCG波士顿咨询2017年发布的报告显示：预测2035年，中国数字经济规模将达到16万亿美元，对GDP的渗透率达到48%，带动就业人数达到4.15亿人③。

（三）未来学家的著作及预测报告

主要参考的未来学家：

1. 雷·库兹韦尔关于人工智能快速发展的预测

奇点大学创始人兼校长、谷歌技术总监雷·库兹韦尔（Ray

---

① 马克·珀迪、邱静、陈笑冰：《埃森哲：人工智能助力中国经济增长》，《机器人产业》2017年第4期。
② Aspencore：《改变世界：这十大电子信息技术最有潜力》，《电子元器件与信息技术》2018年第4期。
③ 阮芳、蔡菁容、张奕蕙、郑微：《迈向2035：4亿数字经济就业的未来》，《科技中国》2017年第4期。

Kurzweil）在《奇点临近：2045 年》提出脑力发展预测：在人工智能和算法能力的高速发展背景下，计算机的算力水平将有翻天覆地的变化，"到 2050 年，1000 美元的价格就可以买到超过全部人类大脑智能（all human brains）的计算机。"①

2. 乔治·吉尔德关于大数据和区块链的预测

"数字时代"三大思想家之一的吉尔德吉尔德（George Gilder，2018）对区块链发展前景高度认可，认为"区块链所代表的密算体系才是人类的未来之所在"，同时认为区块链将实现广泛应用，"基于广告收入和公民隐私安全利用的自由经济将让位给基于隐私和安全的系统——区块链衍生产品的新架构"。②

3. 尼古拉斯·尼葛洛庞帝关于人工智能的预测

麻省理工学院媒体实验室的创办人尼葛洛庞帝（Nicholas Negroponte，2014）提出，"2035—2040 年，人工智能是信息网络技术发展的核心，技术创新在互联网发展中的重要性将更加凸显，尖端技术、尖端企业的优势的引领性作用将更加显著"。③

4. 凯文·凯利（Kevin Kelly）关于万物互联的预测

美国连线杂志创始总编凯利（2018）提出，"未来将充满屏幕，这是一个超链接的世界；让成千上万甚至几十亿人以合作的方式进行互动，这些人的共同协作可以带来社会的变革""未来 10 年未来将有 100 万人实时地协同工作，这就意味着在全世界范围内的任意

---

① 雷·库兹韦尔：《奇点临近：当计算机智能超越人类》，李庆诚、董振华、田源译，机械工业出版社 2011 年版。
② 乔治·吉尔德：《后谷歌时代：大数据的衰落及区块链经济的崛起》，邹笃双译，现代出版社 2018 年版。
③ 环球网：《尼葛洛庞帝：技术创新是互联网未来发展主驱动力》，https://tech.huanqiu.com/article/9CaKrnJF9gJ。

一个地方，100 人实时地做一项工作，一起去创造。"①

5. 罗伊·泽扎纳关于人工智能和区块链的结合

全球著名智能和未来学家泽扎纳（Roey Tzezana，2018）非常看好区块链和人工智能的融合前景，提出，"人工智能和区块链的结合，将变成一个天使般的存在"②，并认为，两者融合将在健康、公共治理等多领域发挥巨大作用。

（四）领域内著名专家学者的论述和发言

主要参考的领域内著名专家学者：

（1）中国电科总经理、中国工程院院士吴曼青（2017）在《人民日报》发文《信息技术会创造什么样的未来》③："网络极大化、节点极小化"是未来网络技术呈现的主要特征，在微系统的作用下，新型网络将实现人与周围环境甚至意识的链接，推动虚拟空间和现实空间的深度融合。

（2）中国工程院院士、中国互联网协会咨询委员会主任邬贺铨（2020）关于5G发展的主题演讲④：2025年，中国将实现4.3亿个5G连接，5G用户渗透率将达到28%，占全球5G总用户总量的1/3，成为全球最大最活跃的5G市场。2025年，5G、人工智能和工业互联网将呈现三足鼎立的局面，成为支撑中国数字经济快速发展的重要支撑，并形成一个约40万亿美元的市场规模。

（3）中国工程院院士、网络通信与安全紫金山实验室主任刘韵

---

① 凯文·凯利：《大数据的垄断是未来十年的趋势》，http://finance.eastmoney.com/news/1371，20180909942522216.html。
② 每经网：《全球著名未来学家成都畅聊"未来世界"》，http://www.nbd.com.cn/articles/2018-05-29/1221614.html。
③ 吴曼青：《信息技术会创造什么样的未来》，《人民日报》2017年3月23日7版。
④ 邬贺铨：《2025年中国将拥有4.3亿个5G连接 成为全球最大5G市场》，http://finance.eastmoney.com/a/202001081350327741.html。

洁（2017）关于人工智能、未来网络发展趋势与展望的主题演讲：2030 年以后，"人工智能将无处不在"[①]。人工智能将与未来网络实现深度融合，成为信息化发展的一体两翼，共同推动经济社会发展。

（4）中国工程院院士李国杰（2017）关于信息技术发展的预测：由于新一代信息技术的成熟与渗透，2030—2040 年应该是中国新一代信息技术提高生产率的黄金时期。届时对经济发展贡献最大的可能是高密度的信息技术储备在各行各业交叉应用带来的产业发展整体提升。[②]

（5）中国工程院院士、浙江大学教授陈纯（2019）关于区块链发展趋势和应用的判断：区块链具有共识机制、加密计算、分布式存储等技术优势，在数据确权、确责和交易等方面的重要应用可以有力推动其与工业互联网走向深度融合，并对于构建中国工业互联网数据资源管理和服务体系有着基础性技术支撑作用。并认为，工业制造领域将成为区块链技术最重要的应用领域之一。

三　预测方法

本研究主要使用以下预测方法：一是分析国务院和相关政府部门发布的国家战略和相关发展规划文件。二是分析已有研究文献。通过对国内外大量信息技术相关文献进行整理和分析，形成对信息技术发展趋势的科学认知和评判。三是分析权威咨询机构发布的研究报告。通过对国内外权威咨询报告的研究分析，掌握目前信息技术发展态势及其他机构对其预测情况。四是分析未来学家和领域内专家学者关于未来 10—20 年发展的预测研究。

---

①　刘韵洁：《未来的十年或者更长的时间，人工智能将无处不在》，《通信世界》2017 年第 27 期。

②　李国杰、徐志伟：《从信息技术的发展态势看新经济》，《中国科学院院刊》2017 第 3 期。

四 预测结果

当前，信息网络技术进入技术创新密集期，将成为引领和推动全球技术突破和产业变革的主要动力，以数字化的知识和信息作为关键生产要素的新业态、新模式、新产业将不断涌现。展望2040年，我们将进入一个万物智联的智能化时代。

愿景一：高速信息网络无时无处不在。2040年，新一代网络技术不断演进，9G大规模商用和物联网的快速发展让无时无处不在的网络环境成为常态[1]，网络触角将延伸到所有领域。无时无处不在的网络信息环境与主要移动终端（手机、汽车）将紧密配合，为人们提供高效、高适、即时的网络服务平台，全方位改变人类的生产生活，给人们的生活和工作带来翻天覆地的变化。

愿景二：产业发展高度数字化。2040年中国信息消费规模达48万亿元左右，信息技术在消费领域及其他相关领域引致产出达到120万亿元[2]。具体而言，高度数字化农业将实现农业种植到餐桌消费的全流程紧密连接，农产品供给将定制化、智能化；数字化工业将推动制造空间、工厂形态、生产流程与服务模式的革命性变革，工业品实现极小批量个性化定制，"以销定产"成为主流模式；数字化服务业将推动旅游、餐饮、文化娱乐、家庭服务、养老服务、社区服务等领域线上线下一体化，新零售推动物流业变革，信息流、物流、资金流实现高度整合、融合发展，人与服务之间将实现更高效更匹配的连接。

愿景三：基础设施高度智能化。智能化是未来基建的主要方向，智能基建将成为一种通用设施。2040年全球基建项目投资需求约达

---

[1] 根据移动通信网络发展规律，每5年左右，通信技术将升级一代。从大规模商用时间来看：1G（1980）、2G（1993）、3G（2009）、4G（2013）、5G（2020），以此规律类推6G（2025）、7G（2030）、8G（2035）、9G（2040）。

[2] 根据工信部、发改委《扩大和升级信息消费三年行动计划（2018—2020年）》：到2020年，信息消费规模达到6万亿元，年均增长11%以上。

到百万亿美元，其中，中国约占全球基建项目总额的1/4。基础设施智能化主要体现在交通、物流、水电、建筑等领域。2040年汽车被纳入互联网、车联网，智能汽车有望成为新型超级移动终端和智能服务终端，智能驾驶、无人驾驶将成为一种普遍现象。智能物流实现港口、航运、陆运等物流信息的开放共享和社会化应用。智能电网满足居民和企业用电的个性化需求，智能水务实现供排水全过程智慧化管理。智能建筑推动城市公共设施智能化改造，实现建筑的设备、节能、安全等的智慧化管控。

愿景四：公共服务高度普惠化。新一代信息技术促进资源共享和优化配置，社会管理及服务水平将得到显著跃升，公共服务内容及方式加速创新，以人为本、普惠包容成为公共服务的特点。在教育领域，围绕促进教育公平、提高教育质量和满足人们终身学习的需求，新一代信息技术不断扩大优质教育资源覆盖面，将形成一个超大型优质教育资源共享平台。在社会治理领域，政府决策基础从少量的"样本数据"转变为海量的"全体数据"，平台企业、社会企业与社区企业在超大型社会治理平台上分别承担一定的公共服务职能，协同推进社会治理。

愿景五：社会治理高度立体化。2040年，新一代信息技术在医疗卫生、应急处置、社区管理、公共安全等领域的应用深度不断加深，社会治理方式方法不断创新，构建形成科学有效和高度立体化的社会综合治理体系。尤其在传染病防治、食品药品安全、社会治安等领域，将形成溯源追查、社会监督、动态监控、全面设防等功能的精准信息服务体系和防控体系。

愿景六：城市管理高度精细化。城市数据管理系统将成为城市运行的核心系统，管理、分析、预测、调度职能将更加完善。在智能基建的支撑下，城市信息模型、可持续智慧城市运行模型、地理信息系统等数字科技的综合运用将推动城市规划、布局和管理实现动态化、可视化和精细化。

第 八 章

2040年能源发展愿景分析

能源供给保障与绿色高效可持续发展始终是中国面临的重大挑战之一。改革开放40多年来，中国已经成为世界第一大能源生产和消费国、第一大煤炭生产和消费国、第一大石油进口国、第一大温室气体排放国。随着中国经济转型升级进程，未来直至2040年中国能源领域将发生重大的变化。

一 中国能源发展的现状、问题与挑战

（一）发展现状

能源是中国经济发展的"生命线"，关乎社会稳定和国家安全。经过40多年的历史巨变，中国能源体制机制在探索中发展，市场配置能力增强；生产和消费总量均为全球最大；部分能源科技成果开始由"跟跑、并跑"向领跑发展。

在能源供应方面，2019年中国能源生产总量为39.7亿吨标煤，是1978年的6倍多，位居世界第一。在能源消费方面，2019年中国能源消费总量达到48.6亿吨标准煤，其中原煤38.5亿吨，石油1.91亿吨，天然气1761.7亿立方米，发电量75034.3亿千瓦小时。此外，中国能源消费结构不断优化，清洁能源消费占比不断提升

（见图8—1）。

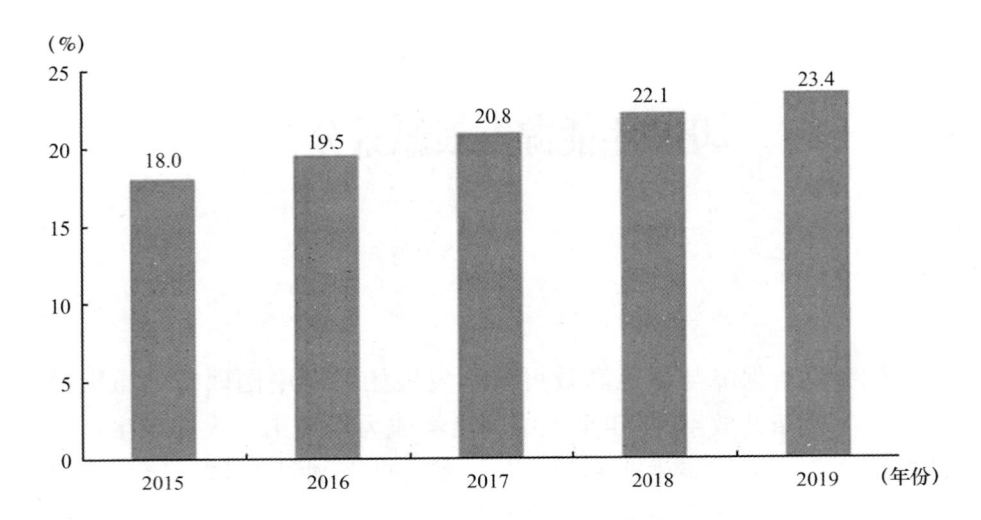

图8—1　2015—2019年清洁能源消费量占能源消费总量的比重

资料来源：国家统计局。

（数据：2015年 18.0%；2016年 19.5%；2017年 20.8%；2018年 22.1%；2019年 23.4%）

（二）存在的问题与挑战

中国能源问题主要有能源安全问题、能源结构性问题和环境影响问题。

1. 能源安全问题

中国能源对外依存度越来越高，而起伏波动的国际市场和复杂多变的国际政治经济环境对中国的能源安全形成一定的威胁。石油安全问题是中国能源安全的主要问题，2019年中国石油对外依存度突破70%；2019年进口天然气9656万吨，比上年增长6.9%，对外依存度超过45%。石油对外依存度不断攀升，加剧了中国石油安全问题。

中国油气进口来源地区和国家普遍局势不够稳定，容易受到地缘政治冲突和国内动荡的影响。2011年的利比亚冲突导致中国石油资产的大量损失，就是一个先例。此外，中国石油进口具有加大的运输风险，石油运输通道安全问题亟须解决。

陆上油气管线运输虽然规避了海上运输的风险，但也容易受制于出口国和过境国的影响。2017年冬季由于土库曼斯坦减少了对华天然气输送，影响了当年的冬季供暖，向我们警示了这种管线运输的能源安全问题。

2. 能源结构性问题

中国的能源问题本质上是一个结构性问题。这表现在多个方面：第一，煤炭占能源消费和生产的绝对比例过高，占一次能源生产总量的69.3%，以燃煤发电为主的火电占电力生产总量的71.8%（2017年数据）；第二，工业生产过程的能源消耗占能源消费的绝对比例高达65.7%（2017年数据）。可以说，中国是以煤炭为主要能源，并且以工业生产为主要能源消费活动（见图8—2、图8—3）。

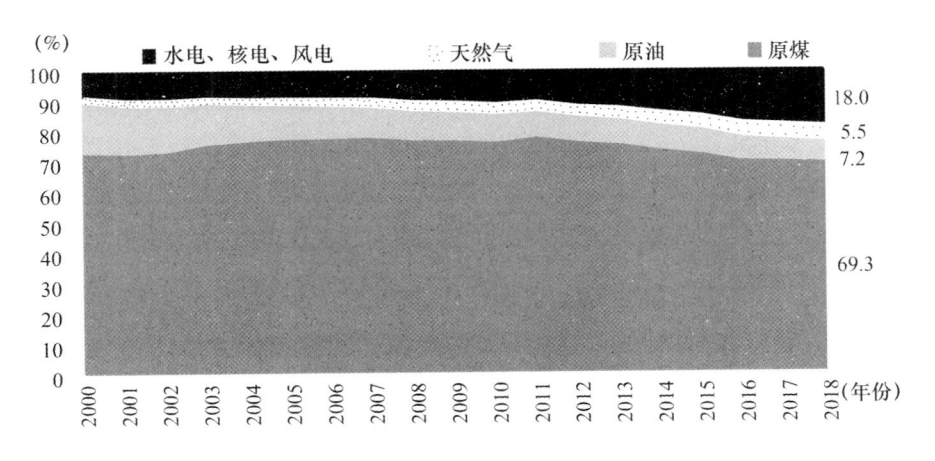

图8—2 中国能源生产结构

资料来源：国家统计局。

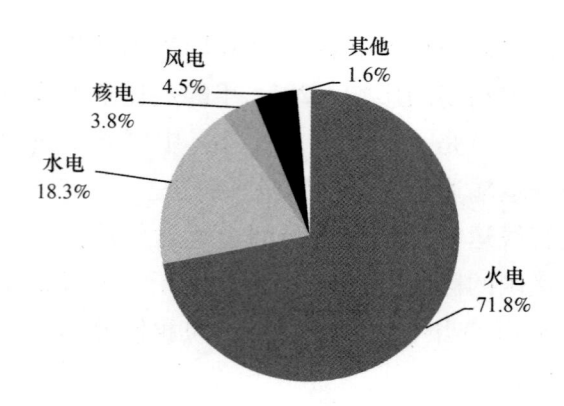

图 8—3 2017 年中国电力生产结构

资料来源：国家统计局网站。

在中国能源消费结构中，工业一直是最大的消费者。2017年，交通运输、仓储和邮政业能源消费占总能源消费的9.4%，生活消费占12.8%，工业能源消费合计占65.7%，其中制造业占54.7%，电力、煤气及水生产和供应业占7.1%（见图8—4）。

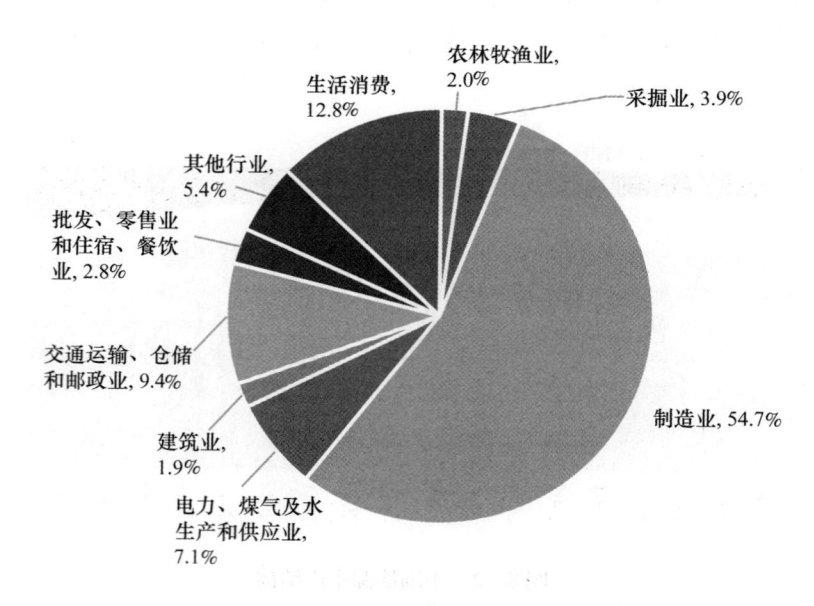

图 8—4 2017 年中国能源消费结构

资料来源：国家统计局网站。

在如此突出的结构性问题下,要想解决中国的能源问题,只能从供给侧开始,调整能源的供给结构、技术性生产结构。首要的任务就是降低煤炭在能源生产和消费中的比重,提升清洁能源的比重。其次的任务是调整消费结构,也就是把对高耗能产品的需求降下来。

3. 环境影响问题

中国以化石能源尤其是以煤炭为主体的能源结构和巨大的消费总量,对生态环境施加了非常大的压力。

燃烧化石燃料和传统燃料形成的污染将造成很高的间接成本。化石燃料不完全燃烧产生的 PM10 和 PM2.5 污染,以及氮化物、硫化物等气体污染对环境和人类健康造成极大影响[1]。每年由于治理空气污染和治疗污染疾病的花费越来越高,而这种成本将在 2030 年达到新的高峰[2]。此外,传统化石燃料还会增加温室气体的排放,减少植被覆盖,破坏水质,降低气候变化的调节能力,危害生态系统的多样性。

一项由哈佛医学院发表的研究报告表明,美国由煤燃烧所引起的环境外部成本为 0.27 美元/度[3],而电的平均成本为 0.09 美元/度。通过对比方法,美国环境法研究所发表的化石燃料行业政府能源补贴研究表明,同年美国的煤炭补贴为每度 0.27 美元[4]。

欧洲环保署发表的一项关于产电引发的环境外部成本研究检测

---

[1] UNEP and WMO, *Integrated Assessment of Black Carbon and Tropospheric Ozone: Summary for Decision Makers*. United Nations Environment Programme (UNEP), Nairobi; World Meteorological Organization (WMO), Geneva. (2011).

[2] IIASA, *Emissions of Air Pollutants for the World Energy Outlook 2009 Energy Scenarios Final Report*, (report prepared for the International Energy Agency using the GAINS model), IIASA, Laxenberg. Available at www.worldenergyoutlook.org (2009).

[3] Epstein, P. R., Buonocore, J. J., Eckerle, K., Hendryx, M., Stout, B. M., Heinberg, R., Clapp, R. W., May, B., Reinhart, N. L., Ahern, M. M., Doshi, S. K. and Glustrom, L., "Full cost accounting for the life cycle of coal", in *Ecological Economics Reviews*, Robert Costanza, Karin Limburg & Ida Kubiszewski, Eds. Ann. N. Y. Acad. Sci. 1219, 2011.

[4] ELI, *Estimating U. S. Government Subsidies to Energy Sources: 2002 – 2008*, Environmental Law Institute (ELI), Washington, D. C., 2009.

了 CO_2 和其他空气污染物（NO_x、SO_2、NMVOCs、PM10、NH_3）排放所引起的具体环境品质损失成本；2008 年使用传统化石燃料发电所引起的环境外部成本估计达到 25.9 欧分/度[1]。

尽管化石能源使用产生的环境负面外部效应，给当代人及后代带来健康方面的损害，但是各国政府出于经济方面的考虑，不愿意将这一负的外部性货币化。这一背景是导致可再生能源成本高、投资回报周期长、很难成为化石燃料替代品的重要原因。

可再生能源技术并非不会带来社会及环境负面影响，因此慎重规划对规避可能的环境和社会影响非常重要。比如，生物燃料的生产过程会造成对生物多样性和生态系统的负面影响；大规模水力发电对环境和社会的影响更是不可估量；可再生能源特别是光伏组件需要稀土元素，因此可能有重金属污染问题[2]。

（三）未来面临的挑战

1. 油气供应依赖国际市场必然对能源安全形成一定的挑战

中国石油对外依存度极高，再加上国际能源形势极为复杂，导致中国的能源乃至经济存在极大的安全隐患。2019 年，中国天然气对外依存度为 45%，石油对外依存度高达 70%。中国油气进口国大多地缘政治复杂，国内政局动荡，油气进口难以保证可靠供应。此外，若中国到 2040 年油气供应比重达到当前世界平均水平，天然气进口将是目前进口量的 2 倍多，石油进口需要在目前进口水平上增加 4 倍，这些均对中国能源安全构成一定的挑战。

---

[1] European Commission, *Energy Sources, Production Costs and Performance of Technologies for Power Generation, Heating and Transport*, Commission Staff Working Document accompanying the Communication from the Commission to the European Parliament, the Council, the European Economic and Social Committee and the Committee of the Regions, Second Strategic Energy Review, An EU Energy Security and Solidarity Action Plan, SEC (2008) 2872. (2008).

[2] IPCC, *Special Report on Renewable Energy Sources and Climate Change Mitigation*. Working Group III – Mitigation of Climate Change. Edited by O. Edenhofer, R. Pichs – Madruga, and Y. Sokoma. Published for the Intergovernmental Panel on Climate Change. (2011).

2. 环境保护对能源生产的压力持续存在

近年来，中国城镇化、工业化发展迅速，给环境保护带来极大的压力。如何在经济快速发展的同时，既考虑经济效益，又考虑资源约束，是中国在现代化发展进程中需要考虑的重要问题，也给环境治理部门提出了更高的要求。

进一步推进污染治理和环境改善任务复杂。能源消耗中，煤炭消耗占比将近70%，工业能耗占比70%，这说明能源和经济发展与环境保护的矛盾将长期存在。

3. 提高非煤清洁能源比例的经济成本

为推动生态文明建设，打赢蓝天保卫战，势必需要大幅度增加非煤能源的生产和供给。但是，任何解决方案都离不开经济成本。

中国政府高度重视可再生能源的扶持和发展，目前非化石能源占一次能源消费结构比重已超过10%。但非煤清洁能源的成本问题一直是可再生能源产业发展不可逾越的问题。当前，天然气发电成本为0.8元/千瓦时，太阳能发电成本为0.5元/千瓦时，风电发电成本为0.4元/千瓦时，分别是煤炭发电的3倍、1.7倍和1.3倍。中国可再生能源的发展一方面给地方财政带来沉重负担，比如北京的"煤改气"工程每年仅运行费用支出就高达164亿元；另一方面导致居民生活支出和企业运营成本增加。

二 预测依据

（一）相关机构的预测

国际能源署（IEA）指出[①]，中国天然气进口量将大幅增加，

[①] 杨永明：《2019全球主要能源展望报告对比与启示》，《新能源经贸观察》2019年第Z1期。

2040年增长到现有水平的近4倍，天然气消费量将超过欧盟，天然气贸易崛起。根据IEA的数据，中国核电将强势崛起。未来10年中国核电装机大幅增加。

欧佩克（OPEC）指出[①]，中国在能效提高方面表现突出，1990—2017年中国能源强度年均降速为4%，2015—2040年预计中国能源强度年均降幅为3%。此外，2015—2040年中国能源需求年均增长为1.2%，仅次于印度的2200万桶油当量/日，成为全世界能源需求增长的重要来源。预计到2040年，中国在全世界能源需求中占比将超过22%。

美国能源信息署（EIA）认为[②]，预计2040年中国经济依然能保持较高的增长速度，能源消费迅速增长，将达到162千兆英热单位，超过全球能源消费的1/5。目前，中国能源强度稳步下降，并且将在一段时间内继续保持这一态势。1990—2015年，中国能源强度下降高达55%。预计中国未来能源强度将低于经合组织平均水平，并且由于中国产业结构从以制造业为主向以服务业为主的转变，能源强度的下降速度也将逐年递减。此外，2040年中国仍将是世界上最大的能源密集型产品生产国。

英国石油公司在《BP世界能源展望（2019年）》中提到[③]，在"渐进转型"情景下，中国能源需求增长在展望期内会降缓至年均1.1%，不到过去22年年均增速的1/5[④]。虽然需求放缓，但2040年中国仍是全球最大的能源消费国，占22%的份额[⑤]。中国工业能源需求继过去20年增长3倍，将在21世纪20年代中期见顶，之后逐渐降低。这是由于政策驱动工业效率提升，以及中国的经济转型，即由能源密集型工业转向较低能源密度的服务行业。此外，在渐进转型情景下，中国的煤炭占比急剧下降，从2017年的60%降低到2040年的

---

① 杨永明：《2019全球主要能源展望报告对比与启示》，《新能源经贸观察》2019年第Z1期。
② 杨永明：《2019全球主要能源展望报告对比与启示》，《新能源经贸观察》2019年第Z1期。
③ 英国石油公司BP：《BP世界能源展望（2019年）》，2019年4月9日。
④ 杨永明：《2019全球主要能源展望报告对比与启示》，《新能源经贸观察》2019年第Z1期。
⑤ 萧河：《石油在未来20年仍是主要能源》，《中国石化》2019年第5期。

35%，其降低的总量大体由可再生能源和天然气的增量抵消。

埃克森美孚的《2040年能源展望报告》显示[1]，中国能源消费的增长得益于经济的快速发展。中国能源消费迅速攀升，2040年增长超过20%，约占全球的22%。此外，中国CO_2排放量将从2016年的86.9亿吨增至2040年的89.1亿吨，其间将在2030年达到峰值约92.7亿吨，能源强度将从2016年的12.5英热单位/美元降至2040年的5.1英热单位/美元，降幅达59%。中国发展进入新阶段后，经济增长重心将从重工业转向服务业和轻型制造业。中国的空气污染治理将促进能源转型，减少煤炭消费，天然气将迎来发展机遇[2]。

2019年中国石油集团经济技术研究院的《世界与中国能源展望》认为[3]，中国工业用能占比持续回落，建筑用能占比不断提升，能源需求主要为生活消费。中国高质量发展政策要求国家降低能耗支撑经济发展，预计2035—2040年中国一次能源需求将达峰值。由于中国是全球最大的制造业大国，在2050年前，中国工业终端用能比重仍高于50%。尽管如此，中国的能源结构的发展趋势仍为清洁高效，"气代煤""电代煤"将成为大的发展方向，预计2050年非化石能源与油气比重将超过煤炭。从长远看，中国是全球油气最重要的参与者之一，原油需求将在2030年达峰值，天然气需求在2050年将达到近7000亿立方米。

中海油研究总院竞争情报分析首席工程师、能源专家温秋红认为[4]，2026年全世界将实现炭达峰，石油则在2035年左右实现达峰。2040年能源结构多元化，由原来的石油逐渐变成石油、天然气、煤炭和清洁能源四分天下，清洁能源比重不断增加。到2040年，中国煤炭占比为35%，天然气占比为14%，未来20年是天然气发展的黄金时期。石油占比下降到18%，核能占比为7%，水电

---

[1] 埃克森美孚：《2040年能源展望报告》，2018年2月。
[2] 曹勇：《2040年世界能源展望——埃克森美孚2018版预测报告解读》，《当代石油石化》2018年第4期。
[3] 中国石油集团经济技术研究院，2019年版《世界与中国能源展望》，2019年8月22日。
[4] 徐蔚冰：《产业聚焦：新能源革命来临了吗》，《中国经济时报》2019年7月22日。

占比为 8%。增长最快的是可再生能源，2050 年，中国天然气占比大幅增加，煤炭比显著降低。可再生能源（包括风电、水电、太阳能）占比为 60%，其中风能和太阳能占比为 48%。在未来电力结构里，化石能源所占的比重非常少。替代能源的风电和太阳能成为主要的能源。2050 年全世界接近一半的发电将来自风能和太阳能，可再生能源在中国能源结构中的占比也将达 50%。值得一提的是，新能源的发展主要依靠技术的进步，例如，提高风机的技术水平显著提高发电能力；装机从陆上走向海上，从浅水到深水；光伏的技术也在不断进步。

（二）对能源转型形式的分析：国际经验与国内趋势

1. 历史经验

从历史上看，1973 年第一次石油危机之后，有一个明显的能源转换过程，就是石油和煤炭比例的下降，而天然气与核能的比例上升（见图 8—5）。煤炭比例的下降，来自社会对能源清洁化的需求。而石油比例的下降，一方面源自 OECD 国家对石油价格上涨带来的成本压力；另一方面则是 OECD 国家摆脱对中东石油依赖的政策努力。

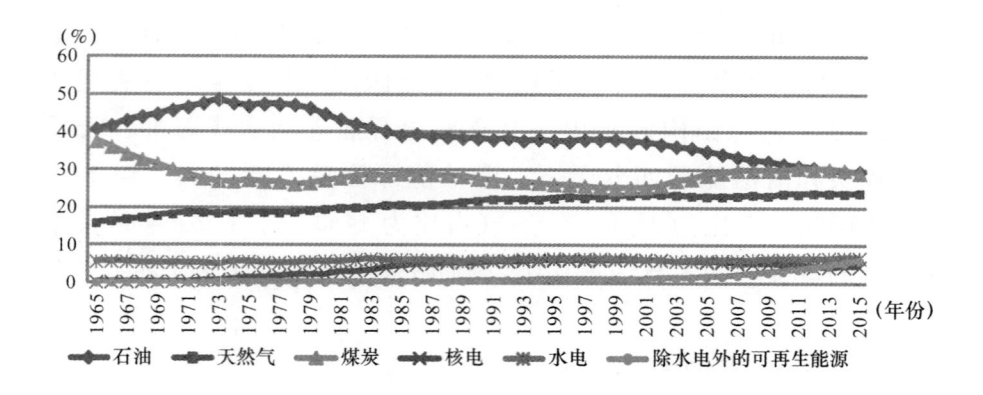

图 8—5　世界能源消费结构（1965—2015 年）

资料来源：BP statistical review of world energy 2016 workbook。

2. 新的发展趋势

这一趋势一直持续到20世纪末。2000年之后，煤炭的比例出现逆趋势的上升。1999年，煤炭的比例为25.1%，2011年达到这一阶段的峰值，高达30.5%。但是在2011年后，煤炭比例再次开始下降，2015年下降到29.2%。可以说，这一变化过程主要是来自中国的影响。中国经济在2000年后的高速增长，贡献了世界煤炭需求上升的主要部分。

OECD国家、美国、欧盟的能源消费需求都保持了接近于零增长的趋势。其中，OECD国家的平均增速为0.33%，美国的平均增速为0.58%，而欧盟为负增长，年均下降0.58%，六年中仅有2010年和2015年为正增长（见图8—6）。

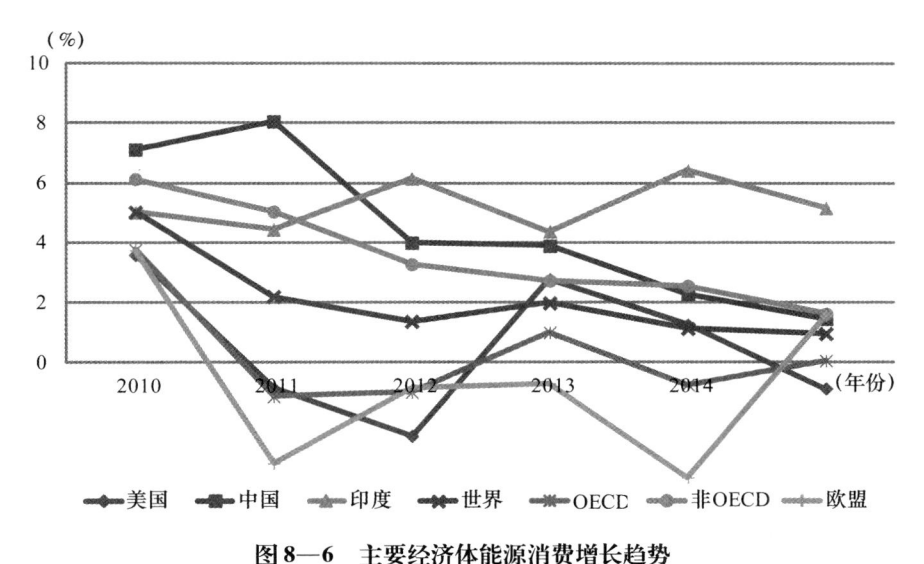

图8—6 主要经济体能源消费增长趋势

资料来源：BP statistical review of world energy 2016 workbook。

随着中国经济进入新常态，世界煤炭需求的增长速度已经慢下来。因此可以期望，未来的世界能源需求结构中煤炭比例将进一步下降。

三 预测方法

中国能源模型系统（CEMS）是由中国社会科学院数量经济与技术经济研究所受科技部专项课题资助研发的专门用于能源预测的模型系统。该模型系统运用系统动力学建模原理，把能源需求与供给、人口与就业、宏观经济、产业经济综合集成于一个模型系统，为能源及其他相关问题的研究提供一个模拟平台，从而实现能源前景预测和相关政策效果模拟等研究任务。

CEMS还可以与中国社会科学院数量经济与技术经济研究所多年研发的中国宏观经济分析预测模型系统相联结，从而为宏观经济形势分析提供更好的分析模拟工具。未来也可以进一步与中国社会科学院数量经济与技术经济研究所研制的其他模型系统建立链接，实现当前技术经济社会发展中重大问题的系统模拟与综合集成研究能力。

（一）目标

中国能源模型系统（CEMS）设定了以下目标：
（1）模拟能源、宏观经济、微观经济、人口就业、温室气体排放之间的互动机制和政策传导机制；
（2）实现能源消费、供给、进出口的中长期预测；
（3）为实现节能减排目标提供数量化的政策路径模拟；
（4）为产业、运输、居住部门实现节能目标提供技术路径建议；
（5）为社会提供产业发展预测咨询服务；
（6）为实现国家温室气体减排承诺提供政策建议；
（7）成为经济社会发展综合集成实验室的重要支持模型系统。

（二）主要特点与创新

CEMS 结构设计充分考虑了经济增长、能源消费、技术进步等重要因素的相互关系。这种关系也是系统动力学经济模型重点考虑的问题。CEMS 具有以下几个方面的显著特点与创新：

（1）充分体现了综合系统集成的建模思路。模型系统贯彻系统计量思想，运用系统动力学建模原理，把能源需求与供给、人口与就业、宏观经济、产业经济综合集成于一个模型系统，为能源及其他相关问题的研究提供一个模拟平台，从而实现能源前景预测和相关政策效果模拟等研究任务。CEMS 还可以与我所多年研发的中国宏观经济分析预测模型系统相联结，从而为宏观经济形势分析提供更好的分析模拟工具。未来也可以进一步与此次科技部专项课题的其他模型系统建立链接，实现我所对当前技术经济社会发展中重大问题的系统模拟与综合集成研究能力。

（2）建立了一个相对完整的"人口—经济—能源—环境"分析系统，把经济问题与能源、环境、人口问题统筹考虑，充分反映了当今社会对可持续发展、人与自然和谐的关注。这种设计也是对新发展理念在能源建模领域的一个探索。

（3）单独建立了人口与就业模块。我们认为，人口分布与增长趋势、老龄化等对经济长期增长、能源消费构成有越来越重要的影响。而且，人口与就业问题不完全是短期的宏观经济问题，而是中长期的增长问题，因此，有必要建立一个单独的模块，实现在一个框架下的机制分析，从而更好地理解可持续发展问题，统筹考虑能源环境问题与资源节约型、环境友好型社会建设的互动关系。

（4）注重政策模拟，提供节能和温室气体减排政策分析工具。通过把能源技术效率外生化，从而能够对国家的节能和温室气体减排政策进行有效的政策分析。只有提高能源技术效率，才能做到在促进经济增长、提高居民生活水平的同时实现节能和温室气体减排目标，否则必然要以牺牲发展为代价。

（5）关注能源结构调整和新能源发展。CEMS 不仅可以对传统化石能源如石油、煤炭、天然气进行中长期的预测，而且能够提供对清洁能源和非传统能源的中长期预测，以及非传统能源发展的经济、社会、环境影响。

（6）加强了对产业和部门的研究，可以为社会提供产业发展预测和产业节能减排方面的咨询。CEMS 对各行业和家庭消费、运输等部门展开深入研究，注意把握行业发展规律，从而增加了预测的精度与合理性。

（三）结构设计

CEMS 的结构设计参考了美国能源部国家能源模型系统（NEMS）。这是因为二者的主要目标基本一致，都是进行一国的能源消费、供给、进出口以及温室气体排放的中长期预测。但是，由于国内在统计和普查数据上还有相当的欠缺，CEMS 与 NEMS 在一些具体的模型结构上也有所差别。未来我们将在人员和经费的进一步支持下，完善 CEMS，使之与 NEMS 相媲美，并成为中国能源预测与政策模拟的代表性模型。同时，CEMS 更注重能源利用技术的进步，为中国当前推动节能减排工作提供了有力的分析工具。

CEMS 包括七个模块：宏观经济、产业、能源供给与贸易、能源需求、人口与就业、价格、能源温室气体排放。各模块之间的相互关系如下（见图8—7）：

（1）外生的产业增长和产业能耗决定能源消费需求；（2）由于国内能源生产不足以满足国内需求，所以能源供给外生地由资源、技术和生产潜力决定；（3）能源需求与能源供给的缺口由进口来满足；（4）能源供需关系决定能源价格，并与产业增长和劳动力收入增长一起影响宏观经济增长；（5）能源消费过程与能源生产过程以及排放系数决定温室气体排放水平。

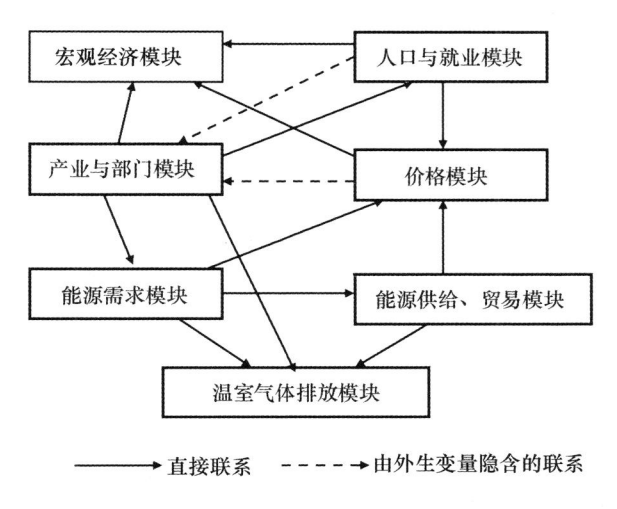

图 8—7　CEMS 构成模块与相互关系

CEMS 的结构设计基本考虑以下几个方面：

（1）尽管能源系统具有独特的技术特性和资源特性，能源仍然是经济的一部分。能源终端消费需求来自其他部门，包括工业部门、运输部门、住房消费和办公消费，以及能源转化部门自身的消耗。简单地说，能源终端消费需求由其他部门决定。

（2）充分考虑经济增长的机制问题，选择了从微观到宏观的经济增长建模路径。既然能源需求的增长来自对其他部门需求的增长，那么建模上要考虑一个问题：是从宏观经济的增长来决定各部门的增长，还是从微观经济也就是各部门的增长来求出宏观的增长？CEMS 采用的是后者，也就是认为，经济增长来自工业化、城市化和人口因素，这是由长期的增长趋势决定的，而不是由短期的宏观经济决定的。因此，对每个行业产品的需求是由经济增长规律和中国的经济结构外生决定的，在遇到资源约束时，经济会寻找替代性的路径，继续实现居民对各种产品和服务的需求。比如以提高能源效率、发展可再生能源来应对传统能源的资源约束。因此，CEMS 采用了外生化产业（实际产出）增长，并以此作为模型基础的建模路线。

（3）能源资源稀缺性的考虑，是能源生产制约能源消费需求，还是消费需求拉动能源生产，需求与供给之间的缺口能否完全由进口来满足？这一问题十分重要。我们认为，在可以预见的时间内，世界能源供给潜力仍然能够满足全球的能源需求，中国能源需求的增长可以通过进口来满足。当然，这一过程也会导致能源价格的上涨。但是这种价格上涨不会影响潜在的经济增长趋势，也就是不会影响对各部门产品与服务的需求，但是会影响各种生产活动的能源技术效率的改进。也就是说，能源价格上涨会促进能源技术效率的提高。

（4）能源载体之间的替代关系。目前很多基于最优化的模型系统把市场和价格因素作为能源载体之间相互替代的决定因素。从理论上说，这无疑是正确的。但是在实际中，能源网络和能源利用设备的投资往往有很长的时效，一旦投资形成，很难在寿命结束之前就改换其他能源载体。比如输油管道很难改为输送其他能源品种，如液化煤炭、天然气；燃煤电厂也不会改为燃油电厂。一般情况下，能源载体之间的比例变化，多是在增长过程中实现，也就是只有新的能源网络和能源设备建设时才会在不同能源载体之间做出选择。因此，我们采用外生化的方式，即各能源品种的增长外生地由资源、技术、市场等因素决定，而没有考虑通过内生化的方式，由相互之间的比较来决定。

（5）能源利用技术进步的决定。除最终需求之外，能源利用的技术效率是决定能源需求的另一重要因素。从理论上说，技术进步有本身的规律，如学习曲线、摩尔定律等；同时，技术进步也受到企业生产成本的影响，通俗地说，就是能源价格上涨，导致企业成本压力增大，会促进提高能源利用效率的研发活动，从而推动能源技术效率的提高。但是，通过对统计数据的模拟，我们发现，尽管能源价格上涨与能源技术效率进步存在相似的趋势，却并没有发现统计上显著的数量关系。这表明，能源技术进步除了对市场价格做出反应之外，它更多地受到技术进步自身规律的影响。因此，我们还是采用了外生化的技术进步行为模式。

（6）能源部门对宏观经济的影响机制在于价格传导。能源是国民经济的基础部门，对宏观经济的稳定运行具有重要影响。宏观经济学理论中，能源价格既可以是国内需求拉动型通货膨胀的构成之一（能源需求增长过快引起其价格快速上涨，又进一步拉动其他价格上涨），也可以是输入型通货膨胀的来源（国际能源价格上涨引起国内投入成本增加，引发国内价格上涨）。在 CEMS 中，我们把国际石油价格外生，由国际石油价格传导至国内石油价格；而把国内煤炭价格增长内生。这两种价格，再与劳动者报酬率一起共同影响国内工业品出厂价格。通过国内工业品价格传导至国内消费，进而影响宏观经济。

（7）对国际因素我们采取了外生化的处理方式。能源越来越成为一个国际性的市场。国际因素的影响有两方面：国际经济增长引起外需增长带动出口增加，并带动对能源的消费；国际能源价格上涨带动国内能源价格上涨，抑制国内的能源消费。对于第一种影响，我们暂时根据有关预测把国际经济增长外生化，同时把它与国内出口相联系，但是并没有反映在产业的增长上（产业增长外生，且已考虑了外需的影响）。对于第二种影响，我们仍然采取外生化的办法。尽管国际原油价格上涨区域与中国石油需求增长的关系越来越大，但是对国际石油价格的外生预测（引用国外尤其是 EIA 的预测）已经充分考虑了各种因素包括中国经济的崛起，所以我们认为这样做不会影响模型的模拟结果。下一步工作，可以考虑把国内能源需求与国际能源市场建立链接，实现油价变化内生化。

（8）生活能源消费需求增长暂时定为外生。下一步可以实现与人口因素的链接，使之内生化。生活能源消费主要为家庭取暖、空调、烹调、热水和家用电器的能源消费。这些需求与经济发展水平和居民的居住形态有关。在经济增长路径和城市化路径外生的情况下，这些需求也就外生了，并取决于相关设备的技术效率。因此，把生活能源消费外生没有问题，只是目前的模型系统比较简单，没有具体确定相关设备的使用情况与其能源效率。

（9）交通运输能源消费需求增长暂时定为外生。目前由运输增长率与能耗降低率外生决定。下一步工作中，我们将建立运输能源消费需求模块，让运输能源消费由产业、人口等因素内生决定。

（10）没有单独建立办公、商业消费需求模块，而是把它作为产业模块的一部分。这是由于目前中国没有相应的统计数据来支撑。

四 面向2040年中国能源发展愿景

基于对未来经济、人口、产业的分析，本书提出2040年中国能源发展的七大愿景：

愿景一：随着人口总量达峰和工业化、城镇化的逐渐完成，中国能源消费总量和生产总量以及温室气体排放总量都将在2030年之前达到峰值，之后将保持稳定甚至有所下降。其中，能源消费总量峰值将位于45亿吨标准煤左右，石油峰值6.1亿吨左右，煤炭需求峰值为40亿吨左右，2040年的天然气消费预计为3181亿立方米。

愿景二：能源消费结构将出现较大变化，煤炭比例进一步降低，石油比例基本维持稳定，天然气比例将有较大幅度上升，核电、水电比例基本稳定，可再生能源比例也将有所上升。

在供给侧结构性改革与经济增长路径变化的共同作用下，未来30多年中国能源需求结构将有较大的变化。煤炭所占比例将从2018年的61.5%下降到2040年的51.3%。同时，原油需求所占比例将从2018年的18.1%上升到2040年的21.5%。天然气所占份额将有较多上升，2020年天然气份额预计为6.2%，2030年将提高到8.0%，2040年会提高到9.7%。其他能源包括核电、水电、可再生能源所占份额，2040年会提高到18.5%。

能源消费的产业结构将出现较大变化，工业消费所占比例过高的情形将会扭转并趋于正常水平，交通消费、家庭消费的比例将会提高。

工业所占份额从2018年的60.0%下降到2040年的约47.8%，生活消费将从2018年的11.9%上升到2040年的16.4%，交通运输业将从2018年的10.5%上升到2040年的17.5%。

愿景三：能源生产结构将会出现较大变化。煤炭产量将逐渐下降；石油产量有可能稳定或稳中有降，这取决于海上油气能否实现产量突破；非常规油气（页岩气、页岩油）产量有可能实现突破，其中页岩气的可能性最大；核电的发展取决于国家政策；可再生能源的产量将会有所上升，是否能够实现大幅度上升取决于智能电网技术的应用。如果智能电网技术应用水平大幅度提高，水电之外的可再生能源有可能达到占总能源生产10%的比例。

从能源生产结构看，尽管会大幅下降，煤炭所占比例仍然最大。2020年，煤炭占能源生产的比例预计为69.4%，2040年，会下降到60.3%。天然气将从2018年的4.4%上升到2040年的6.9%，原油将从2018年的7.3%上升到2040年的8.6%，一次电力（水电核电可再生能源）占比将从2018年的22.3%上升到2040年的26.5%。

电力生产结构中，燃煤发电的占比将从2018年的68.5%下降到2040年的48.6%，水电比例从2018年的19.5%提高到2040年的23.2%，天然气发电的占比将从2018年的4.5%上升到2040年的15.3%，一次能源发电占比将从2018年的17.6%上升到2040年的22.4%，核电生产占比将从2018年的2.8%上升到2040年的3.3%。

愿景四：中国能源供给日益国际化，与周边国家将会形成区域性的电力市场。随着美国页岩油、页岩气产量和出口量的增加，以及澳大利亚等增加LNG的出口能力，中国的能源安全总体形势趋于稳定。中国将会从北美洲地区进口更多的石油、天然气甚至煤炭。同时，中国也将在三个相邻地区建立区域性的电力市场，即东北与相邻东北亚地区、南方电网与东南亚地区、新疆与中亚地区。

预计至2040年煤炭进口依存度增长至14.3%；石油对外依存度

相对稳定，为 70.8%；天然气的对外依存度预测为 47.5%。如果中国的页岩气生产取得突破，天然气的对外依存就会明显改善。

愿景五：能源基础设施网络全面覆盖城乡。目前电网已经基本覆盖大范围国土和城市乡村，但是天然气输送网络建设还有很大空间。到 2040 年，中国将建成综合集成的燃气输送系统，实现公路传统管道运输、港口 LNG 终端、铁路内河集装箱运输、地下储气系统综合一体的燃气输送网络，从而保障各种天气状况下的气体能源安全。

愿景六：综合交通能源体系快速发展。多种交通能源应用将大幅度减少燃油的消费，如 CNG 燃料、LNG 燃料、甲醇等醇醚燃料、生物乙醇和生物柴油等生物液体燃料，电动和混合动力等新型交通能源将会有较大发展。城市轨道交通与高速铁路、机场将组成全国一体化的智能高效交通网络。

愿景七：能源技术应用将取得重大突破，分布式、多元化、智能化、集成化是主要发展方向。能效提高大幅度减少了能源需求的增长。

综合能源系统大规模发展。集成发电厂、各种电压的电网系统、微电网系统、分布式能源系统、风光互补发电、新型太阳能发电、终端用户的综合电力系统将成为新的发展方向。

能源综合利用体系的建设将成为新趋势。利用大数据和信息化技术，在不同能源消费用户、不同能源生产之间发展能源调剂体系，将实现大规模的能源节约和效率提高。具体而言，是在风电基地、燃煤电厂、燃气电厂、其他新能源电厂、大型工厂、城乡取暖和制冷系统之间，建立能量计量、预测、调配的全天候即时精准预测和调配系统，大幅度提高总体能源效率。

以零碳、低碳建筑设计大幅度减少建筑能耗。通过采光设计大幅度减少照明能耗，通过地热利用、太阳能利用、材料保温设计、自然通风设计等大幅度减少制冷和取暖能耗。

储能技术的发展将成为新兴产业。小型智能设备（手机、笔记本电脑、穿戴医疗设备等）的电池将日益小型化、太阳能化，储电容量迅速提高；智能电网的发展将限制大型储能设施的发展，因为智能化预测调配能力的提高会减少储能需求。

五　加快能源转型：适度能源自给与供给多元化

对于中国、美国这样的大型经济体，在全球能源需求总体水平已经很高的情况下，再像美国 20 世纪 70 年代那样全面依赖进口已经不太适宜了，大型经济体的一点波动都会给全球市场带来重大的影响，反过来也会影响自身的经济走势。因此，对大型经济体来说，保持一定的能源自给水平，或者说能源独立是非常重要的，它也为国内经济提供了一层保护。

时至今日，中国要谈能源自给，在没有显著油气资源发现的情况下，仍然必须回到煤炭路线上来。但煤炭是比较不清洁的能源，简单地燃烧既造成资源浪费，也造成环境污染；同时煤矿的开采也会造成生态环境的破坏。

在这种资源条件下，中国需要走出另一条能源独立或者能源安全之路。本书提出建议如下。

（一）坚持煤炭替代战略

充分利用国际市场的能源资源，从分散化的渠道进口多种能源产品，既包括石油、天然气、煤炭资源等传统化石能源的进口，也包括非常规的 LPG、甲醇等能源和化工型能源产品的进口。通过分散化的进口渠道，可以分散地缘政治的风险；通过分散化的能源产品，可以避免中国需求的增量带来国际市场和进口价格的较大波动。同时，在分散进口渠道的同时也要规避高风险地区。

（二）有序发展天然气能源

加快天然气能源发展，实现天然气对煤炭的替代和以天然气电厂为依托的智能电网的建设。

对于建设较早、技术水平一般或落后，同时具备运输条件的燃煤电厂，逐步替换为燃气电厂，使用进口天然气或 LNG。天然气是最清洁的化石能源，除传统天然气之外，还包括致密气、煤层气、油层气、页岩气等。虽然中国传统天然气储量一般，但是如算上各种非常规天然气资源，总量也相当可观。另外，中国还可以通过管道进口中亚、俄罗斯、缅甸的天然气，以及通过 LNG 形式进口澳大利亚、中东地区的天然气，今后还可以进口俄罗斯、蒙古的煤层气资源以及北美洲的页岩气资源。

在未来能源结构调整中，可以优先在中国东部沿海地区和四川、重庆、新疆、甘肃、陕西等具备资源条件的地区发展天然气能源，通过在雾霾治理重点地区进行燃气电厂对燃煤电厂的替代，实现工业大客户、LNG 专用码头与终端的同步建设与发展，并加快天然气主干管网和城市网络的建设。可以预见，随着天然气能源的发展，中国雾霾现象和酸雨现象都会快速好转。

加快天然气管网体制改革的步伐，探索铁路集装箱运输等多种 LNG 运输形式和联运，为天然气的发展提供条件。

（三）加快实现新能源的平价竞争

前期中国为推动新能源的发展，出台了较大力度的新能源补贴政策，有效地培育了新能源市场和新能源相关产业。但是，要想可持续地发展，必然要求各种能源之间的公平竞争，尤其是风电、太阳能发电等的平价上网，这样才能使电网有动力消纳可再生能源电力，并避免形成可再生能源的产能过剩。随着可再生能源的技术进步，其成本也迅速下降，逐渐具备了平价上网的能力。

（四）加强工业节能与建筑节能

以能源与化工共轨方式实现产业融合，从工业化的源头创造能源，提高能源效率，这是工业节能的最佳路径。有机化工过程大多是放热过程，单一地生产能源就会造成物质效率的降低，单一地生产化工产品就会造成能量的浪费。因此，二者共轨生产将大大提高煤炭、石油、天然气的物质效率和能源效率。

建筑节能是发展电能替代的基础。近两年来，中国在大力推动电能替代。电能替代是减少散烧煤炭的有效办法，但是从热效率来讲，它并不经济。其原因就在于中国的大部分建筑节能效率很低，建筑保温和散热很快。因此，简单地进行电能替代并不能减少煤炭的消费量，甚至会增加煤炭消费量。同时，它会严重增加居民尤其是收入并不高的农村居民的负担。

（五）发展清洁液体燃料，推动能化共轨产业体系建设

以清洁液体燃料替代散烧煤炭。对于工业锅炉、船用锅炉、家庭取暖和灶具，发展清洁液体燃料是既经济、又安全的选择。它比气体燃料安全，也比固体燃料环保，同时基础设施投入较少，经济性较高。目前符合清洁液体燃料的是甲醇燃料，它比早期的液化石油气要更清洁。

能化共轨产业体系是通过现代化工、精细化工技术把煤炭、石油、天然气首先作为化工原料，生产复杂的有机化工产品，同时把在这一化学过程中产生的能量转化为高效率的、清洁的液体燃料、气体燃料和清洁电力，与可再生能源共同集成一个清洁、高效、智能的能源供给系统，并通过基础设施网络和分布式能源相结合的方式，供给产业部门和千家万户。这一体系把能源供给与化工制造业相结合，能

够大幅度提高物质转换效率和能源效率，是典型的循环经济。

中国在有机化工领域积累了70年的技术经验，对于煤化工、石油化工、天然气化工都掌握成套的工业技术体系，在能源领域也建立了完整的工业体系。中国拥有世界上最大的煤化工产能，在环保的压力下，如果不能将煤化工产业的技术升级，整个煤化工行业就会因为环保问题而彻底消亡，并引起这些产业所属地区的经济萧条。

通过物质与能量循环技术的集成，完全可以走出一条能源化工共轨融合发展的清洁高效工业化道路，创造出引领世界的能化产业体系与产业技术体系。这既能解决煤化工产业和相关地区的产业升级和环境保护难题，也能为全球能源安全提供中国的新方案，形成重化工业的人类命运共同体。

中国的能源独立，也将为世界能源需求提供新的样板，并节约大量的能源资源，改善其他国家的能源安全，为人类的可持续发展和人类命运共同体建设做出贡献。为此，我们提出以下建议。

第一，化电热联产模式：煤化工与发电、供热相结合，实现化工余热发电、电热厂废气再进入化工的循环经济模式。其他使用煤炭作为燃料的工业也可以进行相似的工艺优化与升级，实现物质与能量的更高效利用。

第二，甲醇既是没有水蒸气与二氧化碳之外其他废渣、废气排放的清洁燃料，也是煤化工、天然气化工甚至石油化工的重要产品，它可以成为新型的液体燃料作为交通和工业能源，从而减少废气的排放和雾霾的产生。

第三，化电（化工过程所发电力）与正常火电、水电、核电、可再生能源电力一起，共同构成新的电力供给体系，实现物质最高效率利用和污染物最低排放。

第四，利用部分国家甲醇成本低的有利条件，实现进口便利化，作为中国能源结构的有效补充，总体上也有利于改善能源安全。

第五，设立能化融合产业发展机制，从金融、财政、贸易、行业标准、环保、土地政策等方面综合推进能化融合模式的产业化。

参考文献

胡鞍钢、鄢一龙、魏星：《2030 中国：迈向共同富裕》，中国人民大学出版社 2011 年版。

李京文：《21 世纪中国经济大趋势》，辽宁人民出版社 1998 年版。

李善同、侯永志、翟凡：《总论：中长期内中国经济仍然具有快速增长的潜力》，载李善同主编，侯永志、翟凡副主编《快速增长没有终结——中外专家看中国经济增长潜力》，中国财政经济出版社 2001 年版。

刘世锦等：《陷阱还是高墙——中国经济面临的真实挑战和战略选择》，中信出版社 2011 年版。

刘世锦：《在改革中形成增长新常态》，中信出版社 2014 年版。

王小鲁、樊纲：《中国经济增长的可持续性——跨世纪的回顾与展望》，经济科学出版社 2000 年版。

张宇燕主编：《国际形势黄皮书：全球政治与安全报告（2017）》，社会科学文献出版社 2017 年版。

邹至庄：《中国经济转型》，中国人民大学出版社 2005 年版。

Rod Tyers、Jane Golley：《到 2030 年的中国经济增长：人口变化和投资溢价的作用》，《中国劳动经济学》2007 年第 1 期。

白云飞、谢超颖、余璐、张培锋：《清潩河流域水环境预测预警平台的设计与构建》，《中州大学学报》2017 年第 4 期。

曹勇：《2040 年世界能源展望——埃克森美孚 2018 版预测报告解

读》,《当代石油石化》2018 年第 4 期。

陈乐一:《再论中国经济周期的阶段》,《财经问题研究》2007 年第 3 期。

陈友华:《中国人口发展:现状、趋势与思考》,《人口与社会》2019 年第 4 期。

都阳等:《延续中国奇迹:从户籍制度改革中收获红利》,《经济研究》2014 年第 8 期。

高春亮、魏后凯:《中国城镇化趋势预测研究》,《当代经济科学》2013 年第 4 期。

高路易:《2020 年的中国——宏观经济情景分析》,《世界银行中国研究论文》2010 年第 9 期。

高祖贵:《新形势下国际三大战略趋势》,《前线》2014 年第 5 期。

高祖贵:《亚洲整体性崛起及其效应》,《国际问题研究》2014 年第 4 期。

郭建科:《G7 国家和中国碳排放演变及中国峰值预测》,《中外能源》2015 年第 2 期。

国家计委宏观经济研究院课题组:《我国"十五"——2015 年经济增长的趋势与政策》,《经济与管理研究》1999 年第 6 期。

国务院发展研究中心和世界银行联合课题组:《中国:推进高效、包容、可持续的城镇化》,《管理世界》2014 年第 4 期。

何智娟、贾一飞、孟丽玮、李勇、张娜:《引洮供水二期工程受水区水环境预测研究》,《人民黄河》2015 年第 5 期。

贺丹:《加强战略研究 迎接新时代人口发展挑战》,《人口研究》2018 年第 2 期。

贺丹:《我国人口长期变动的趋势和挑战》,《人口与计划生育》2018 年第 4 期。

贺丹、张许颖、庄亚儿、王志理、杨胜慧:《2006—2016 年中国生育状况报告——基于 2017 年全国生育状况抽样调查数据分析》,《人口研究》2018 年第 6 期。

贺金龙、吴晟、周海河、李英娜、吴兴蛟、李天龙、马颢瑄：《基于 GM（1，1）–PCA 的环境预测与分析研究》，《信息技术》2018 年第 1 期。

"宏观调控研究"联合课题组、周学：《经济形势分析与预测——从中观经济学视角》，《经济学动态》2011 年第 1 期。

胡鞍钢：《中国经济实力的定量评估与前瞻（1980—2020）》，《文史哲》2008 年第 1 期。

胡鞍钢：《中国人口长期发展（1950—2050 年）》，《国情报告第十八卷 2015 年》，清华大学国情研究中心，2017 年。

黄季焜、杨军：《中国经济崛起与中国食物和能源安全及世界经济发展》，《管理世界》2006 年第 1 期。

黄群慧、贺俊：《"第三次工业革命"与中国经济发展战略调整——技术经济范式转变的视角》，《中国工业经济》2013 年第 1 期。

黄群慧、贺俊：《"第三次工业革命"、制造的重新定义与中国制造业发展》，《工程研究——跨学科视野中的工程》2013 年第 6 期。

黄群慧、李晓华：《中国工业发展"十二五"评估及"十三五"战略》2015 年第 9 期。

黄群慧：《"新常态"、工业化后期与工业增长新动力》，《中国工业经济》2014 年第 10 期。

姜克隽、胡秀莲、庄幸、刘强：《中国 2050 年低碳情景和低碳发展之路》，《中外能源》2009 年第 6 期。

解三明：《我国经济中长期增长潜力和经济周期研究》，《管理世界》2000 年第 5 期。

李洪言、赵朔、刘飞、李雷、代晓东：《2040 年世界能源供需展望——基于〈BP 世界能源展望（2019 年版）〉》，《天然气与石油》2019 年第 6 期。

李平、江飞涛、王宏伟、巩书心：《2030 年中国社会经济情景预测——兼论未来中国工业经济发展前景》，《宏观经济研究》2011 年第 6 期。

李平、娄峰：《2015—2025 年中国潜在经济增长率预测及政策建议》，《China Economist》2015 年第 3 期。

李平、娄峰：《"供给侧结构性改革"与中国潜在经济增长率分析》，《China Economist》2016 年第 7 期。

李平、娄峰、王宏伟：《2016—2035 年中国经济总量及其结构分析预测》，《中国工程科学》2017 年第 2 期。

李睿：《庆阳南部地区煤矿地质环境预测评估》，《中国煤炭地质》2015 年第 6 期。

李善同：《"十二五"时期至 2030 年我国经济增长前景展望》，《经济研究参考》2010 年第 43 期。

梁一鸣：《环境预测模型的应用评述》，《价值工程》2019 年第 23 期。

刘朝、赵涛：《中国低碳经济影响因素分析与情景预测》，《管理科学》2011 年第 5 期。

刘家强、刘昌宇、唐代盛：《论 21 世纪中国人口发展与人口研究》，《人口研究》2018 年第 1 期。

刘仁兵、袁治平、郭雪松：《基于无偏灰色模型的水环境预测研究》，《科学与管理》2009 年第 2 期。

刘世锦、刘培林、何健武：《我国未来生产率提升潜力与经济增长前景》，《管理世界》2015 年第 3 期。

刘世锦：《增长速度下台阶与发展方式转变》，《经济学动态》2011 年第 5 期。

刘树成、张晓晶、张平：《实现经济周期波动在适度高位的平滑化》，《经济研究》2005 年第 11 期。

陆旸、蔡昉：《人口结构变化对潜在增长率的影响：中国和日本的比较》，《世界经济》2014 年第 1 期。

潘文卿、李子奈、张伟：《21 世纪前 20 年中国经济增长前景展望——基于供给导向模型与需求导向模型的对比分析》，《预测》2001 年第 3 期。

裴长洪:《经济新常态下中国扩大开放的绩效评价》,《经济研究》2015年第4期。

彭水军、张文城、孙传旺:《中国生产侧和消费侧碳排放量测算及影响因素研究》,《经济研究》2015年第1期。

邱晓华、郑京平、万东华、冯春平、巴威、严于龙:《中国经济增长动力及前景分析》,《经济研究》2006年第5期。

渠慎宁、郭朝先:《基于STIRPAT模型的中国碳排放峰值预测研究》,《中国人口·资源与环境》2010年第12期。

沈利生:《我国潜在经济增长率变动趋势估计》,《数量经济技术经济研究》1999年第12期。

孙晋雯、逄勇、罗缙、王晓:《北方典型山区河道不同污染条件下水环境预测研究——以秃尾河为例》,《水资源与水工程学报》2014年第5期。

田野:《中国潜在经济增长率测算方法的研究评述》,《当代经济管理》2014年第10期。

汪涛、胡志鹏:《中国经济未来十年——人口结构变化的挑战和应对》,《金融发展评论》2012年第7期。

王广州、王军:《中国人口发展的新形势与新变化研究》,《社会发展研究》2019年第1期。

王广州:《新中国70年:人口年龄结构变化与老龄化发展趋势》,《中国人口科学》2019年第3期。

王小鲁、樊纲、刘鹏:《中国经济增长方式转换和增长可持续性》,《经济研究》2009年第1期。

王志理:《世界人口增速放缓 人类进入低增长时代——〈世界人口展望2019〉研讨会在京召开》,《人口与健康》2019年第7期。

韦曙光:《基于ANN技术的大型灌区节水改造后农田水环境预测研究》,《资源节约与环保》2014年第9期。

萧河:《石油在未来20年仍是主要能源》,《中国石化》2019年第5期。

徐文炘、李蔄、张静：《某碳酸盐岩型赤泥库地下水环境预测研究》，《矿产与地质》2016 年第 6 期。

许宪春：《中国未来经济增长及其国际经济地位展望》，《经济研究》2002 年第 3 期。

晏月平、王楠：《中国人口转变的进程、趋势与问题》，《东岳论丛》2019 年第 1 期。

杨永明：《2019 全球主要能源展望报告对比与启示》，《新能源经贸观察》2019 年第 Z1 期。

杨治：《产业经济学导论》，中国人民大学出版社 1985 年版。

杨壮：《基于 GM – RBF 神经网络的污水环境预测》，《中国自动化学会过程控制专业委员会》，《第 28 届中国过程控制会议（CPCC 2017）暨纪念中国过程控制会议 30 周年摘要集》，中国自动化学会过程控制专业委员会 2017 年。

姚景源：《"十二五"至 2030 年我国经济增长前景展望（二）》，《经济》2011 年第 3 期。

姚景源：《"十二五"至 2030 年我国经济增长前景展望（一）》，《经济》2011 年第 Z1 期。

姚愉芳、贺菊煌等：《中国经济增长与可持续发展——理论、模型与应用》，社会科学文献出版社 1998 年版。

尹德挺、石万里、张锋：《改革开放四十年中国人口素质的时代变迁》，《人口与计划生育》2018 年第 11 期。

袁富华：《低碳经济约束下的中国潜在经济增长》，《经济研究》2010 年第 8 期。

张晓：《中国环境政策的总体评价》，《中国社会科学》1999 年第 3 期。

张许颖：《破解人口数据难题 构建人口发展战略研究基础数据新平台》，《人口研究》2018 年第 2 期。

张延群、娄峰：《中国经济中长期增长潜力分析与预测：2008—2020 年》，《数量经济技术经济研究》2009 年第 12 期。

张友国：《新时代生态文明建设的新作为》，《红旗文稿》2019 年第 5 期。

张自然等：《中国城市化模式、演进机制和可持续发展研究》，《经济学动态》2014 年第 2 期。

赵玉峰、杨宜勇：《我国中长期人口发展趋势及潜在风险》，《宏观经济管理》2019 年第 8 期。

中国 2007 年投入产出表分析应用课题组：《"十二五"至 2030 年中国经济增长前景展望》，《统计研究》2011 年第 1 期。

中国经济增长前沿课题组：《中国经济增长的低效率冲击与减速治理》，《经济研究》2014 年第 12 期。

中国社会科学院宏观经济研究中心课题组（李雪松；陆旸；汪红驹；冯明；娄峰；张彬斌；李双双）：《未来 15 年中国经济增长潜力与"十四五"时期经济社会发展主要目标及指标研究》，《中国工业经济》2020 年第 4 期。

中国社科院中国经济形势分析与预测课题组（李扬、李平）：《适当容忍增速下移　调控要更加突出就业优先》，《中国经济时报》2014 年 4 月 30 日。

周智勇、肖玮、陈建宏、李欢：《基于 PCA 和 GM（1，1）的矿山生态环境预测模型》，《黄金科学技术》2018 年第 3 期。

朱宇、林李月、柯文前：《国内人口迁移流动的演变趋势：国际经验及其对中国的启示》，《人口研究》2016 年第 5 期。

Acemoglu, Daron, Aghion, Philippe, Bursztyn, Leonardo, Hemous, David, "The environment and directed technical change", *American Economic Review*, Vol. 102, 2012.

Acemoglu, Daron, Akcigit, Ufuk, Hanley, Douglas, Kerr, William, "Transition to clean technology", *Journal of Political Economics*, Vol. 124, 2016.

Asian Development Bank, *Asian Development Outlook 2012 Update: Services and Asia's Future Growth*, 2012.

Balaguer, J. Email Author, Cantavella M. , "The role of education in the Environmental Kuznets Curve, Evidence from Australian data", *Energy Economics*, Vol. 70, 2018.

Barra, C. , Zotti, R. , "Investigating the non – linearity between national income and environmental pollution: international evidence of Kuznets curve", *Environmental Economics and Policy Studies*, Vol. 20, 2018.

Congressional Budget Office, *The Budget and Economic Outlook: Fiscal Years 2009 to 2019*, January, 2009.

Coopers, *Price Waterhouse, The World in 2050: Beyond the BRICs: a broader look at emerging market growth prospects*, PricewaterhouseCoopers LLP economics group, 2008.

Copeland B. R, Taylor M S. , "Trade, Growth and the Environment", *Journal of Economic Literature*, Vol. 42, 2004.

Dasgupt a, S. , B. Laplant e, H. Wang, and D. Wheeler, "Confronting the Environmental Kuznets Curve", *Journal of Economic Perspectives*, Vol. 16, 2002.

ELI, *Estimating U. S. Government Subsidies to Energy Sources: 2002 – 2008*, Environmental Law Institute (ELI), Washington, D. C, 2009.

Epstein, P. R. , Buonocore, J. J. , Eckerle, K. , Hendryx, M. , Stout, B. M. , Heinberg, R. , Clapp, R. W. , May, B. , Reinhart, N. L. , Ahern, M. M. , Doshi, S. K. and Glustrom, L. , "Full cost accounting for the life cycle of coal", in *Ecological Economics Reviews*, Robert Costanza, Karin Limburg & Ida Kubiszewski, Eds. Ann. N. Y. Acad. Sci. 1219, 2011.

Eriksson C. , Phasing out a polluting input in a growth model with directed technological change, Economic Modelling, 68, in press, 2018.

European Commission, Energy Sources, Production Costs and Performance of Technologies for Power Generation, Heating and Transport, Commission Staff Working Document accompanying the Communication from the

Commission to the European Parliament, the Council, the European Economic and Social Committee and the Committee of the Regions, Second Strategic Energy Review, An EU Energy Security and Solidarity Action Plan, SEC (2008) 2872.

Feenstra, Robert C., Robert Inklaar and Marcel P. Timmer, "The Next Generation of the Penn World Table", *American Economic Review*, Vol. 105, No. 10, 2015.

Fogel, Robert W., *Capitalism and Democracy in 2040: Forecasts and Speculations*, NBER Working Paper, 13184, 2007.

Fouré, J., Bénassy‐Quéré, A., *Fontagné, L., The World Economy in 2050: A Tentative Picture*, CEPII Working Paper No. 2010 – 2027, December, 2010.

Frutos‐Bencze, D., Bukkavesa, K., Kulvanich, N., *Impact of FDI and trade on environmental quality in the CAFTA‐DR region*, 2017.

Fujii, H., Iwata, K., Chapman, A., Kagawa, S., "Managi, S., An analysis of urban environmental Kuznets curve of CO_2 emissions: Empirical analysis of 276 global metropolitan areas", *Applied Energy*, 228, 1561 – 1568, 2018.

Georgiev E. and E Mihaylov., "Economic growth and the environment: reassessing the environmental Kuznets Curve for air pollution emissions in OECD countries", *Letters in Spatial & Resource Sciences*, Vol. 8, No. 1, 2015.

Grossman, G. and Krueger, A., "Economic Growth and the Environment", The Quarterly Journal of Economics, Vol. 110, No. 2, 1995.

Grossman, G. and Krueger, A., "T he Inverted – U: What Does it Mean", *Environment and Development Economics*, No. 1, 1996.

Grossman, G. M., and A. B. Krueger, "Environmental Impacts of a North American Free Trade Agreement", NBER Working Paper, 3914, 1991.

Hawksworth, J., Cookson, G., *The World in 2050: Beyond the BRICs – A Broader Look at Emerging Market Growth Prospects*, Pricewaterhouse Coopers Report, March, 2008.

HSBC, *the World in 2050*, HSBC Global Research, 2012.

IEA, World Energy Outlook 2009, *International Energy Agency*, OECD Publishing, Paris, 2009.

IIASA, *Emissions of Air Pollutants for the World Energy Outlook 2009 Energy Scenarios Final Report*, (report prepared for the International Energy Agency using the GAINS model), IIASA, Laxenberg. Available at www.worldenergyoutlook.org.

IMF, *World Economic Outlook: Coping with High Debt and Sluggish Growth*, October, 2012.

IPCC, *Special Report on Renewable Energy Sources and Climate Change Mitigation*, Working Group III – Mitigation of Climate Change, Edited by O. Edenhofer, R. Pichs – Madruga, and Y. Sokoma, Published for the Intergovernmental Panel on Climate Change, 2011.

Jafari, Y., Farhadi, M., Zimmermann, A., Yahoo, M., "Economic liberalization and the environmentalkuznets curve: Some empirical evidence", *Journal of Economic Development*, Vol. 42, 2017.

Kang Yan – Qing, Tao Zhao, Ya – Yun Yang, "Environmental Kuznets curve for CO2 emissions in China: A spatial panel data approach", *Ecological Indicators*, Vol. 63, 2016.

Katircioğllu, S. and Katircioğllu, S., "Testing the role of urban development in the conventional Environmental Kuznets Curve: evidence from Turkey", *Applied Economics Letters*, Vol. 25, 2018.

Khanna, N. andPlassmann, F., "The demand for environmental quality and the environmental Kuznets Curve hypothesis", *Ecological Economics*, Vol. 51, 2004.

Kuijs, Louis, *China through 2020: A Macroeconomic Scenario*, World

Bank China Office Research Working Paper, No. 9, 2009.

Lapinskienė, G., Peleckis, K., Nedelko, Z., "Testing environmental Kuznets curve hypothesis: the role of enterprise's sustainability and other factors on GHG in European countries", *Journal of Business Economics and Management*, Vol. 18, No. 1, 2017.

Lægreid, O. M. and Povitkina, M., "Do Political Institutions Moderate the GDP – CO_2 Relationship?" *Ecological Economics*, Vol. 145, 2018.

Lutz W., Skirbekk V., "Policies Addressing the Tempo Effect in Low – Fertility Countries", *Population and Development Review*, Vol. 31, 2005.

Lutz W., Skirbekk V. and Testa M. R., "The Low – fertility Trap Hypothesis: Forces That May Lead to Further Postponement and Fewer Births in Europe", *Vienna Yearbook of Population Research*, 2006.

McConnell, K. E., "Income and the demand for environmental quality", *Environment and Development Economics*, No. 2, 1997.

National Intelligence Council, *Global Trends 2025: A Transformed World*, November, 2008.

Neve M and BHamaide., "Environmental Kuznets Curve with Adjusted Net Savings as a Trade – Off Between Environment and Development", *Australian Economic Papers*, Vol. 56, No. 1, 2017.

NRC, *Hidden Costs of Energy: Unpriced Consequences of Energy Production and Use*, National Research Council (NRC), Washington, D. C, 2010.

OECD, *OECD Economic Outlook*, No. 1, 2012.

Panayotou, T., "Demystifying the Environmental Kuznets Curve: Turning a Black Box into a Policy Tool", *Environment and Development Economics*, No. 2, 1997.

Perkins, Dwight H. and Rawski, Thomas G., "Forecasting China's Economic Growth to 2025", *China Business Review*, Vol. 35, No. 6, 2008.

Roca, J., "Do individual preferences explain the Environmental Kuznets Curve?", *Ecological Economics*, Vol. 45, 2003.

Sachs, Goldman, "the Long – Term Outlook for the BRICs and N – 11 Post Crisis", *Global Economics Paper*, No. 192, 2009.

Sapkota, P., Bastola, U., "Foreign direct investment, income, and environmental pollution in developing countries: Panel data analysis of Latin America", *Energy Economics*, Vol. 64, 2017.

Stokey., "Are There Limits to Growth?", *International Economic Review*, Vol. 39, No. 1, 1998.

UNEP, *Advancing the Biodiversity Agenda: A UN System – wide Contribution*, United Nations EnvironmentProgramme (UNEP), Nairobi, 2010.

UNEP and WMO, *Integrated Assessment of Black Carbon and Tropospheric Ozone: Summary for Decision Makers*, United Nations EnvironmentProgramme (UNEP), Nairobi; World Meteorological Organization (WMO), Geneva, 2011.

United Nations, Department of Economic and Social Affairs, *Population Division, World Population Prospects: The 2010 Revision*, New York, 2011.

Wilson, D., Purushothaman, R., *Dreaming With BRICs: The Path to 2050*, Goldman Sachs Global Economics Paper No. 99, October, 2003.

World Bank, *Global Economic Prospects: Managing Growth in a Volatile World*, June, 2012.

World Bank, Development Research Center of the State Council, the People's Republic of China, *China 2030 – Building a Modern, Harmonious, and Creative High – IncomeSociety*, 2012.

World Trade Organization, *International Trade Statistics 2012*.

Zhang, Ping and Wang, Hongmiao, "China's Economic Outlook into 2030: Transformation, Simulation and Policy Suggestions", *China Economist*, Vol. 6, No. 4, 2011.

Zhuang, J. , *Vandenberg, P. , Huang, Y. , Growing beyond the Low – Cost Advantage: How the People's Republic of China Can Avoid the Middle – Income Trap*, Publication of Asian Development Bank, October, 2012.

后　记

本书获得了中国社会科学院技术经济学重点学科登峰计划、国家自然科学基金应急管理项目"2040年经济社会发展愿景研究"（L1724039）工程的资助。

本书撰写的具体分工如下：李平总负责；第一章2020—2040年中国宏观经济及其结构预测，娄峰、王宏伟、江飞涛负责撰写；第二章2040年中国居民消费水平及结构预测分析，李平、吴滨、王珺、李杭航负责撰写；第三章2040年科技发展愿景分析，王宏伟、徐海龙、高宜辰负责撰写；第四章2040年社会发展愿景分析，张艳芳、王宏伟、王聪、朱雪婷负责撰写；第五章2040年人口发展愿景分析，马茹、董宝奇、陈多思负责撰写；第六章2040年生态环境发展愿景分析，张友国、李平负责撰写；第七章2040年信息发展愿景分析，左鹏飞、李平、陈星星负责撰写；第八章2040年能源发展愿景分析，刘强、李平负责撰写。

感谢中国工程院王礼恒院士，中国社会科学院学部委员、中国工程院李京文院士，国务院发展研究中心吕薇研究员，中国社会科学院社会学所陈光金研究员，中国人口发展研究中心副主任张许颖研究员，中国社会科学院数量经济与技术经济研究所姜奇平研究员，中国航天系统科学与工程研究院王崑声研究员和周晓纪研究员，对本研究给予的中肯指导；感谢国家自然科学基金委员会龚旭处长和孙粒处长，以及多位各领域的专家学者给出的宝贵意见。这里还要特别感谢德高望重的李京文院士为本书撰写序言。本书虽然经过了数次修改，但仍然有许多不足之处，敬请各位专家学者不吝赐教，批评指正。